# IB로 접근하는 개념 기반 프로젝트의 이론과 실제

하순련 · 김효진 지음

도서출판 피란마음

# 머리말

교육은 시대와 더불어 끊임없이 변화합니다. 그 변화의 흐름 속에서 유아들은 늘 호기심을 가지고 질문을 합니다. 질문을 찾아서 '무엇을 가르칠 것인가?'를 생각하면서, 'WHY 가르치는가?', 'HOW 가르칠 것인가?', 그리고 'WHO(누구)를 위한 가르침인가?'라는 근본적 성찰이 필요합니다. 특히 오늘날의 교육은 더 이상 지식을 단편적으로 전달하는 것에 머물지 않고, 아이들이 살아갈 세상과 연결되는 깊은 이해와 성찰을 길러주는 방향으로 전환되고 있습니다.

이 책은 그러한 전환의 중심에 있는 IB 교육과정과 개념 기반 교육, 그리고 프로젝트 기반 학습(Project-Based Learning)을 연결하여, 유아 및 초등 교육 현장에서 실제로 적용할 수 있는 교수 방법과 사례를 구체적으로 담아낸 결과물입니다.

이 책에서 제시하는 '개념 기반 프로젝트'는 IB 교육의 철학을 바탕으로 하되, 우리 교육 현실에 맞게 재구성하고 실천 가능한 형태로 담아낸 시도입니다. 특히 유치원과 초등학교 저학년을 대상으로, 그들의 놀이 중심, 경험 중심의 발달 특성을 고려하여 구체적 사례들을 정리했습니다. 현장의 교사들이 수업에서 바로 적용할 수 있도록, 단계별 교수 방법, 탐구 주제 설정법, 학습자 중심 질문 만들기, IB 학습자상과 개념 연계, 통합 활동 예시, 성찰과 평가 방법까지 모두 담았습니다.

"유아는 질문에서 배웁니다."

이 말은 교육의 본질을 너무나 잘 보여줍니다. 개념 기반 수업은 유아가 질문을 통해 세상과 스스로를 이해하게 하며, 프로젝트 수업은 그 질문을 실천하고 표현해 보는 유의미한 여정을 가능하게 합니다. 교사는 이 여정에서 지식을 전달하는 사람이 아니라, 탐구의 동반자이며, 안내자가 됩니다. 현장에서 만난 많은 유아들은 공통된 생각을 하게 됩니다.

"프로젝트를 하고 싶은데, 어디서부터 시작해야 할지 모르겠어요.", "유아들이 즐겁게 몰입할 수 있는 수업을 하고 싶어요.", "IB 철학을 이해했지만, 실제로 어떻게 연결해야 할지 궁금해 합니다." 이 책은 그 고민에 대한 실질적이고 친절한 답이 되기를 바라는 마음으로 집필되었습니다. 단순한 교수학습 방법의 전달이 아니라, 교사 스스로의 교육 철학을 다시 세우고, 교실을 재구성하며, 유아들과 함께 배우고 성장하는 실천의 길을 열어가는 데 도움이 되기를 진심으로 바랍니다.

IB 교육이 강조하는 개념 중심 접근(Conceptual Learning)은 교육 내용을 단편적인 지식이 아닌, '보편적이고 전이 가능한 이해'로 확장하게 합니다. 예를 들어 '나의 꿈(진로)', '자동차', '드론', '로봇'과 같은 개념은 단일 교과에 머물지 않고 아이들이 경험하는 다양한 삶의 장면으로 연결될 수 있습니다. 그 개념을 중심으로 프로젝트를 설계하고, 유아와 교사가 스스로 삶의 의미를 발견할 수 있도록 안내하는 것이 교육자의 역할입니다.

이 책에 담긴 모든 예시와 접근법은 실제 수업 현장에서 시도되고 진행된 결과들입니다. 어느 하나도 교사와 유아들의 삶과 연결되지 않은 내용이 없습니다. 활동은 단순한 체험으로 끝나는 것이 아니라, 깊은 생각을 이끌어내는 질문과 개념으로 이어지고, 유아들은 그 속에서 자신만의 표현과 성장을 발견하게 될 것입니다.

"유아들의 질문이 미래를 여는 열쇠입니다."

우리가 살아가는 세상은 매일매일 변화하고 있습니다. 어제 익숙했던 것이 오늘은 낯설고, 내일은 또 다른 기준과 언어가 우리 앞에 펼쳐집니다. 특히 교육의 현장은 이러한 변화 속에서 더욱 빠르게, 그리고 더 깊이 새로운 것을 찾아가게 됩니다. 무엇을 가르칠 것인가보다, 어떻게 함께 배울 것인가가 중요한 시대가 되었기 때문입니다.

그 중심에 '유아들'이 있습니다. 태어날 때부터 세상에 대한 무한한 호기심을 지닌 유아들은 그 자체로 탐구자입니다. "왜 지구는 둥글어요?", "공룡이 왜 사라졌을까?", "우산은 비 오는 날에만 써야 해요?" 같은 질문은 어른의 시선에서는 단순해 보이지만, 그 내면에는 세계를 이해하려는 진지한 시도와 자신의 삶과 주변을 연결하려는 놀라운 힘이 담겨 있습니다.

이 책은 그러한 유아의 자연스러운 질문에서 출발하여, IB 철학에 기반한 개념 중심 프로젝트 수업을 실천하는 방법을 다룹니다. 단순한 활동 나열이나 주제 전달을 넘어서, 유아 스스로가 주체가 되어 개념을 발견하고 구성하며 의미를 만들어가는 여정을 담고자 했습니다. 그리고 이 여정에는 '교사'라는 동반자가 함께 걷고, '디지털'이라는 새로운 도구가 함께 합니다.

IB 교육과정의 핵심은 지식 전달이 아닌 개념 기반 학습입니다. 이는 유아들이 다양한 경험 속에서 개별 지식을 넘어서 본질적인 개념을 발견하도록 돕는 교육 접근입니다. 예를 들어, '로봇'이라는 생성형 주제를 통해서 단순히 '로봇은 내가 좋아하는 친구'라는 정보를 아는 것에서 더 나아가, '형태', '기능', '연결', '관점'이라는 개념을 중심으로 로봇을 바라보게 됩니다.

이런 방식은 유아들에게 세상을 더 깊이 바라보게 하고, 각기 다른 삶과 맥락 속에서 사물을 해석하고 존중하는 힘을 길러줍니다. '반짝이는 별자리', '우산', '물방울'과 같은 일상적 주제도 유아의 눈을 통해 새롭게 발견될 수 있으며, 그 과정은 교사의 철학과 질문으로 확장됩니다. 이 책에 담긴 교수학습 단계와 활동 사례들은 그러한 교육 철학을 실제 수업 속에서 풀어낸 생생한 기록입니다.

디지털과 AI의 시대, 유아교육은 어떻게 변해야 하는가?

오늘날 유아들은 디지털 네이티브로 자라고 있습니다. 태블릿으로 그림을 그리고, 스마트폰으로 사진을 찍고, 음성으로 AI에게 질문을 던지며 살아갑니다. 이런 시대에 유아교육이 여전히 아날로그 방식에만 머물러 있다면, 유아들이 익숙한 방식으로 사고하고 표현하는 기회를 놓치게 됩니다.

이 책에서는 탐구 중심 수업과 디지털 매체의 융합을 통해, 유아의 표현 능력과 탐구 역량을 극대화하는 방법을 제안합니다. 예를 들어, 유아들이 '자동차'를 태블릿 드로잉 앱으로 그리고, 자신의 이야기를 녹음해 QR 코드로 공유하며, 메타버스(AR)를 통해 자동차와 실제 도로를 연결하는 경험은 매우 강력한 통합 학습의 예입니다. 또한 생성형 AI와 함께 나만의 자동차 이야기 책을 만들거나, 이미지 생성 기술을 활용해 유아의 상상력을 디지털 이미지로 표현하는 활동은 단순한 기술 사용이 아닌 '창의적 도구로서의 디지털'을 경험하게 해줍니다. 이러한 디지털 활용은 놀이, 탐구, 표현, 정리, 평가까지 학습의 전 과정에 자연스럽게 스며들 수 있으며, 이는 미래 역량을 키우는 기반이 됩니다.

이 책은 교사를 단지 지식을 전달하는 존재로 보지 않습니다. 유아에게 질문하며 탐구하는 여정을 함께 떠나는 교육 동반자, 함께 배우는 협력자라고 봅니다. 빠르게 변화하는 기술 환경 속에서 교사 역시 새로운 도구를 배우고, 디지털 감수성을 키우며, 어떻게 하면 기술이 아이들의 깊은 사고를 이끄는 데 기여할 수 있을지를 고민해야 합니다. 또한 이 책에서는 IB 학습자상(사고하는 사람, 원칙을 지키는 사람, 배려하는 사람, 도전하는 사람, 탐구하는 사람, 지식이 풍부한 사람, 소통하는 사람, 열린 마음을 지닌 사람, 용기 있는 사람, 균형잡힌 사람)을 단지 표면적인 지표가 아닌, 교실 속 실제 행동으로 실현되는 가치로 해석합니다. 프로젝트 수업 속에서 유아들은 자연스럽게 협력하고, 자신의 감정을 조절하며, 탐구하며, 발표하고, 친구를 배려하며, 스스로 학습을 조정하는 태도를 익히게 됩니다. 이 모든 경험은 결국 전인적 성장으로 이어지며, 그것이 바로 IB가 지향하는 교육의 방향이자, 우리가 믿는 교육의 힘이기도 합니다.

이 책이 교사 여러분의 수업 속에 작은 영감이 되고, 아이들과 함께 걸어갈 탐구의 첫걸음에 따뜻한 동행이 되기를 바랍니다. 미래의 교육은 거창한 변화가 아니라, 하루하루 아이들과의 대화 속에서, 작은 수업 안에서, 유아들의 질문 속에서 시작됩니다.

이 책이 나오기까지 도움을 주신 우리들유치원 선생님들과 연구자 박예림, 이현지, 민유경 선생님에게 진심으로 감사의 인사를 드립니다.

저자 하순련, 김효진

# 차 례

# Chapter 1

# IB란

1. IB란
2. IB 교육의 철학
3. IB 교육의 목표와 학습자상
4. IB 학습자상 개념 사전 만들기
5. IB 프로젝트 주요 개념
6. IB 개념을 시각화한 프로젝트 학습 설계
7. IB 질문

# 1 IB란

IB(International Baccalaureate)교육은 1968년, 스위스 제네바에 위치한 국제학교에서 시작된 세계적 교육 프로그램으로, 전 세계의 다양한 배경을 가진 유아들이 공통된 교육 목표와 가치를 공유하며 균형잡힌 세계 시민으로 성장할 수 있도록 하는 것을 주요 목적으로 한다. 세계화가 빠르게 진행되고 있는 현대사회에서, 국경을 초월한 문제 해결 능력, 다문화 감수성, 비판적 사고력, 도덕적 책임감을 갖춘 인재에 대한 요구는 날로 높아지고 있다. IB 교육은 이러한 시대적 요청에 부응하여, 학생 개개인의 전인적 발달을 추구하는 동시에, 국제적 시각을 함양하는 교육 방향을 제시한다.

IB 교육은 하나의 단일 교육과정이 아닌, 연령별로 구성된 4개의 통합 프로그램으로 운영된다. 유아 및 초등학생을 위한 초등과정 PYP(Primary Years Programme), 중학생을 위한 중등과정 MYP(Middle Years Programme), 고등학생을 위한 디플로마과정 DP(Diploma Programme), 그리고 진로 준비와 실무 역량을 중시하는 직업교육과정 CP(Career-related Programme)가 이에 해당한다. 이러한 체계적인 단계별 구성은 학생이 IB 교육 철학과 가치에 따라 지속적으로 성장할 수 있는 교육의 연속성을 보장한다.

IB 교육의 핵심은 단순한 지식 전달을 넘어선, 유아 중심의 탐구 기반 교육에 있다. 학습자가 수동적으로 교사의 지시를 따르는 것이 아니라, 스스로 질문을 생성하고, 탐구하며, 자신의 지식과 이해를 깊이 있게 발전시킬 수 있도록 수업이 구성된다. 이러한 학습 방식은 유아가 교육의 주체가 되는 경험을 통해 자기주도성과 자율성을 기를 수 있게 한다. 또한, IB 교육은 학문 간 통합적 접근(Interdisciplinary Learning)을 강조한다. 다양한 학문 영역 간의 연결을 통해 복잡한 문제를 다각도에서 사고할 수 있는 능력을 키우며, 실제 삶과 관련된 문제를 해결하는 경험을 제공한다. 예를 들어, 과학, 언어, 문화, 예술 등 여러 교과를 통합한 프로젝트 학습은 유아가 지식을 분절적으로 습득하는 것이 아니라, 총체적으로 이해하고 응용할 수 있게 적용된다.

무엇보다 IB 교육의 철학적 기반에는 10가지 학습자상(IB Learner Profile)이 중심에 있다. 이는 지식, 태도, 가치, 행동의 영역을 아우르며, IB 교육이 양성하고자 하는 인재상의 구체적 모습을 보여준다. 유아들은 탐구적이고 비판적인 사고를 지닌 학습자이자, 타인을 배려하며 열린 마음을 가진 세계 시민으로 성장할 수 있도록 이 학습자상에 따라 교육받는다.

IB 프로그램은 세계 150여 개국 이상, 수천 개의 학교에서 운영되고 있으며, 지역과 문화의 차이를 초월한 교육의 표준을 제시하고 있다. 특히 최근 한국에서도 IB 교육에 대한 관심이 증가하고 있으며, 공교육 및 유아교육 기관에서 IB 프로그램을 도입하려는 움직임이 활발하게 나타나고 있다. 이는 기존의 주입식 교육에서 탈피하여 유아의 능동성과 다양성을 존중하는 교육으로의 전환을 상징한다.

결론적으로, IB 교육은 지식 기반의 학습을 넘어, 유아 스스로 사고하고 책임 있게 행동하며, 다른 친구들과 협력하고 소통할 수 있는 인재로 자라도록 돕는 전인적이고 포괄적인 교육이다. 미래사회를 살아갈 유아들에게 필요한 역량을 기르기 위한 세계적 교육 모델로서, IB는 그 철학과 방향성 면에서 매우 중요한 교육적 의미를 지닌다. IB PYP 수업 흐름은 '개념 기반 탐구'라고 본다. 개념 기반 탐구는 개념적 렌즈를 활용한 탐구로, '개념적 이해'를 구성하고 이해하는 수업이다. 개념적 이해는 개념과 개념의 관계에 대한 서술이다. 또한 개념적 이해는 폭넓은 전이 가능성이 있다는 점이 특징이다. 이 개념적 이해는 제법 긴 문장이지만 핵심은 '문화는 환경에 영향을 받은 결과이다'라고 볼 수 있다. 개념을 이해하는 것은 그 본질과 특징을 감안할 때 IB PYP의 초과목적 접근 방식과 긴밀히 연결되어 있다. 개념 기반 탐구는 먼저 사실들을 탐구하여 개념을 구성한다. 개념과 개념들의 관계를 탐구하여 개념적 이해를 완성한다.

## 2 IB 교육의 철학

### 1) 전인적 교육과 학습자 중심성

IB 교육은 지식뿐만 아니라 신체적, 정서적, 사회적, 도덕적 측면까지 아우르는 전인적 교육을 지향한다. 학생 개개인의 다양한 잠재력과 개성을 존중하며, 각자의 배움의 속도와 스타일에 맞춘 맞춤형 학습 경험을 제공하는 데 중점을 둔다. 이를 위해 학습자가 스스로 탐구하고 질문하며, 자신의 생각을 표현할 수 있도록 돕는 '학습자 중심 교육'을 추구한다.

단순한 정보 전달을 넘어, 유아들이 주체적으로 문제를 발견하고 해결하는 과정에서 비판적 사고력과 창의력을 키우게 하는 것이 IB 철학의 핵심이다. 교육과정 전반에 걸쳐 유아들의 능동적인 참여를 촉진함으로써, 학습의 의미와 동기를 스스로 찾아내도록 지원한다.

### 2) 탐구 기반 학습과 비판적 사고의 함양

IB 교육은 호기심과 탐구 정신을 매우 중요하게 여긴다. 유아들은 열린 마음으로 세상을 관찰하고, '왜?', '어떻게?'라는 질문을 던지며 지식의 경계를 확장한다. 이러한 탐구 기반 학습은 단편적인 사실 암기에 머무르지 않고, 다양한 시각에서 문제를 분석하고 비판적으로 사고하는 능력을 기르는 데 집중한다.

유아들은 다양한 자료와 경험을 바탕으로 주제에 대해 깊이 이해하고, 논리적으로 사고하며, 자신만의 견해를 형성한다. 이는 현대사회가 요구하는 복잡한 문제 해결 능력과 창의적 사고력을 갖춘 인재로 성장하는 데 필수적인 과정이다.

### 3) 국제적 마인드와 문화 간 이해 증진

IB 교육 철학은 국제적 관점과 문화 간 이해를 교육의 중심 가치로 삼는다. 글로벌 사회의 일원으로서 유아들이 다양한 문화, 언어, 가치관을 존중하며 포용하는 태도를 기르는 것을 매우 중요하게 생각한다. 이를 통해 유아들은 편견과 차별을 극복하고, 서로 다름을 인정하며 협력할 수 있는 세계 시민으로 성장한다.

다양한 문화적 배경을 가진 사람들과 효과적으로 소통하고 협력하는 능력은 IB 프로그램의 모든 과정에서 강조된다. 유아들은 세계 각지의 이슈에 관심을 가지고, 글로벌 과제를 해결하는 데 주체적으로 참여할 준비를 갖추게 된다.

### 4) 윤리적 가치와 사회적 책임감의 함양

IB는 유아들이 자신의 행동과 결정이 개인과 공동체, 더 나아가 지구 환경에 미치는 영향을 성찰하도록 교육한다. 윤리적 가치와 도덕적 판단력, 사회적 책임감을 갖춘 시민으로 성장하도록 돕는 데 큰 비중을 둔다.

유아들은 공정성, 정직성, 배려, 협력, 지속가능성 등 보편적 가치를 일상생활 속에서 실천하는 경험을 쌓으며, 자신의 역할과 책임을 자각하게 된다. 이러한 과정은 유아들이 긍정적이고 지속 가능한 변화를 이끌어내는 주체로서 세상을 바라보게 만든다.

### 5) 의사소통 능력과 협력 능력 강화

현대사회에서 소통과 협력은 필수 역량이다. IB 교육은 유아들이 자신의 생각과 감정을 명확하고 효과적으로 표현하는 동시에, 타인의 의견을 존중하며 공동의 목표를 위해 협력하는 방법을 익히도록 한다.

교실 안팎에서 이루어지는 토론, 프로젝트, 발표, 동아리 활동 등을 통해 유아들은 다양한 소통 방식을 경험하고, 다양한 배경의 사람들과 조화를 이루는 능력을 기른다. 이러한 경험은 유아들이 미래사회의 다양한 영역에서 원활한 협력을 이루는 데 밑거름이 된다.

### 6) 평생 학습자로서의 태도와 능력 배양

IB 교육은 단기적인 성적이나 시험 대비를 넘어, 유아들이 평생 동안 계속 배우고 성장할 수 있도록 자기주도 학습 태도와 역량을 갖추도록 지도한다. 급변하는 지식과 기술의 시대에 적응하며 스스로 학습 목표를 설정하고, 지속적으로 자기계발을 이어가는 평생 학습자로서의 자세를 함양한다. 이러한 평생 학습자로서의 태도는 유아들이 변화하는 환경 속에서 주도적이고 유연하게 대처할 수 있게 하며, 개인과 사회의 발전에 지속적으로 기여할 수 있도록 한다.

IB 교육의 철학은 단순히 지식을 전달하는 데 그치지 않고, 유아 한 사람 한 사람이 전인적으로 성장할 수 있도록 다양한 영역에서 균형잡힌 발달을 도모하는 데 그 핵심이 있다. 이는 학업적 성취뿐만 아니라 정서적, 사회적, 윤리적 역량까지 아우르는 교육으로, 유아들이 자신과 타인, 그리고 세계와 조화롭게 관계 맺으며 살아가도록 이끌어준다.

특히, IB가 강조하는 탐구와 비판적 사고는 유아들이 주어진 정보를 수동적으로 받아들이는 것을 넘어 스스로 질문을 만들고, 다양한 관점에서 문제를 분석하며, 논리적이고 창의적으로 해결책을 모색하는 데 필수적인 능력이다. 이러한 자기주도 학습 태도는 급변하는 현대사회와 미래의 복잡한 문제들을 헤쳐 나가는 데 있어서 매우 중요한 자산으로 작용한다.

또한, IB 교육은 다양한 문화와 배경을 가진 사람들과의 상호작용 속에서 존중과 이해를 바탕으로 소통하고 협력하는 능력을 길러 준다. 문화 간 이해와 윤리적 가치 실천은 유아들이 편견과 갈등을 넘어 더 넓은 시야로 세계를 바라보고, 지속가능한 미래를 위한 책임 있는 행동을 선택하도록 돕는다. 이를 통해 유아들은 단지 자신만의 이익을 추구하는 것을 넘어 공동체와 지구 전체의 복지를 생각하는 진정한 글로벌 시민으로 성장하게 된다.

마지막으로, IB 교육은 유아들에게 평생 학습자로서의 자세와 능력을 심어 준다. 이는 한 시기의 성적이나 성과에 집중하는 것이 아니라, 끊임없이 변화하는 사회 속에서 계속해서 배우고 성장하며 자신과 세상을 긍정적으로 변화시킬 수 있는 힘을 길러 주는 데 중점을 둔다. 이 과정에서 유아들은 자신감과 도전 정신을 갖추고, 복잡한 문제에 맞서며 새로운 가능성을 창출하는 미래 인재로서 자리매김하게 된다.

따라서 IB 프로그램은 세계 곳곳에서 다양한 배경을 가진 유아들이 자신의 잠재력을 최대한 발휘할 수 있도록 지원하며, 나아가 더 나은 세상을 만들기 위해 협력하고 행동하는 주체적인 글로벌 시민으로 성장하도록 돕는 중요한 교육적 역할을 수행하고 있다. 이러한 IB 교육 철학은 오늘날과 미래사회가 요구하는 인간상을 구현하는 데 핵심적인 기반이자 방향성을 제시한다.

## 3 IB 교육의 목표와 학습자상

IB 교육은 단순히 시험 성적이나 지식의 양을 중시하는 전통적인 교육 방식에서 벗어나, 학생들이 인간으로서 갖추어야 할 다양한 역량을 종합적으로 갖추도록 설계된 교육 프로그램이다. IB의 핵심 목표는 미래의 복잡하고 불확실한 사회 속에서 학생들이 능동적이고 책임감 있는 세계 시민으로 성장할 수 있도록 돕는 데 있다.

첫째, IB 교육은 '국제적 소양을 갖춘 세계 시민 양성'을 중요한 목표로 삼는다. 학생들이 다양한 문화, 언어, 관점의 차이를 이해하고 이를 존중하는 자세를 기르도록 교육하며, 지구촌 문제에 대한 관심을 통해 글로벌 이슈에 적극적으로 참여하는 책임 있는 인재로 자라나도록 유도한다. 이를 위해 다언어 교육, 문화 간 비교, 지역 및 국제 사회 참여 프로젝트 등 다양한 주제 활동이 포함된다.

둘째, '전인적 발달'은 IB 교육의 또 다른 핵심이다. 이는 학생의 지적 능력뿐만 아니라, 정서적 안정감, 사회적 기술, 신체적 건강, 윤리적 판단력 등을 고르게 발달시키는 것을 말한다. 교과 지식 외에도 예술, 체육, 지역사회 봉사 활동(CAS), 자기 성찰 등의 요소를 통해 유아의 다양한 측면을 통합적으로 성장시키는 데 중점을 둔다.

셋째, IB는 '탐구 중심 학습'을 장려한다. 수업은 일방적인 지식 전달이 아닌, 유아 스스로가 질문을 제기하고 답을 찾아가는 탐색적 구조를 띠고 있다. 교사는 안내자 역할을 하며, 유아는 자기주도적으로 사고하고 문제를 해결해 나가며, 배움의 과정 자체에 흥미를 느낄 수 있게 된다.

넷째, '비판적 사고와 반성 능력'은 IB 학습자의 핵심 역량 중 하나이다. 단순히 정보를 암기하는 것이 아니라, 정보를 분석하고 해석하며, 여러 관점에서 사고할 수 있는 능력을 강조한다. 또한 학습 이후의 성찰(reflection)을 통해 자신의 행동과 사고를 되돌아보며 발전할 수 있도록 돕는다. 이러한 교육 방식은 변화와 도전에 유연하게 대응할 수 있는 자율적 학습자, 즉 평생학습자로 성장하는 바탕이 된다.

IB 교육이 양성하고자 하는 궁극적인 인재상은 '지식 있는 사람' 그 이상이다. IB는 학습자들이 세계 시민으로서 책임감을 가지고 행동하며, 타인과의 협력, 자기 성찰, 도덕적 가치 판단 등을 통해 공동체에 긍정적으로 기여할 수 있는 인간으로 성장하기를 바란다. 이를 구체화한 것이 바로 'IB 학습자상(IB Learner Profile)'이다

**| 표 1 | IB 학습자상(IB Learner Profile)**

| | |
|---|---|
| 탐구하는 사람 | IB 학습자는 타고난 호기심을 발전시켜 탐구하고 연구하는 데 필요한 다양한 기술을 익히며, 스스로 배우거나 다른 사람들과 협력하여 학습하는 방법을 이해한다. 그들은 학습 과정에서 점점 더 독립성을 키워나가며, 적극적으로 지식을 탐색하고 배움 자체를 즐기는 태도를 가진다. 이러한 배움에 대한 열정과 즐거움은 일시적인 것이 아니라 생애 전반에 걸쳐 지속되는 삶의 중요한 가치가 된다. |
| 지식이 풍부한 사람 | IB 학습자들은 지역적 및 세계적으로 중요한 개념, 아이디어, 이슈를 깊이 탐구함으로써 다양한 학문 분야에 걸쳐 폭넓고 균형잡힌 지식을 쌓고, 심층적인 이해력을 발전시킨다. 그들은 이러한 지식과 이해를 바탕으로 개념적 사고를 깊이 있게 활용하며, 지역사회와 글로벌 사회가 직면한 중요한 과제와 문제들에 대해 열정을 가지고 적극적으로 참여하고 탐구한다. 이러한 학습 과정은 학문적 성장뿐 아니라 비판적 사고와 세계 시민으로서의 책임감을 함께 길러 준다. |
| 사고하는 사람 | IB 학습자들은 복잡한 문제를 인식하고 분석하기 위해 비판적이고 창의적인 사고 기술을 적극적으로 활용하며, 이 과정에서 책임 있는 행동을 실천하고, 주도적으로 이성적이고 윤리적인 결정을 내린다. 그들은 다양한 관점에서 문제를 바라보며 깊이 있는 사고를 통해 합리적인 해결책을 모색하고, 판단과 행동에 있어 주체성과 도덕적 책임을 함께 고려한다. |

| | |
|---|---|
| 소통하는 사람 | IB 학습자들은 하나 이상의 언어와 다양한 의사소통 방법을 활용하여 자신감 있고 창의적으로 아이디어와 정보를 이해하고 표현하며, 다른 사람들과의 효과적인 협력을 통해 공동의 목표를 수행한다. 그들은 다양한 개인과 집단의 관점을 존중하고 경청하며, 열린 마음으로 소통하고 협력함으로써 보다 풍부하고 의미 있는 상호작용을 이끌어낸다. |
| 원칙을 지키는 사람 | IB 학습자들은 철저한 공정성, 정의, 개인 집단 그리고 공동체의 존엄성에 대한 존중감을 갖고 성실하고 정직하게 행동한다. 그들은 자신의 행동과 그에 따른 결과에 대해 책임을 진다. 성실하고 정직하게, 공정성과 정의감을 가지고, 모든 사람들의 존엄과 권리를 존중하면서 행동한다. |
| 열린 마음을 지닌 사람 | IB 학습자들은 그들 자신의 문화와 개인적인 역사를 이해하고 향유하며, 다른 개인들과 공동체의 관점, 가치, 전통에 열려 있다. 그들은 다양한 관점을 찾고 평가하는 데 익숙하며, 경험하며 성장하는데 적극적이다. |
| 배려하는 사람 | IB 학습자들은 타인의 필요와 감정에 대해 공감, 연민, 존중의 태도를 가지고 진심으로 반응하며, 다양한 사람들과 환경의 차이를 긍정적으로 받아들인다. 그들은 봉사에 대한 개인적인 헌신을 바탕으로, 다른 사람들의 삶과 우리를 둘러싼 세계에 긍정적인 변화를 가져오기 위해 적극적으로 행동한다. 이러한 태도는 공감과 인정, 존중의 정신을 실천하며 책임 있는 세계 시민으로 성장하는 기반이 된다. |
| 도전하는 사람 | IB 학습자들은 낯선 상황이나 불확실한 사태에 직면했을 때 깊이 생각하고 신중하면서도 결단력 있게 대응하며, 용기와 독립적인 정신으로 도전과 변화를 받아들인다. 그들은 새로운 아이디어, 역할, 전략을 스스로 또는 협력하여 탐구하고, 혁신적인 접근을 시도하며 기지를 발휘한다. 또한 자신들의 신념을 분명하게 표현하고 옹호할 줄 아는 용기를 지닌 책임감 있는 학습자로 성장해 나간다. |
| 균형잡힌 사람 | IB 학습자들은 자기 자신과 타인의 행복을 위해 지적, 신체적, 정서적 측면에서 균형을 이루는 것이 중요하다는 것을 깊이 이해하며, 이러한 균형이 삶의 전반에 긍정적인 영향을 미친다는 것을 인식한다. 그들은 개인의 웰빙뿐만 아니라 다른 사람들과의 관계, 그리고 우리가 살아가는 세계와의 상호 의존성을 자각하며 조화로운 삶을 추구한다. 이러한 인식은 자신뿐 아니라 공동체의 건강하고 지속 가능한 미래를 위한 책임 있는 태도로 이어진다. |
| 성찰하는 사람 | IB 학습자들은 자신의 학습과 경험, 그리고 우리가 사는 세계와 그 안에서의 자신의 아이디어와 행동에 대해 깊이 성찰하며 사려 깊은 태도를 갖는다. 그들은 개인적인 성장과 학습을 촉진하기 위해 자신의 강점과 약점을 평가하고 이해하려는 노력을 지속하며, 이를 통해 스스로 발전할 수 있는 방향을 모색한다. 이러한 성찰은 자기 인식과 책임감을 키우고, 평생 학습자로서의 자세를 형성하는 데 중요한 역할을 한다. |

* 출처: 전북특별자치도교육청(2024). 2024 국제 바칼로레아(IB) 프로그램 운영 계획.

## 4 IB 학습자상 개념 사전 만들기

『IB 학습자상 나만의 사전 만들기』는 유아들이 국제 바칼로레아(IB) 교육의 핵심 가치인 10가지 학습자상을 스스로 익히고, 자신의 삶 속에서 실천해보는 경험을 제공하는 활동형 자료이다. 이 사전은 지식 중심의 단순 학습이 아닌, 놀이와 그림, 말하기를 통해 아이들 각자의 삶과 연결된 의미 있는 배움으로 확장될 수 있도록 구성되어 있다.

유아기는 자아 정체성이 형성되고, 사회적 관계를 넓혀가는 중요한 시기이다. 이 시기의 아이들은 추상적인 개념보다는 구체적이고 감각적인 경험을 통해 세상을 이해한다. 『나만의 IB 학습자상 사전』은 이러한 발달 특성을 고려하여, '탐구하는 친구', '배려하는 친구', '약속 잘 지키는 친구' 등 일상 속 친숙한 언어로 IB 개념을 재해석하였다.

활동은 이야기 나누기, 자신의 경험 떠올리기, 그리고 그림으로 표현하기의 순서로 이루어져 있으며, 각 IB 학습자상마다 아이들이 직접 참여할 수 있는 짧은 말하기, 스티커 붙이기, 그림 그리기 등을 포함하고 있다. 완성된 사전은 단순한 결과물이 아니라, 아이 스스로가 "나는 어떤 친구일까?"를 돌아보는 성찰의 기회이자, 또래와 함께 배우는 공동체 활동의 일환이 된다. 이 사전을 만드는 과정은 단순한 교육 자료 제작을 넘어, 유아가 자신의 태도와 행동을 인식하고, 그것을 긍정적으로 표현하며, 더 나아가 타인과 함께 성장할 수 있는 씨앗을 심는 일이다. 학부모와 교사는 이 사전을 통해 아이의 내면 성장을 함께 지켜보고, 격려하며, 가정과 교육 현장을 연결하는 다리 역할을 할 수 있다.

『IB 학습자상 나만의 사전 만들기』는 유아가 세계 시민으로 자라기 위한 첫걸음을 따뜻하고 즐겁게 내딛을 수 있도록 돕는 소중한 도구이다.

| IB 용어 | 유아용 표현 | 설명 예시 (말하기 or 동작으로 표현 가능) |
|---|---|---|
| 탐구하는 사람 | 궁금이 친구 | "왜 그럴까?" 하고 자주 물어봐요 |
| 지식이 풍부한 사람 | 똑똑이 친구 | 많이 알고, 친구에게도 알려줘요 |
| 사고하는 사람 | 생각이 친구 | 스스로 어떻게 할까 생각해요 |
| 소통하는 사람 | 말하기 친구 | 내 생각을 말하고, 친구 말도 잘 들어요 |
| 원칙을 지키는 사람 | 약속 지키는 친구 | "안 돼요" 할 줄 알고, 약속을 꼭 지켜요 |
| 열린 마음을 지닌 사람 | 다름을 이해하는 친구 | 나랑 달라도 괜찮다고 말해요 |
| 배려하는 사람 | 도와주는 친구 | 친구가 울면 토닥토닥 해줘요 |
| 도전하는 사람 | 용기 있는 친구 | 처음 해보는 것도 해볼래요! |
| 균형잡힌 사람 | 골고루 하는 친구 | 공부도, 놀이도, 쉬는 것도 다 해요 |
| 성찰하는 사람 | 돌아보는 친구 | "내가 이렇게 하면 더 좋았겠다!" 생각해요 |

유아 IB 학습자상을 창의적으로 개발한 것이다.

| 그림 1 | 우리들유치원 만 5세 친구들이 직접 창의적으로 개발한 학습자상

## 5 IB 프로젝트 주요 개념

21세기 교육은 단순한 지식 전달을 넘어, 학생들이 복잡한 세계를 이해하고, 비판적으로 사고하며, 창의적으로 문제를 해결할 수 있는 역량을 기르는 데 중점을 두고 있다. 이러한 교육적 목표를 달성하기 위해, 국제적으로 인정받는 IB(International Baccalaureate) 교육과정은 핵심 개념(Key Concepts)을 중심으로 한 학습 방식을 채택하고 있다.

IB 교육과정은 학생들이 단순한 사실이나 정보를 암기하는 데 그치지 않고, 개념 중심의 탐구를 통해 지식의 본질과 그 의미를 깊이 있게 이해하도록 유도한다. 이러한 개념 중심 학습은 학생들이 다양한 주제와 상황에서 의미 있는 질문을 던지고, 깊이 있는 탐구를 통해 지식을 확장할 수 있도록 돕는 중심축이다.

예를 들어, PYP(Primary Years Programme)에서는 '형태(Form)', '기능(Function)', '인과(Causation)' 등 8개의 핵심 개념을 통해 학생들이 다양한 주제에 대해 깊이 있는 질문을 던지고, 탐구를 통해 지식을 확장할 수 있도록 한다. MYP(Middle Years Programme)에서는 16개의 핵심 개념과 관련 개념(Related Concepts)을 통해 학생들이 교과 간의 연계를 이해하고, 다양한 관점에서 문제를 분석하며, 깊이 있는 사고를 할 수 있도록 돕는다. DP(Diploma Programme)에서는 각 과목별로 설정된 핵심 개념을 통해 학생들이 심화된 학문적 탐구를 통해 전문적인 지식과 비판적 사고 능력을 기를 수 있도록 한다.

이러한 핵심 개념들은 단순한 지식의 전달을 넘어, 학생들이 비판적 사고, 문제 해결 능력, 글로벌 시민 의식을 함양할 수 있도록 돕는 중요한 요소이다. 따라서 IB 교육과정의 핵심 개념들은 학생들이 미래사회에서 요구되는 역량을 기를 수 있는 중요한 기반이 된다.

### 1) PYP(Primary Years Programme) – 초등학교 프로그램

PYP는 3세에서 12세까지의 학생들을 대상으로 하며, 8개의 핵심 개념을 통해 학습을 이끌어간다.

- 형태(Form): 대상이나 현상의 본질적인 특성은 무엇인가?
- 기능(Function): 대상이나 현상이 어떻게 작동하는가?

- 인과(Causation): 왜 이러한 일이 발생하는가?
- 변화(Change): 어떻게 변화하는가?
- 연결(Connection): 어떻게 연결되어 있는가?
- 관점(Perspective): 어떤 관점에서 바라보는가?
- 책임(Responsibility): 어떤 책임이 있는가?
- 성찰(Reflection): 무엇을 성찰할 수 있는가?

이러한 개념들은 학생들이 다양한 주제에 대해 깊이 있는 질문을 던지고, 탐구를 통해 지식을 확장할 수 있도록 돕는다.

### 2) MYP(Middle Years Programme)-중학교 프로그램

MYP는 11세에서 16세까지의 학생들을 대상으로 하며, 16개의 핵심 개념과 관련 개념(Related Concepts)을 통해 학습을 이끌어간다. 미학(Aesthetics), 변화(Change), 의사소통(Communication), 공동체(Communities), 연결(Connection), 창의성(Creativity), 문화(Culture), 발전(Development), 형태(Form), 글로벌 상호작용(Global interactions), 정체성(Identity), 논리(Logic), 관점(Perspective), 관계(Relationships), 시간, 장소, 공간(Time, place and space), 시스템(Systems)이다. 이러한 개념들은 학생들이 교과 간의 연계를 이해하고, 다양한 관점에서 문제를 분석하며, 깊이 있는 사고를 할 수 있도록 돕는다.

## 6 IB 개념을 시각화한 프로젝트 학습 설계

IB 프로젝트 프로그램은 학습자 중심의 탐구 활동을 바탕으로 구성되어 있으며, 지식 습득뿐 아니라 사고력, 소통 능력, 사회적 책임감 등 전인적 성장을 추구하는 방향으로 설계되어 있다. 프로그램은 다양한 요소로 구성되며, 그 핵심은 실제 삶과 연결된 문제를 해결하거나 깊이 있게 탐색하는 경험을 통해 학습자가 스스로 배우고 성장하도록 돕는 데 있다.

### 1) 중심 아이디어(Central Idea)

학습의 방향과 목적을 제시하는 문장으로, 모든 활동과 탐구는 이 중심 아이디어를 바탕으로 구성된다. 이 아이디어는 보편적이고 의미 있는 주제를 담고 있어 학습자가 흥미를 갖고 몰입할 수 있도록 돕는다.

### 2) 탐구 질문(Inquiry Questions)

학습의 출발점이 되는 질문들로, 학습자가 주제에 대해 더 깊이 생각하고 스스로 정보를 찾아보도록 유도한다. 사실적 질문, 개념적 질문, 논쟁적 질문 등 다양한 형태로 구성되어 있다.

### 3) 주제 영역(Transdisciplinary Themes)

여러 교과 영역을 아우를 수 있는 폭넓은 주제들로, 삶의 다양한 측면과 관련된 문제를 통합적으로 탐구하게 한다. 예를 들어 '자기 표현', '지구와 나의 관계', '세상의 작동 원리' 등이 있다.

### 4) 학습자 중심 활동(Student-Centered Action)

단순한 이론 학습을 넘어서, 실제 문제를 해결하거나 공동체에 긍정적인 영향을 주는 활동으로 이어진다. 이 과정을 통해 학습자는 자신의 생각을 행동으로 옮기는 경험을 하게 된다.

### 5) 학습자 프로필(Learner Profile)

IB에서 강조하는 10가지 인성 특성으로, 모든 프로젝트와 수업 활동은 이 프로필을 기르기 위한 방향으로 진행된다.

㉮ 탐구하는 사람, 배려하는 사람, 위험을 감수하는 사람 등이다.

### 6) 반성 및 되돌아보기(Reflection)

프로젝트 과정에서 학습자가 자신이 한 경험, 배운 점, 느낀 점을 되돌아보며 스스로의 성장 과정을 인식하도록 돕는다. 이를 통해 지속적인 자기 성찰과 발전이 가능해진다.

### 7) 협력과 소통(Collaboration & Communication)

또래 친구들과 함께 의견을 나누고 역할을 분담하여 과제를 수행하며, 사회성과 팀워크 능력을 기를 수 있다. 이는 실제 삶에서 필요한 대인관계 기술을 배우는 중요한 기회가 된다.

IB 프로젝트 프로그램의 구성을 표로 만들면 아래와 같다.

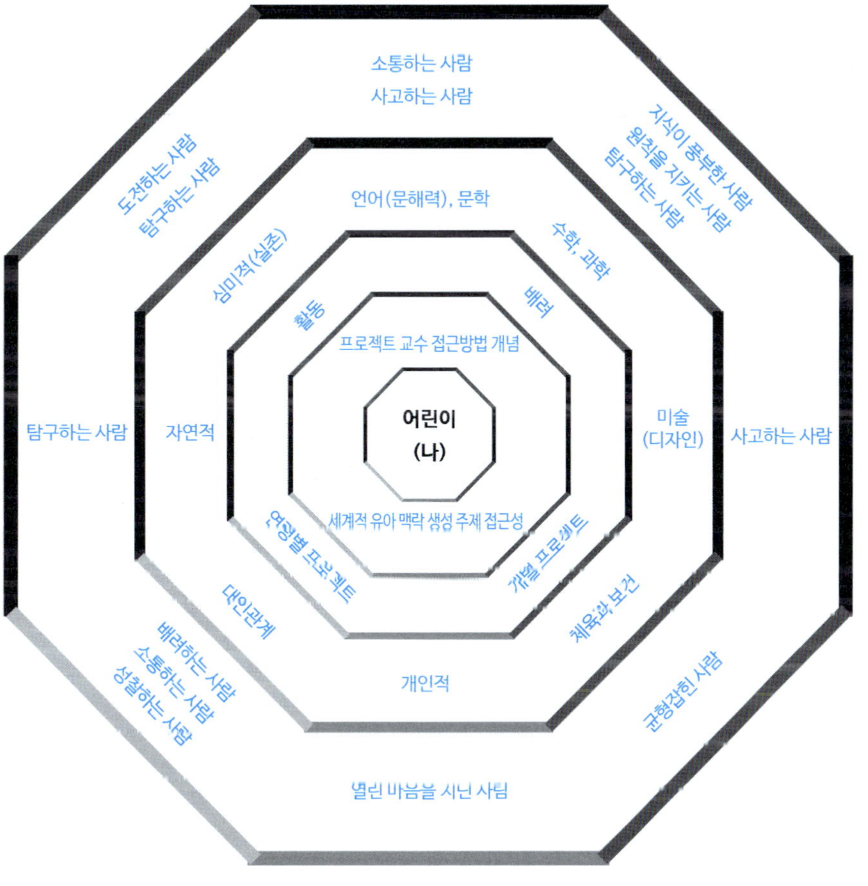

## 7 IB 질문

IB에서 '질문'이 중요한 이유는 IB 교육은 학습자를 '지식의 수용자'가 아니라 탐구자(inquirer)로 본다. 그래서 '교사가 설명해주는 것'보다는 '학생 스스로 질문하고, 탐색하며, 이해에 이르는 것'이 훨씬 중요하다. 질문은 그 출발점이며, 아래와 같은 역량을 기르기 위한 도구이다.

- 비판적 사고(Critical Thinking)
- 문제 해결 능력(Problem Solving)
- 의사소통 능력(Communication)
- 관점 수용(Perspective－Taking)
- 성찰적 태도(Reflective Attitude)

### 1) 사실적 질문(Factual Questions)

사실적 질문은 객관적인 정보나 사실을 묻는 질문이다. 정해진 답이 있으며, 유아가 관찰하거나 경험을 통해 직접 확인할 수 있는 내용을 기반으로 한다. 이는 학습 초기 단계에서 유아들이 주제에 흥미를 갖고, 기본적인 개념을 이해할 수 있도록 돕는다.

예를 들어, 계절을 주제로 수업할 때 '가을에는 어떤 색이 많을까?', '단풍은 왜 생길까?'와 같은 질문은 유아들이 직접 보고 듣고 느낀 경험을 바탕으로 답할 수 있는 사실적 질문이다. 이러한 질문은 유아가 자신이 알고 있는 것에 대한 자신감을 갖게 하고, 탐구의 방향을 잡을 수 있도록 해준다.

### 2) 개념적 질문(Conceptual Questions)

개념적 질문은 단순한 사실을 넘어서 더 넓은 개념을 이해하거나, 다양한 상황에 적용해 볼 수 있도록 유도하는 질문이다. 이 질문은 정해진 답이 하나가 아니며, 아이가 스스로 연결을 만들고, 비교하거나 일반화하는 사고를 하게 만든다.

예를 들어, 친구 관계를 다루는 활동에서 '친구는 왜 중요할까?', '모든 친구는 똑같을까?'와 같은 질문은 아이가 사람과 사람 사이의 관계를 보다 넓은 시각으로 바라보게 만든다. 이러한 질문은 유아가 경험한 것과 새로운 상황을 연결하여 생각하도록 도와주며, 이해의 깊이를 더해주는 역할을 한다.

### 3) 토의적 질문(Debatable Questions)

토의적 질문은 정답이 정해져 있지 않은 질문으로, 다양한 관점과 생각을 자유롭게 표현할 수 있도록 돕는 질문이다. 이 질문은 유아가 자신만의 의견을 말하고, 다른 친구들의 생각을 듣고 비교하면서 사고를 확장할 수 있게 한다. 이는 비판적 사고와 더불어 자기 성찰, 공감, 의견 나눔의 기회를 제공한다.

예를 들어, 자연 보호를 주제로 할 때 '모든 사람은 자연을 보호해야 할까?', '자연을 보호하는 것이 왜 중요할까?'와 같은 질문은 유아들에게 단순한 지식 전달을 넘어서 '생각해 보는 힘'을 길러준다. 다양한 답이 가능하므로 아이는 스스로 생각을 구성하고 표현하게 되며, 교실 안에서의 풍부한 토론이 이루어질 수 있다.

IB 교육에서 질문은 단순한 수업 도구가 아닌, 학습의 중심축이다. 사실적 질문은 기초 지식을 확인하고, 개념적 질문은 사고의 확장을 돕고, 토의적 질문은 자신만의 생각을 깊이 있게 표현하는 데 중요한 역할을 한다.

교사는 이러한 질문들을 아이의 발달 수준에 맞게 적절히 조율하고 제시함으로써, 유아가 스스로 배우고 성장하는 과정을 이끌 수 있다. 유아들은 질문을 통해 생각하게 되고, 생각을 통해 배우게 된다. 그렇기에 좋은 질문 하나는 긴 설명보다 더 강력한 학습의 열쇠가 된다.

# Chapter 2

# 2022 개정 교육과정이란

# 1 2022 개정 교육과정이란

## 1) 깊이 있는 학습(교육부, 2022)

'개념'이라는 단어는 지식의 결정체를 의미하는 단어로 사용되어 왔다. 우리 현장은 2015 개정 교육과정에서부터 2022 개정 교육과정 이르기까지 역량 함양을 위한 교육, 과정 중심 평가, 유아 참여형 학습 등 유아 중심의 깊이 있는 주제 활동에 대한 다양한 방안을 마련하기 위해 노력해 왔다. 2015 개정 교육과정과 2022 개정 교육과정에서는 '창의적 융합형 인재'를 제시하고 네 가지 인간상과 여섯 가지 핵심 역량도 발표하였다.

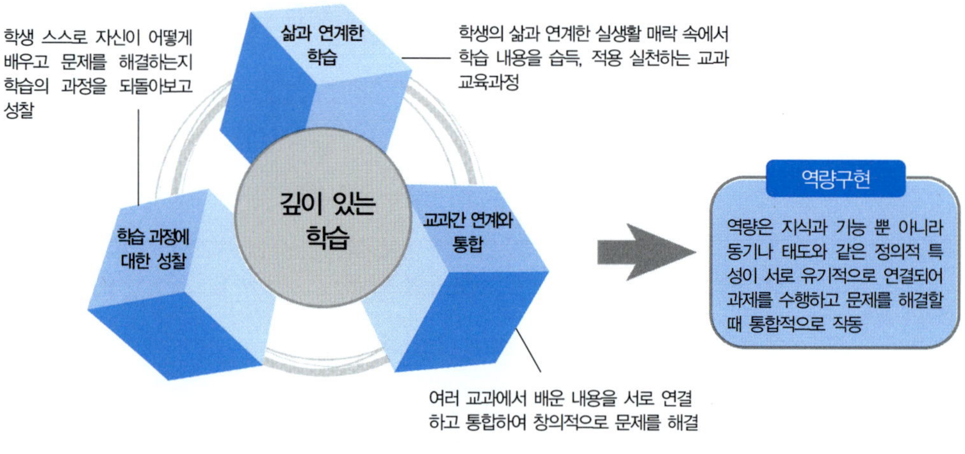


* 출처: 교육부(2022). 2022 개정 교육과정 총론 주요사항.

교육부(2022)는 먼저 역량 함양 교과 교육과정 개발을 위해 '깊이 있는 학습'과 '교과간 연계와 통합', '삶과 연계한 학습', '학습 과정에 대한 성찰'을 강조한다. 주제의 핵심 아이디어를 중심으로 활동 내용 선정, 소주제별 내 영역 간 내용 연계성을 강화하고자 한다. 주제 고유의 사고와 탐구를 명료화하여 깊이 있는 학습을 지원하고자 한다. 주제 목표, 내용 체계, 흥미 기준, 교수·학습, 평가의 일관성을 강화하고자 한다.

이는 2022 개정 교육과정을 개념 기반 교육과정으로 부를 수 있는 근거를 제공한다. '깊이 있는 학습'은 개념 기반 교육과정에서 강조하는 깊은 이해, 개념적 이해와 유사한 의미이고, 이것을 구성하는 세 요소는 개념 기반 교육과정에서 유아들이 다양한 과제를 다룰 것을 제안하는 활동과 연결된다. '삶과 연계한 학습'에서 사실적 지식을 통해 학습자가 배워야 하는 '개념'은 모든 학습자가 동일하다. 학습자 자신들의 생활과 연계된 소재와 생각을 끌어와 개인적 의미를 더 잘 구성할 수 있게 하고 유아들이 주제 내용을 정서적으로 친밀하게 느껴 학습 동기와 흥미를 높인다. 2022 개정 교육과정에서 교육과정 설계와 운영에서 지향해야 할 방향과 일반적 원칙에도 개념 기반 교육과정이 반영되어 있다. 유아교육 기관은 유아들이 깊이 있는 활동을 실현하기 위해 핵심 개념을 중심으로 교수·학습을 설계하여 운영한다. 첫째, 단편적 지식의 암기를 지양하고 각 교과목의 핵심 아이디어를 중심으로 지식·이해, 과정·기능, 가치·태도의 내용 요소를 유기적으로 연계하며 유아의 발달 단계에 따라 학습경험의 폭과 깊이를 확장할 수 있도록 프로젝트를 계획한다. 둘째, 주제 내 영역 간, 교과 간 내용 연계성을 고려하여 수업을 설계하고 지도함으로써 유아들이 융합적으로 사고하고 창의적으로 문제를 해결하는 능력을 함양할 수 있도록 한다. 셋째, 실생활 맥락 속에서 이해하고 적용하는 기회를 제공함으로써 유치원에서의 활동이 유아의 삶에 의미 있는 학습경험이 되도록 한다. 넷째, 유아 자신이 여러 교과의 고유한 탐구 방법을 알아 가면서 자신의 학습 과정과 학습전략을 점검하며 개선하는 기회를 제공하여 스스로 탐구하고 학습할 수 있는 자기주도 학습 능력을 함양할 수 있도록 한다. 다섯째, 교과의 깊이 있는 학습에 기반이 되는 언어·수리·디지털 기초 소양을 모든 교과를 통해 함양할 수 있도록 수업을 설계한다.

### 2) 개념 기반 교육과정에서 '개념'과 '개념적 이해'

개념은 어떤 사물이나 현상에 대한 일반적인 또는 공통성을 토대로 만든 지식으로 사회과학에서는 현실 세계에서 발생하는 사회적 현상이나 개념을 추상화하고 일반화한 것으로 정의한다. 또한 개념은 유아의 현실을 이해하고 적용하기 위해 활용하는 중요한 인지 도구 중 하나로 철학에서는 여러 관념 속에서 공통된 요소를 뽑아내어 종합해 얻은 하나의 보편적 관념적 언어로 표현한 것으로 일반적으로 판단에 의해 얻어지는 것, 판단을 성립시키는 것을 의미한다. 개념은 주제로부터 추출된 관념 즉 아이디어이기도 하고 학습하고 있는 복잡한 과정, 전략, 기능으로부터 도출되기도 한다.

개념 기반 교육과정 및 수업은 전통적인 방식의 '사실과 기능을 가르치는 것'에서 '개념적 아이디어에 대한 유아의 이해를 촉진시키는 것'으로 교육의 전환을 의미한다.

개념 기반 교육과정에서 기능과 지식은 중요한 요소이며, 개념을 포함하면 기능과 사실에 적절성을 부여하게 된다. 두 개 혹은 그 이상의 개념 간 관계로 진술된 개념적 이해는 이해 중심 교육과정에서는 영속적 이해, UbD(Understanding by Design)에서는 빅 아이디어, 2022 개정 교육과정에서는 핵심 아이디어로 부르며, 이것은 다양한 상황과 맥락으로 전이 가능한 시너지적 사고를 가능하게 하고 활동 과정에서 유아 주도적 탐구가 이루어지게 한다. 개념적 이해는 시간, 문화, 상황을 통합하여 유아가 적절한 개념이나 주제를 이해하고 판단해서 상황에 적절한 것을 찾게 된다(한국교육과정평가원, 2022).

### 3) 개념 기반 교육과정에서 '사고'와 '전이'

개념적 사고는 시·공간을 초월하여 자신의 이해를 전이시키며, 문제를 해결하거나 새로운 제품, 프로세서, 또는 아이디어를 개발하기 위해 개념적 이해를 창의적으로 적용하는 능력을 의미한다. 개념 기반 교육과정에서는 교사가 유아들이 지향해야 하는 사고가 무엇인가를 생각하며, 유아가 이해의 심화에서 사고의 중요성을 인식하게 한다. 교사가 사고하는 방법을 제시하고 학습자가 학습할 수 있도록 안내하며 유아가 자신의 사고를 다룰 수 있도록 돕는다. 개념 기반 교육과정은 사실적 지식이 어떻게 전이 가능한 이해를 위한 기초를 제공하고 우리 머릿속에 개념화될 수 있는지를 설명한다. 전이는 항상 하나의 맥락에서 추상화하고 다른 맥락과의 연결을 찾는 데 있어 반성적 사고를 요한다.

탐구 기반 학습은 주로 사고력과 문제해결력 능력의 계발 및 실천과 매우 밀접하게 관련되어 있다. 사실과 정보, 개념들의 관계를 유아들이 파악할 수 있도록 하고 그것을 바탕으로 스캐폴딩하며 유아들이 원리나 일반화에 접근할 수 있도록 사고하고 탐구하는 기회를 제공한다(김현정·박은혜, 2016).

### 4) 다양한 '상황·맥락'과 개념 기반 교육과정

우리는 미래에 맞닥뜨린 문제와 기회를 이해하기 위해 지식과 기술을 습득하고 기억에서 바로 꺼내 사용할 수 있게 하는 학습법에 대해 알아야 한다. 역량의 핵심에서는 사회적, 맥락적 속성이 있으며 좁은 의미의 지식이나 기술에서 학습하기보다는 그 지식과 관련되어 이루어지는 일상의 실천 과정 그 자체에서 성취가 가능하다.

개념 기반 교육과정에서 학습자가 처한 살아 움직이는 것과 같은 다양한 맥락과 상황은 각기 다르지만, 그들이 도달해야 하는 개념적 이해(일반화)는 동일하되 유아들이 습득할 것으로 기대되는 내용, 그것을 다루기 위해 사용할 과정(기술·도구), 유아 자신이 배운 것을 보여주기 위한 산출물은 각자 다를 수 있다는 것과도 통할 것이다. 개념 기반 교육과정에서 중요하게 생각하는 '맥락'은 결국 배움이 일어나는 모든 상황에서 학습자 주도 개인별 맞춤형 학습이 이루어질 수 있도록 하는 중요한 요소가 된다. 2022 개정 교육과정에서 말하는 유아 맞춤 수업은 학습 내용, 과정, 결과 및 정의적·학습 환경의 다양화를 추구하지만 모든 유아가 개념적 이해에 도달할 수 있도록 하는 것이다(교육부, 2022).

### 5) '역량' 함양과 개념 기반 교육과정

역량의 개념은 어떤 일을 해내는 데에 있어서 자아개념, 정서, 동기 등의 비인지적 요인이 중요하다. 2022 개정 교육과정은 미래사회가 요구하는 역량 함양을 위한 교육과정으로 교과 교육에서 '삶이 있는 학습'을 통한 핵심 역량 함양을 지향한다. 핵심 역량은 특정 사회의 맥락에서 요구되는 것을 수행하거나 도전을 이겨내기 위해 필요한 지식, 기능, 태도 등을 의미하며, 누구나 공동체의 일원으로 살아가고 학습하며 일하고 공헌하는 데 필요한 능력이다(교육부, 2015).

이는 개념 기반 교육과정의 깊은 이해와 개념적 이해와 연결된다. 개념 기반 교육과정에서 역량은 유아들이 특정 개념에 대한 지식과 함께 그 개념을 활용해 문제를 해결하고 적용하는 능력으로 단순한 정보를 이해하는 것을 능가한 깊은 사고를 통한 전이 가능한 개념적 이해를 의미한다. 복잡한 미래사회를 살아갈 유아들에게 핵심 역량을 '어떻게 가르칠 것인가' 라는 질문에 개념 기반 교육과정은 교수·학습의 방향을 제시한다. 개념 기반 교육과정에서는 학생들이 사고를 잘하는 것에 초점을 두고 교육과정과 수업 설계에 질문을 던진다(Erickson, et al., 2017).

- 필수 내용을 가르치면서 어떻게 유아들의 비판적, 창의적, 개념적 사고를 기를 수 있을 것인가?
- 어떻게 하면 주어진 시간에 성취 기준에 도달할 수 있도록 하면서 유아들의 다양한 능력과 요구를 만족시킬 것인가?
- 교육과정과 수업을 어떻게 설계해야 모든 개별 유아의 지력과 문제 해결 능력을

계발할 수 있을 것인가?

- 21세기 교육의 복잡성에 대비하기 위한 시간과 전문적인 훈련 기관을 어디서 찾을 수 있는가?
- 교수·학습을 효과적으로 계획하기 위한 시간을 어떻게 마련할 수 있는가?

개념 기반 교육과정은 위와 같은 질문들을 던지며 교육을 통해 역량 함양을 할 수 있는 방법을 현재 우리가 맞닥뜨린 수업 현장에서 실현할 수 있도록 안내해 준다(조호제 외, 2025).

### 6) 2022 개정 교육과정 추진 배경(교육부, 2021)

디지털 전환, 기후환경 변화 및 학령인구 감소 등에 대응하여 미래사회에 필요한 역량을 함양하고 학습자 맞춤형 교육을 강화할 수 있도록 미래 교육 비전의 정립과 수업 및 평가 개선을 포함하는 교육과정 체제 전환이 필요하였다. 즉, 새로운 교육환경 변화에 적합한 역량 함양 교육이 필요하다는 것이다. 이에 2022 개정 교육과정의 추진 배경에 대한 자세한 내용은 다음과 같다. 첫째, 예측할 수 없는 변화에 대응할 수 있는 교육 혁신이 필요하기 때문에 교육과정 개정을 추진하였다. 디지털 전환에 따른 산업 및 사회 변화와 감염병 확산, 기상이변과 기후환경 변화 등 다양한 위기 상황에 대응하고 극복하는 능력이 국가 경쟁력을 좌우한다. 미래사회의 변동성, 불확실성, 복잡성에 대응할 수 있도록 변화 대응력과 같은 기본 역량을 함양시켜주는 교육 체제 구현이 필요하다. 둘째, 학령인구 감소 및 학습자 성향 변화에 따른 맞춤형 교육 기반이 필요하기 때문에 교육과정 개정을 추진하였다. 저출생 현상의 심화, 디지털 전환 등에 대응하여 유아 개개인의 역량을 최대한 발전시켜줄 교육과정과 교수학습 체제 및 교육환경 구축이 필요하다. 학습자 성향에 따라 유아 스스로 진로를 설정하고 개척해 갈 수 있도록 학습자의 삶과 연계한 학교 교육 혁신이 필요하다. 이러한 배경을 바탕으로 2022 개정 교육과정은 그동안의 교육과정 발전 방향을 계승하면서 미래사회를 살아갈 아이들이 주도적으로 삶을 이끌어갈 수 있도록 교육과정을 개선하였다.

한편, 2022 개정 교육과정은 '국민과 함께 하는 교육과정' 개발을 중점으로 추진되어가고 있다. 초·중등학교 교육과정 개발에 대한 국민 참여를 제도화하여 교육에 대한 인식 개선 및 패러다임 전환의 계기를 마련하였다. 기존에는 국가 차원에서 교육과정 전문가 중심으로 교육과정의 개발이 이루어졌다면, 이제는 유아, 학부모, 교사, 범사회적 전문가 등 다양한 교육 주체의 참여를 확대하여 국가 교육회의, 전국 시·도교육감 협의회 등 관련기관과 협업하여 교육과정의 개발이 이루어지도록 변화되었다.

### 7) 2022 개정 교육과정 개정 방향(교육부, 2021)

2022 개정 교육과정으로 개정되면서 가장 중점적으로 변화하는 것은 다음과 같다.

첫째, 미래사회가 요구하는 역량 함양이 가능한 교육과정을 개발하는 것이다. 2022 개정 교육과정에서는 먼저, 미래사회의 변화에 대응할 수 있는 기초역량을 함양할 수 있도록 교육과정을 개선하였다. 예컨대, 학습자의 삶과 연계한 깊이 있는 개념적 학습과 탐구 능력을 함양하고, AI·소프트웨어 교육을 비롯한 디지털 기초 소양을 강화하였으며, 기후·생태환경 변화 등이 가져오는 지속가능한 발전 과제에 대한 대응 능력 및 공동체적 가치를 함양하는 교육과 더불어, 기초학력 보장 및 특수교육 대상 유아나 다문화 유아를 위한 교육 등 모두를 위한 과정을 강화하였다. 다음으로, 교과 교육에서 깊이 있는 학습을 통해 기초역량 및 기초 소양을 함양할 수 있도록 교과 간 연계와 통합, 유아의 삶과 연계된 학습, 학습에 대한 자기성찰 등을 강화하였다. 각 교과는 핵심 아이디어를 중심으로 자신에게 맞는 학습량을 적정화하여 토의·토론 수업, 실험·실습 활동 등 유아들이 스스로 주도하는 활동 중심으로 진행되며, 비판적 질문, 학습의 과정과 태도, 문제해결 및 사고의 과정을 중시하는 평가가 확대되도록 구성하였다.

둘째, 지역·학교 교육과정의 자율성을 확대하고, 책임교육을 구현하는 것이다. 유아의 요구와 학교의 여건을 고려한 교육과정의 자율성 확대 및 지역·학교 간 교육격차 완화와 책임교육을 구현하였다.

셋째, 디지털, AI 교육환경에 맞는 교수·학습 및 평가체제를 구축하는 것이다. 이를 위해 2022 개정 교육과정에서는 비대면 원격교육을 확대하고, 디지털 시대의 교육환경 변화에 부합하는 미래형 교수·학습 방법과 평가체제를 구축하였으며, 온·오프라인 학습, 에듀테크 활용 등 유연한 교육과정 운영을 통해 학습자 개별화 맞춤형 지도 및 평가를 강화하였다. 또한, 교사의 디지털 에듀테크 활용 역량을 함양하기 위해 수업의 설계·운영·평가에서 다양한 디지털 플랫폼과 기술을 효율적으로 활용할 수 있도록 시설과 설비를 확충하였으며, 디지털 교육환경 변화에 대응하면서 학습자를 효율적으로 지원할 수 있도록 교원의 교수·학습 및 평가 연수를 지원하였다.

### 8) 2022 개정 교육과정 평가 방향(지미정, 2024)

2022 개정 교육과정에서 평가 방향은 다음과 같다. 첫째, 과정 중심 평가 강화는 학습의 결과뿐만 아니라 과정을 중요하게 여기고, 유아들의 성장과 발전을 지속적으로 모니터하며, 수업 중 관찰, 토론, 프로젝트 수행 등 다양한 활동을 통해 평가가 이루어진다. 둘째, 역량 중심 평가는 단순 지식 암기를 넘어 핵심 역량의 발달을 평가하고, 문제 해결력, 비판적 사고력, 창의성, 의사소통 능력 등을 종합적으로 평가한다. 셋째, 수행 평가 확대는 실제적인 과제와 프로젝트를 통해 유아들의 역량을 평가한다. 협동학습, 토론, 발표, 포트폴리오 등 다양한 수행 평가 방법을 활용한다. 넷째, 형성 평가 강화는 학습 과정에서 지속적인 피드백을 제공하여 유아들의 개선과 성장을 돕는다. 자기 평가와 동료 평가를 통해 유아들의 메타인지 능력을 향상시킨다. 다섯째, 개별화된 평가에서는 유아 개개인의 성장과 발달을 고려한 맞춤형 평가를 실시한다. 학습자의 다양성을 인정하고, 개인의 강점과 약점을 파악하여 개선점을 제시한다. 여섯째, 통합적 평가는 여러 교과의 지식과 기능을 융합하여 평가하는 방식을 도입한다. 실생활 문제 해결을 위한 종합적인 능력을 평가한다. 일곱째, 디지털 기술을 활용한 평가는 온라인 플랫폼과 AI 기술 등을 활용하여 다양한 형태의 평가로 실시되며, 실시간 피드백과 개별화된 학습 경로 제공이 자신의 생각과 감정을 효과적으로 표현하고 소통하는 등으로 교과에 반영하였다.

다음으로, 수리 소양은 다양한 상황에서 수리적 정보와 표현 및 사고 방법을 이해·해석·사용하여 문제를 해결·추론하는 능력을 말한다. 이는 화폐·시간·달력 등의 수 단위 이해하기, 수 어림하기 등으로 교과에 반영하였다. 마지막으로, 디지털 소양은 디지털 지식과 기술에 대한 이해와 윤리의식을 바탕으로 정보를 수집·분석하고 비판적으로 이해·평가하여 새로운 정보와 지식을 생산·활용하는 능력을 말한다. 이는 정보 수집 및 탐색 등으로 교과에 반영하였다.

앞으로 더욱 발전하고 변화할 디지털 및 인공지능 사회를 생각해 본다면 위에서 알아본 세 가지 소양 중에서 무엇보다 디지털 소양이 중요해질 것을 알 수 있다. 이에 맞추어 디지털 역량을 함양시키기 위한 정보 교육은 다음과 같이 달라졌다. 모든 교과를 통해 미래 세대 핵심 역량으로 디지털 기초 소양을 함양하고 교실 수업 개선 및 평가 혁신과 연계할 수 있도록 내용을 구성하였다. 다시 말해, 디지털 문해력 및 논리력, 절차적 문제해결력 등을 함양하기 위해 다양한 교과 특성에 맞게 디지털 기초 소양 관련 내용을 반영하였다.

### 9) 2022 개정 교육과정과 다양한 교육(교육부, 2022)

교육과정의 개정과 더불어 교육 현장에서 다양한 교육 과목이 강조되고 있다. 이를테면 학교자율시간, 진로연계교육, 안전교육, 창의적 체험 활동, 범교과 학습주제 등과 같이 최근 강조되고 있는 영역에서 더욱 집중적인 배움이 가능하도록 하나의 교과로 분리하여 가르치고 있다.

학교자율시간의 운영이 어떻게 되는지 살펴보면 다음과 같다. 지역 및 학교별 가기 다른 여건을 고려하여 특색 있는 교육과정을 운영할 수 있도록 학교자율시간을 운영할 수 있는 근거를 2022 개정 교육과정 총론의 지침에 새롭게 추가하여 마련하였다. 지역과 학교의 고유한 특색을 반영한 교육과정 개발이 필요하다는 현장의 의견을 반영하여 학교 교육과정 운영의 자율성이 발휘될 수 있도록 학교자율시간을 도입하였다. 학교자율시간 도입을 통해 지역과 연계한 교육 및 교육과정 문해력을 바탕으로 학교 현장에서의 새로운 교육과정 개발에 대한 요구가 교육과정 속에서 보다 체계화될 것이다.

한편, 진로연계교육의 운영이 어떻게 되는지 살펴보면 다음과 같다. 2022 개정 교육과정에서는 유아 성장의 연속성 상에서 학교급 간 교과 내용 연계와 진로 설계, 학습 방법 및 생활 적응 등을 위한 진로연계교육을 도입하였다. 진로연계교육의 경우 입학 초기 또는 상급학교로 진학하기 전, 일부 시간을 활용하여 유아의 학교생활 적응 및 교과 학습의 연계, 다양한 진로 탐색 활동 등을 체계적으로 실시하여 유아들이 자신의 학습 수준과 방법 등에 맞게 이루어질 수 있도록 한다. 교과 교육과정에서는 유아의 역량 개발과 자기주도적 학습능력 향상에 중점을 두고 교과별 학습 경로, 학습법, 진로 및 이수 경로 등의 내용으로 영역을 구성하고 있으며, 교과와 연계하여 학습자의 진로와 적성을 고려한 다양한 체험 활동 중심의 진로 탐색·설계가 이루어질 수 있도록 창의적 체험 활동 및 자유학기의 진로 탐색 활동과의 연계를 강화하고 있다.

안전교육은 체계적인 교육을 통해 안전의식이 내면화될 수 있도록 교육과정 총론에 유아의 발달 수준을 고려한 체험 중심 안전교육 지침을 강화하였다. 교육 내용으로는 다중 밀집 환경의 안전수칙과 위기상황에서의 대처능력 함양을 포함하여 이론 뿐 아니라 실습과 체험 중심 교육으로 체계화하여 다루며, 궁극적으로 학교와 가정 등의 위기 상황에 대처할 수 있도록 구성하였다.

창의적 체험 활동은 유아의 전인적 성장과 자율성에 보다 초점을 두고, 유아의 자기주도성과 선택 활동을 확대하기 위해 자율 활동, 자치 활동, 동아리 활동, 진로 활동으로 영역을 재구조화하였다.

범교과 학습주제는 국가·사회적으로 요구되는 학습 내용이며, 여러 교과의 경계를 가로지르는 종합적이고 통합적인 학습주제로 관련 교과와 창의적 체험 활동 등 학교 교육 활동 전반에 걸쳐 다루고 있다. 또한, 현행 교육과정의 10개의 주제 즉, 안전·건강 교육, 인성 교육, 진로 교육, 민주시민 교육, 인권 교육, 다문화 교육, 통일 교육, 독도 교육, 경제·금융 교육, 환경·지속발전 교육의 주제를 2022 개정 교육과정에서도 유지하되 학교 현장에서 체계적이고 실효적으로 학습할 수 있도록 개선하였다.

### 10) 2022 개정 교육과정이 적용된 교육 현장에서의 모습(교육부, 2022)

새로운 교육과정에서는 각 교과의 핵심 아이디어를 중심으로 학습량을 적정화하여 지식뿐만 아니라 학습의 과정과 학습에 대한 가치·태도를 함께 강조하여 배움의 즐거움을 일깨울 수 있는 깊이 있는 학습경험을 개선하고자 한다. 이를 위해 배움에 흥미를 갖고 자기주도적 학습이 가능하도록 질 높은 교과서를 개발하려 하고 있으며, 교육과정 해설서 및 교과별 교수·학습 자료 및 평가 자료 개발도 추진하여 새 교육과정이 현장에 안착될 수 있도록 지원할 계획이다.

그렇다면, 유아교육과정과 밀접하게 연계된 초등교육과정에서의 변화는 어떠할까? 초등학교 저학년 군에 인지·정서·사회 발달적 특성과 학습의 준비도 등을 고려하여 통합교과와 창의적 체험 활동 등의 입학 초기 적응 활동 중복을 개선하고, 한글 해독 및 익힘 지원을 위해 국어과에 34시간을 증가하여 배치하였다. 또한, 진로연계교육을 도입하여 유아-초등 연계와 초등-중등 연계뿐만 아니라, 초등학교 학년 간 교육과정 내용 연계를 강화하여 학교급 및 학년 전환기 학생들의 학습 활동 연속성을 보장하였다.

### 11) 수업혁신 전문 학습공동체

최근 유아교사들이 자신의 교수·학습 능력을 향상시키고 유아들에게 질 높은 교육 제공을 위해 자발적으로 모여 집단을 이루어 함께 토론·토의하고 협력하는 등 교사 간 공동학습을 통해 지속적인 발전과 개선을 이루는 전문적 학습공동체가 더욱 강조되고 있다. 경상남도교육청에서는 놀이 중심 수업혁신을 위해 전체 공·사립 유치원에서 6명 이상의 교원이 함께 배우며 성장하는 학습공동체인 '수업혁신 전문적 학습공동체' 운영을 계획하였으며, 이에 대한 내용은 다음과 같다(경상남도교육청, 2023).

먼저, 「수업혁신 전문 학습공동체」의 추진 배경은 첫째, 유아·놀이 중심 수업혁신을 위해 교육공동체 간 공감대를 형성하고 환경을 조성하기 위함이다. 둘째, 미래교육에 나타날 환경 변화에 능동적으로 대처하기 위한 교원의 역량을 강화하기 위함이다. 셋째, 교사가 변화의 주체가 될 수 있도록 교사의 자발성을 이끌어내는 시스템이 필요하기 때문이다. 이를 위해 교육청 및 교육지원청과 관리자는 교사가 놀이 중심 수업혁신의 주체가 될 수 있도록 시스템을 마련하고 지원하여야 한다. 넷째, 교육 주체가 능동적으로 수업을 혁신할 수 있는 환경을 조성하기 위함이다. 이를 위해 교육 주체들 간 수업에 대해 이야기를 나누고 서로 공감과 위로를 받으며 열정과 고민을 나눌 수 있는 물리적·시간적 환경을 조성하는 등 관리자의 지속적인 관심과 독려가 필요하다. 다섯째, 함께 배우며 성장하는 유치원 문화를 조성하기 위함이다. 교원이 배움에 대한 갈증을 해소하고 집단지성을 발휘할 수 있는 기회를 제공하기 위해 교육청 및 교육지원청과 관리자는 교육 현장에 전문적 학습공동체의 문화가 형성될 수 있도록 노력하여야 한다.

다음으로, 「수업혁신 전문 학습공동체」의 추진 목적은 다음과 같다. 첫째, 전문적 학습공동체 운영을 통해 함께 배우며 성장하는 유치원 문화 기반을 조성해야 한다. 둘째, 관리자가 지원하는 전문적 학습공동체의 정례화를 통한 수업혁신이 이루어져야 한다. 셋째, 교사 간 협업과 공유를 통해 유아의 성장과 배움을 지원해야 한다. 넷째, 민주적인 토론 환경을 통해 서로 공유하고 협력하는 역동적인 유치원 문화를 조성해야 한다. 다섯째, 전문적 학습공동체 운영을 통해 수업혁신의 확산을 지원해야 한다. 여섯째, 2019 개정 누리과정과 연계한 미래형 유치원 교육과정의 운영을 지원해야 한다.

마지막으로, 「수업혁신 전문 학습공동체」에서 다루는 주제의 예시는 다음과 같다. 첫째, 유치원 교육 철학과 교육전략 등을 포함한 유치원 교육 활동의 가치와 비전을 공유한다. 둘째, 교육 주체들의 요구를 반영한 유치원 연간 운영 계획을 협의한다. 셋째, 지역, 기관 및 개인의 특성을 고려한 유아·놀이 중심 교육과정을 실제적으로 운영하기 위해 놀이 중심 교육과정을 재구성한다. 넷째, 유아·놀이 중심 교육과정을 현장에서 적용하는데 있어 겪는 교사의 어려움을 공유하고 해결방안을 함께 토의한다. 다섯째, 유아의 놀이가 교육적으로 확장되도록 놀이 지원에 대한 다양한 활동 방법 및 평가 내용을 협의한다. 여섯째, 어린이집의 보육과정과 유치원의 교육과정 및 유치원 교육과정과 초등학교 교육과정의 연계를 위한 이음교육 운영에 대해 함께 고민한다. 일곱째, 교육과정과 방과후 과정 간 원활한 소통 및 연계된 교육을 위해 다양한 교수·

학습 방법과 평가 방법에 대해 의견을 나눈다.

### 12) 초·중등학교 교육과정

유치원 교육과정의 변화에 맞추어 유아교육과 밀접하게 연계되어 있는 초등교육과정 또한 개정되었다. 유·초 연계에 있어 연계된 교육과 더욱 심화된 교육을 제공하기 위해 유아교육에서도 초등교육과정에 대해 알아볼 필요가 있다. 이에 초·중등학교 교육과정의 총론을 빌려 초등교육과정에 대해 다음과 같이 말할 수 있다(교육부, 2022). 총론에서는 초등학교 교육과정이 유아기의 발달 특성과 학습 경험을 충분히 고려하여 구성되어야 함을 강조하며, 이에 따라 초등학교는 유치원에서 익힌 놀이 기반의 경험을 초등학습으로 자연스럽게 확장할 수 있는 학습 환경을 조성한다. 또한 기초적인 학습 태도 형성과 더불어 사회적 관계 형성을 중점적으로 다루어 유아기와 초등학교 교육이 유기적으로 연결될 수 있도록 한다.

### 13) 초·중등 교육과정의 성격

초·중등학교에서 운영해야 할 학교 교육과정의 공통적이고 일반적인 기준을 국가에서 제시한 초·중등 교육과정의 성격 중 유아교육과 연계된 내용을 살펴보면 다음과 같다. 첫째, 국가 수준의 공통성을 바탕으로 지역, 학교, 개인 수준의 다양성을 추구할 수 있도록 학교 교육과정의 기준과 내용에 관한 기본사항을 제시한다. 둘째, 학교 교육과정이 학생을 중심에 두고 주도성과 자율성, 창의성 신장 등 학습자의 성장을 지원할 수 있도록 교육과정의 기준과 내용을 제시한다. 셋째, 학교 교육과정이 추구하는 교육 목적의 실현을 위해 학교와 시·도교육청, 지역사회, 학생·학부모·교원이 함께 협력적으로 참여하는 데 필요한 사항을 제시한다(교육부, 2022).

### 14) 초·중등 교육과정의 구성 방향

#### (1) 교육과정 구성의 중점

우리나라 초·중등 교육과정은 사회의 변화와 시대적 요구를 반영하여 지속적으로 개정되고 발전해 왔다. 우리 사회는 변화와 도전에 대응하기 위해 교육과정을 개정하고자 하였으며, 교육과정의 변화를 요청하는 주요 배경은 다음과 같다. 첫째, 인공지능 기술 발전에 따른 디지털 전환, 감염병 대유행 및 기후·생태환경 변화, 인구 구조 변화 등에 의해 사회의 불확실성이 증가하고 있다. 둘째, 사회의 복잡성과 다양성이 확대되고 사회적 문제를 해결하기 위한 협력의 필요성이 증가함에 따라 상호 존중과 공동체 의식을 함양하는 것이 더욱 중요해지고 있다. 셋째, 학생 개개인의 특성과 진로에 맞는 학습을 지원해 주는 맞춤형 교육에 대한 요구가 증가하고 있다. 넷째, 교육과정 의사 결정 과정에 다양한 교육 주체들의 참여를 확대하고 교육과정 자율화 및 분권화를 활성화해야 한다는 요구가 높아지고 있다(교육부, 2022).

개정된 초·중등 교육과정은 우리나라 교육과정이 추구해 온 교육 이념과 인간상을 바탕으로, 미래사회가 요구하는 핵심 역량을 함양하여 포용성과 창의성을 갖춘 주도적인 사람으로 성장하게 하는 데 중점을 두며, 이를 위한 교육과정 구성의 중점은 다음과 같다. 첫째, 디지털 전환, 기후·생태환경 변화 등에 따른 미래사회의 불확실성에 능동적으로 대응할 수 있는 능력과 자신의 삶과 학습을 스스로 이끌어가는 주도성을 함양한다. 둘째, 학생 개개인의 인격적 성장을 지원하고, 사회 구성원 모두의 행복을 위해 서로 존중하고 배려하며 협력하는 공동체 의식을 함양한다. 셋째, 학생들이 자신의 진로와 학습을 주도적으로 설계하고, 적절한 시기에 학습할 수 있도록 학습자 맞춤형 교육과정 체계를 구축한다. 넷째, 교과 교육에서 깊이 있는 학습을 통해 역량을 함양할 수 있도록 교과 간 연계와 통합, 학생의 삶과 연계된 학습, 학습에 대한 성찰 등을 강화한다. 다섯째, 다양한 학생 참여형 수업을 활성화하고, 문제 해결 및 사고의 과정을 중시하는 평가를 통해 학습의 질을 개선한다(교육부, 2022).

### (2) 추구하는 인간상과 핵심 역량

우리나라의 교육은 홍익인간의 이념 아래 모든 국민으로 하여금 인격을 도모하고, 자주적 생활 능력과 민주시민으로서 필요한 자질을 갖추어 인간다운 삶을 영위하고, 민주 국가의 발전과 인류 공영의 이상을 실현할 수 있도록 함을 목적으로 한다. 이러한 교육 이념과 교육 목적을 바탕으로, 개정된 초·중등 교육과정이 추구하는 인간상은 다음과 같다. 첫째, 전인적 성장을 바탕으로 자아정체성을 확립하고 자신의 진로와 삶을 스스로 개척하는 자기주도적인 사람이다. 둘째, 폭넓은 기초 능력을 바탕으로 진취적 발상과 도전을 통해 새로운 가치를 창출하는 창의적인 사람이다. 셋째, 문화적 소양과 다원적 가치에 대한 이해를 바탕으로 인류 문화를 향유하고 발전시키는 교양 있는 사람이다. 넷째, 공동체 의식을 바탕으로 다양성을 이해하고 서로 존중하며 세계와 소통하는 민주 시민으로서 배려와 나눔, 협력을 실천하는 더불어 사는 사람이다(교육부, 2022).

이 교육과정이 추구하는 인간상을 구현하기 위해 교과 교육과 창의적 체험 활동을 포함한 학교교육 전 과정을 통해 중점적으로 기르고자 하는 핵심 역량은 다음과 같다. 첫째, 자아정체성과 자신감을 가지고 자신의 삶과 진로를 스스로 설계하며 이에 필요한 기초 능력과 자질을 갖추어 자기주도적으로 살아갈 수 있는 자기관리 역량이다. 둘째, 문제를 합리적으로 해결하기 위하여 다양한 영역의 지식과 정보를 깊이 있게 이해하고 비판적으로 탐구하며 활용할 수 있는 지식정보처리 역량이다. 셋째, 폭넓은 기초 지식을 바탕으로 다양한 전문 분야의 지식, 기술, 경험을 융합적으로 활용하여 새로운 것을 창출하는 창의적 사고 역량이다. 넷째, 인간에 대한 공감적 이해와 문화적 감수성을 바탕으로 삶의 의미와 가치를 성찰하고 향유하는 심미적 감성 역량이다. 다섯째, 다른 사람의 관점을 존중하고 경청하는 가운데 자신의 생각과 감정을 효과적으로 표현하며 상호협력적인 관계에서 공동의 목적을 구현하는 협력적 소통 역량이다. 다섯째, 지역·국가·세계 공동체의 구성원에게 요구되는 개방적·포용적 가치와 태도로 지속 가능한 인류 공동체 발전에 적극적이고 책임감 있게 참여하는 공동체 역량이다(교육부, 2022).

### (3) 초등학교 교육과정의 설계와 운영

유아교육과 밀접하게 관련된 초등학교 교육과정의 설계와 운영은 다음과 같다(교육부, 2022).

먼저, '유아교육기관은 유아들이 깊이 있는 학습을 통해 핵심 역량을 함양할 수 있도록 교수·학습을 설계하여 운영한다.'이다.

첫째, 단편적인 지식의 암기를 지양하고 각 교과목의 핵심 아이디어를 중심으로 지식·이해, 과정·기능, 가치·태도의 내용 요소를 유기적으로 연계하여 유아의 발달 단계에 따라 학습 경험의 폭과 깊이를 확장할 수 있도록 수업을 연계해야 한다. 둘째, 교과 내 영역 간, 교과 간 내용의 연계성을 고려하여 수업을 설계하고 지도함으로써 학생들이 융합적으로 사고하고 창의적으로 문제를 해결하는 능력을 함양할 수 있도록 해야 한다. 셋째, 학습 내용을 실생활의 맥락 속에서 이해하고 적용하는 기회를 제공함으로써 유아교육기관에서의 학습이 유아의 삶에 의미 있는 학습 경험이 되도록 해야 한다.

넷째, 유아가 여러 교과의 고유한 탐구 방법을 익히고 자신의 학습 과정과 학습 전략을 점검하며 개선하는 기회를 제공하여 스스로 탐구하고 학습할 수 있는 자기주도 학습 능력을 함양할 수 있도록 해야 한다. 다섯째, 교과의 깊이 있는 학습에 기반이 되는 언어·수리·디지털 기초 소양을 모든 교과를 통해 함양할 수 있도록 수업을 설계해야 한다.

다음으로, '유아교육기관은 유아들이 수업에 능동적으로 참여하고 학습의 즐거움을 경험할 수 있도록 교수·학습을 설계하여 운영한다.'이다.

첫째, 학습 주제에서 다루는 탐구 질문에 관심과 호기심을 가지고 스스로 문제를 해결하는 유아 참여형 수업을 활성화하며, 토의·토론 학습을 통해 자신의 생각을 표현하는 기회를 가질 수 있도록 해야 한다. 둘째, 실험, 실습, 관찰, 조사, 견학 등의 체험 및 탐구 활동 경험이 충분히 이루어질 수 있도록 해야 한다. 셋째, 개별 학습 활동과 함께 소집단 협동 학습 활동을 통하여 협력적으로 문제를 해결하는 경험을 충분히 갖도록 해야 한다.

## 2 IB와 2022 개정 교육과정과의 연계

21세기 사회는 이전과 비교할 수 없을 만큼 빠르고 복합적인 변화를 겪고 있다. 디지털 전환, 기후 위기, 인공지능의 보편화, 다문화 사회의 확산 등은 미래 세대가 마주할 세계가 지금과는 근본적으로 다를 것임을 보여준다. 이러한 시대적 변화는 단순한 지식 암기형 인재가 아닌, 문제를 스스로 인식하고 비판적으로 사고하며, 타인과 협력하여 해결할 수 있는 창의적이고 융합적인 인재를 요구한다.

특히 4차 산업혁명 시대는 단편적 지식 습득보다 문해력, 디지털 소양, 공동체 의식, 윤리적 판단, 학습의 자기주도성과 같은 통합적 역량이 더욱 중요하게 부각된다. 이러한 역량은 어느 날 갑자기 형성되는 것이 아니라, 유아기부터 체계적으로 경험하고 내면화되어야 할 삶의 기초 능력이다.

이러한 흐름 속에서 세계 각국은 기존의 교과 중심 교육에서 벗어나 역량 중심 교육과정으로 전환하고 있으며, 국제 비칼로레아(IB) 프로그램은 그 대표적 사례로 손꼽힌다. IB는 전 세계적으로 인정받는 국제 교육 프로그램으로, 그 중에서도 PYP(Primary Years Programme)는 3~12세 아동을 위한 초기 교육 단계로서, 학습자 중심, 개념 중심, 탐구 기반 교육을 통해 유아가 스스로 사고하고 배우며 성장할 수 있도록 돕는다. PYP는 유아들이 복잡한 세상을 이해하고, 타인과 함께 살아가는 태도와 역량을 갖추도록 설계되어 있어, 미래형 인재를 양성하는 데에 있어 매우 시사점이 크다.

한편, 우리나라의 2022 개정 교육과정은 '미래사회를 선도할 수 있는 창의융합형 인재 양성'을 목표로 하여, 기존의 성취 기준 중심에서 벗어나 학습자 주도, 과정 중심, 핵심 역량 기반의 교육 패러다임을 강화하고 있다. 특히 유아교육 단계에서는 놀이 중심, 생활 중심, 관계 중심의 교육 접근법을 강조하면서도, 유아 스스로가 경험을 해석하고 의미를 구성하는 '역량'의 중요성을 부각하고 있다.

이처럼 IB PYP와 2022 개정 교육과정은 교육 대상, 운영 체계, 문화적 배경 등에서 차이가 있음에도 불구하고, 학습자 중심 교육, 핵심 역량의 내면화, 탐구 중심의 수업 설계, 통합적 교육 내용 구성 등 여러 면에서 상호 보완적이면서도 유사한 철학을 지니고 있다. 다시 말해, 두 교육과정은 다른 배경에서 출발했지만 같은 방향을 지향하고 있는 것이다.

그럼에도 불구하고, 현실의 유아 교육 현장에서는 아직까지도 지식 중심, 활동 중심, 단편적 프로젝트 활동에 머무르는 경우가 많으며, '놀이'라는 개념조차 여전히 소극적으로 해석되고 있는 경우가 적지 않다. 교사는 교과서나 정해진 활동지를 중심으로 수업을 구성하고, 유아는 수동적으로 따라가는 교육 방식에 익숙해 있다. 이러한 현실을 개선하기 위해서는 보다 근본적인 차원의 교육과정 재구성과 교사의 역량 강화를 통해, 글로벌 교육 철학과 우리의 교육 방향을 통합한 실천적 모델이 필요하다.

따라서 본 글에서는 IB 프로그램, 특히 PYP의 핵심 철학과 교수·학습 방법을 바탕으로, 2022 개정 교육과정과 어떻게 유기적으로 연계할 수 있는지를 살펴보고자 한다. 특히 유아기 발달 특성을 고려하여, 탐구 기반 학습, 핵심 역량 발달, 주제 중심 통합 교육, 평가 방법 개선 등의 측면에서 연계 가능성을 논의할 것이다. 나아가, 이러한 통합적 접근이 유아의 전인적 발달에 어떤 긍정적 영향을 줄 수 있는지, 그리고 실제 유아 교육 현장에서 어떤 형태로 구현될 수 있는지를 구체적으로 제시하고자 한다.

결론적으로, IB와 2022 개정 교육과정의 만남은 단순한 제도적 통합을 넘어, 한국 유아 교육이 미래를 준비하는 방향으로 나아가기 위한 필수적인 전략적 선택이라 할 수 있다. 유아가 단지 배움을 받아들이는 존재가 아니라, 자신이 속한 사회와 세계를 탐색하고 해석하며 재구성하는 '어린이'이자 주체적인 학습자로 성장하기 위해서는, 이 두 교육과정의 통합적 접근이 반드시 필요하다.

## 1) IB PYP의 교육 철학과 프로그램 구조

IB(International Baccalaureate) PYP(Primary Years Programme)는 만 3세부터 12세 아동을 대상으로 하는 국제 교육 프로그램으로, 전 세계 다양한 문화권에서 적용되고 있다. PYP는 아동을 지식 전달의 수동적 수용자가 아닌, 능동적인 탐구자(active inquirer)로 바라보며, 다음과 같은 교육 철학과 운영 구조를 바탕으로 구성된다.

### (1) 개념 중심 교육(Concept-driven Curriculum)

PYP는 단편적 지식 습득보다는 지속 가능하고 전이 가능한 개념 학습을 중시한다. '무엇을 아는가'(What we know)보다 '왜 그것이 중요한가'(Why it matters), '어떻게 적용할 수 있는가'(How it connects to life)를 탐색하게 함으로써 유아의 사고 수준을 확장시키고, 학습의 깊이를 더한다. 이는 유아가 단순히 정보에 노출되는 것을 넘어, 스스로 질문하고 구조화하며 삶에 적용하는 능력을 기르는 데에 큰 효과가 있다.

### (2) 자기주도 학습(Inquiry-based Learning)

PYP의 수업은 유아가 자신의 관심, 경험, 배경지식을 바탕으로 탐색할 수 있는 구조로 설계된다. 교사는 정답을 제공하는 존재가 아니라, 질문을 이끌어 내고 탐구를 안내하는 촉진자(facilitator) 역할을 수행한다. 이는 유아의 호기심을 존중하고 내적 동기를 유도하며, 학습의 주체로 성장하도록 돕는다.

### (3) 학습자 특성(Learner Profile) 강조

IB는 모든 학습자에게 다음과 같은 10가지 학습자 특성을 내면화하도록 교육한다. 탐구하는 사람, 열린 마음을 지닌 사람, 배려하는 사람, 도전하는 사람, 균형잡힌 사람, 성찰하는 사람, 원칙을 지키는 사람, 소통하는 사람, 사고하는 사람, 지식이 풍부한 사람이다. 이러한 특성은 단순히 지식의 양이 아니라 사고방식과 태도, 공동체 속에서의 행동 양식까지 포괄하는 인간상에 대한 교육 목표를 담고 있다.

### (4) 교과 간 통합 학습(Transdisciplinary Themes)

PYP는 교과 간 경계를 허물고, 실제 삶의 맥락에서 학습이 이뤄질 수 있도록 6개의 주제(전이 가능한 전인적 생성형 주제)를 중심으로 커리큘럼을 설계한다.

Who we are(우리는 누구인가)

Where we are in place and time(우리는 어디에 있는가)

How we express ourselves(우리는 어떻게 표현하는가)

How the world works(세상은 어떻게 작동하는가)

How we organize ourselves(우리는 어떻게 조직하는가)

Sharing the planet(지구를 공유함)

이 주제들은 유아가 실제 경험과 사회적 현상을 연결하여 통합적이고 융합 맥락적인 학습 경험을 하도록 유도한다.

## 2) 2022 개정 교육과정의 특징

한국의 2022 개정 유아 교육과정은 미래사회가 요구하는 핵심 역량을 기르는 방향으로 교육의 초점을 전환하였다. 특히 '놀이 중심'이라는 기조를 유지하면서도, 역량 중심 교육, 과정 중심, 수행 중심 평가 강화, 민주시민 교육, 디지털 소양 강화, 생활 중심 교육 등을 전면적으로 도입하였다.

### (1) 핵심 역량 중심 교육

교육부는 유아가 미래사회에서 자율적이고 조화롭게 살아가기 위해 필요한 6대 핵심 역량을 다음과 같이 정의하였다. 자기관리 역량, 지식정보처리 역량, 창의적 사고 역량, 의사소통 역량, 공동체 역량, 심미적 감성 역량이다.

이러한 역량은 PYP의 학습자 특성과 유사하며, 유아가 단지 '잘 아는' 사람이 아닌, '잘 살아가는' 사람으로 성장하도록 돕는다는 점에서 일치한다.

### (2) 과정 중심, 수행 중심 평가 강화

2022 개정 교육과정은 결과 중심 평가에서 벗어나 과정 중심 평가(performance-based assessment)로 전환하고자 한다. 유아의 놀이 과정, 질문, 탐색 행동, 친구와의 상호작용 등 보이지 않던 학습의 흐름과 태도까지 포착하여 평가 자료로 활용하려는 점이 특징이다. 이는 PYP의 '학습 과정의 관찰과 반성'을 중시하는 방식과 밀접하게 연계될 수 있다.

### (3) 인성·민주시민성·디지털 소양 강화

유아가 자신과 타인을 존중하고 공동체에 참여하는 '시민적 역량'은 더 이상 초등 이후의 교육과제로 미룰 수 없다. 2022 개정 교육과정은 유아기부터 배려, 나눔, 공감, 민주적 의사결정 참여 등을 습득할 수 있도록 다양한 활동을 설계하도록 유도하고 있으며, 동시에 디지털 기기 활용 능력과 디지털 윤리 의식을 함께 강조한다. 이는 IB에서 말하는 지속 가능성, 글로벌 시민 의식, 책임감과 긴밀히 연결된다.

### (4) 생활 중심 교육

한국의 유아 교육은 유아의 일상생활과 깊이 연결된 경험을 중시해왔다. 2022 개정 교육과정은 이 전통을 계승하면서도, 유아가 실제 삶과 연관된 생성형 주제를 중심으로 놀이하고 탐구하며 성장하도록 교육 목표를 구체화하였다. 이는 IB의 '삶과 배움의 통합' 철학과 매우 잘 유사하다.

IB PYP와 2022 개정 교육과정은 출발점은 다르지만, 지향하는 교육 철학은 다음과 같은 면에서 높은 유사성과 상호 보완성을 갖는다.

**| 표 2 | IB PYP와 2022 개정 교육과정 비교**

| 비교 항목 | IB PYP | 2022 개정 교육과정 |
| --- | --- | --- |
| 학습자상 | 학습자 중심, 탐구자, 책임감 있는 시민 | 핵심 역량을 갖춘 전인적 인간 |
| 수업 내용 | 탐구 중심, 개념 중심, 통합적 주제 기반 | 놀이 중심, 생활 중심, 유아 주도 활동 |
| 평가 방식 | 과정 중심, 포트폴리오, 반성적 기록 | 수행 중심 평가, 성장 중심 평가 |
| 역량 개념 | Learner Profile, Approaches to Learning(ATL) | 6대 핵심 역량 중심 교육 |
| 교사의 역할 | 촉진자, 가이드, 학습 공동체의 구성원 | 놀이 지원자, 상호작용 촉진자 |

이러한 유사성을 바탕으로 유아 교육 현장에서는 IB PYP의 장점들을 국내 교육과정과 결합하여 보다 국제적 감각과 지역적 특성을 아우르는 교육 모델을 구축할 수 있다. 이는 유아가 한국적 정체성과 세계 시민성을 동시에 내면화할 수 있는 가능성을 열어준다.

### 3) IB와 2022 개정 교육과정의 통합적 적용

IB PYP와 2022 개정 유아 교육과정은 각각 독립적으로도 강력한 교육적 가치를 지니고 있지만, 이를 통합적으로 설계하여 유아교육 현장에 적용한다면 시너지를 극대화할 수 있다. 특히 유아의 발달 특성, 놀이 중심 교육의 중요성, 핵심 역량 함양이라는 공통 지향점은 두 교육과정을 유기적으로 결합할 수 있는 기반이 된다. 본 장에서는 유아교육 현장에서 가능한 융합 교육과정 구성 방식, 생성형 주제 선정과 통합 활동 예시, 교사 역할과 평가 방식을 중심으로 구체적으로 살펴보면 다음과 같다.

#### (1) 통합 교육과정 구성의 방향

유아교육에서 교육과정의 설계는 단지 교과목 나열이 아닌, 유아의 삶과 놀이, 사고 발달이 자연스럽게 연결될 수 있도록 구조화되어야 한다. IB의 탐구 중심 접근법과 2022 개정 교육과정의 놀이 중심 접근법은 이 점에서 자연스럽게 조화를 이룰 수 있다.

주제 중심 통합 수업 구성 IB에서 제시하는 6개의 초국가적 주제(Transdisciplinary Themes)를 바탕으로, 우리나라 유아 일상과 문화적 맥락에 맞는 주제를 재구성할 수 있다.

유아 발달 중심의 탐구 활동 설계는 놀이 중심 활동을 통해 유아의 호기심을 자극하고, 관찰 → 질문 → 탐색 → 확장 활동 → 반성의 순환 구조를 갖춘 탐구 기반 수업을 구성한다. 이는 유아 스스로 학습의 흐름을 경험하고 이해하게 하며, 자기주도성과 사고력을 동시에 키운다.

#### (2) 통합 주제 설정과 활동 구성 예시

IB 예시 주제는 가족과 지역사회 이해와 관계 형성과 사회성 발달이다.

| 활동 단계 | 활동 내용 | 연계 역량 |
|---|---|---|
| 사전 탐색 | 가족 구성원 인터뷰하기, 가족 사진 나누기 | 의사소통 역량, 자기관리 역량 |
| 탐구 활동 | 마을 지도를 그리고, 장소별 역할 탐색(병원, 경찰서, 도서관 등) | 공동체 역량, 사회적 탐구 능력 |
| 표현 활동 | 가족 직업 연극놀이, 마을 만들기 프로젝트 | 창의적 사고 역량, 표현 능력 |
| 확장 활동 | 다른 나라 가족 문화 알아보기, 역할 비교 | 글로벌 시민성, 문화 감수성 |
| 반성 활동 | 내가 사랑하는 우리 가족 발표하기 | 자기관리 역량, 정서적 공감력 |

이러한 활동은 IB의 주제 구조 속에서 통합적 개념 학습을 유도하며, 동시에 우리나라 교육과정의 생활 중심·놀이 중심·핵심 역량 중심 교육 철학을 실현한다.

### (3) 교사의 역할 변화

통합 교육과정의 효과적인 운영을 위해서는 교사의 역할 변화가 필수적이다. 전통적으로 활동을 주도하던 교사 중심 수업 방식에서 벗어나, 유아의 질문과 관심을 중심으로 교육을 설계하고 지원하는 교사가 되어야 그 역할을 정리하면 다음과 같다.

- **학습 안내자**: 유아가 놀이 속에서 질문을 하고, 탐구의 방향을 스스로 설정할 수 있도록 촉진한다.
- **학습 동반자**: 함께 놀이하고, 실수와 시도를 격려하며, 사회적 상호작용을 통해 배우는 과정을 함께한다.
- **과정 평가자**: 유아의 놀이와 학습 과정을 지속적으로 관찰하고, 언어·행동·작품 등을 바탕으로 성장 포인트를 기록한다.

이러한 교사 역할은 IB PYP에서 강조하는 'Reflections(성찰)', 'Assessment for Learning(학습을 위한 평가)'와도 지점적으로 연결된다.

### (4) 평가 방식의 통합적 접근

통합 교육과정에서의 평가는 단순한 성취 여부를 확인하는 것이 아니라, 유아의 성장 과정 전체를 이해하고 지원하는 수단이 되어야 한다. IB는 관찰, 문서화, 포트폴리오, 자기 성찰 기록 등을 활용하며, 이는 2022 개정 교육과정의 수행 중심·과정 중심 평가 강화 방침과 정확히 맞닿아 있다.

- **놀이 기록 평가**: 유아의 놀이에 개입하지 않으면서도 의미 있는 순간을 포착하여 사진, 짧은 기록, 유아의 말 등을 수집
- **포트폴리오 작성**: 유아 개인별로 놀이 결과물, 활동 과정, 사진, 교사 기록 등을 모아 학부모와 공유
- **자기 성찰 활동**: 유아가 느낀 점을 그림이나 말로 표현하고, "나는 오늘 수영을 배웠어요." 등의 활동을 통해 자기 인식을 돕는다. 이러한 평가 방식은 유아의 인지적 발달뿐 아니라 정서적, 사회적, 도덕적 성장까지 포괄할 수 있도록 돕는다.

### 4) 실천을 위한 제언

유치원 및 어린이집 현장의 연수 강화한다. PYP식 접근법과 2022 개정 교육과정의 연결 방식을 이해하고, 실천할 수 있도록 교사 대상의 사례 중심 워크숍 확대 주제 통합 예시 개발 및 보급을 하고 지역사회, 가족, 환경 등 유아의 삶과 밀접한 주제를 기반으로 한 활동 설계 자료 개발 가정과의 연계도 강화한다. 유아가 경험한 주제를 가정에서도 지속적으로 탐색할 수 있도록 부모 안내 자료 및 소통 강화한다.

### 5) 유아 발달에 미치는 통합 교육의 효과 분석

유아기는 인간 발달에서 가장 빠르고 민감한 시기로, 이 시기의 교육 경험은 평생의 삶의 질에 깊은 영향을 미친다. IB PYP와 2022 개정 교육과정을 통합적으로 적용하는 것은 단순한 교수 전략의 변화가 아니라, 유아의 전인적 발달을 위한 체계적인 환경을 조성하는 일이다. 특히 개념 기반 탐구, 놀이 중심 활동, 역량 중심 평가가 균형 있게 어우러질 때, 유아는 사고력, 사회성, 자기주도성 등 다양한 발달 영역에서 질적인 성장을 경험할 수 있다.

IB PYP는 '지식'이 아니라 '개념'을 중심에 두는 교육을 강조한다. 이는 유아로 하여금 단편적인 사실의 암기를 넘어서, 보다 추상적인 사고와 범주화 능력을 키우도록 돕는다. 예를 들어, '우리는 누구인가'라는 주제를 통해 유아는 단순히 동물 구성원을 나열하는 데 그치지 않고, '소', '양', '공동체'의 개념 간 관계를 이해하게 된다.

이러한 접근은 2022 개정 교육과정에서 강조하는 탐구 기반 놀이, 통합 활동을 통한 학습 경험과 맞물리며, 유아의 문제해결력과 논리적 사고력을 증진시킨다. 스스로 질문하고, 다양한 정보에 접근하며, 해답을 찾아가는 경험은 자기주도 학습 능력의 기초를 형성하게 한다.

두 교육과정 모두 유아가 사회 속에서 상호작용하고 협력하는 존재로 성장하는 데 중점을 둔다. IB의 학습자 특성 중 '배려하는 사람', '소통하는 사람', '원칙 있는 사람' 등은 사회적 태도의 발달을 강조하며, 이는 2022 개정 교육과정의 '공동체 역량', '의사소통 역량'과 일치한다.

예를 들어, 유아들이 함께 마을을 만들며 역할 놀이를 수행할 때, 자신의 생각을 표현하고 조율하며 갈등을 해결하는 과정을 경험하게 된다. 이러한 상호작용은 사회성 발달의 핵심 요소인 협동심, 타인에 대한 이해, 감정 조절 능력을 자연스럽게 길러준다.

또한, 다문화 주제를 다룰 때 타 문화권 사람들의 삶을 이해하고 존중하는 태도를 배우는 것은 글로벌 시민으로서의 소양을 미리 내면화하는 효과를 낳는다.

유아가 자신의 생각을 존중받고, 스스로의 선택이 학습에 영향을 준다는 경험은 자기 효능감과 자아 존중감을 높이는 데 매우 중요한 요소다. IB의 자기 성찰 활동(Self-reflection)이나 2022 개정 교육과정의 놀이 기록 활동을 통해, 유아는 자신의 경험을 돌아보고, '나는 ○○을 할 수 있어', '나는 생각이 있는 사람이야'라는 내적 확신을 갖게 된다.

또한, 탐구 기반 학습과 놀이 중심 교육은 실패와 도전을 자연스럽게 받아들이도록 돕는다. 정답이 정해져 있지 않은 활동 속에서 유아는 실수와 실험을 반복하며 정서적 회복력과 도전 정신을 기르게 된다. 이는 평생학습자로서의 태도 형성에도 긍정적인 기초를 제공한다.

### (1) 언어 및 표현 능력의 확장

IB PYP는 'How we express ourselves(우리는 어떻게 표현하는가)'를 주요 탐구 주제로 설정하며, 언어, 예술, 신체 표현 등 다양한 방식의 표현 활동을 통한 자아 발견과 소통 능력 향상을 중요하게 여긴다. 이는 2022 개정 교육과정의 '표현'과 '의사소통' 영역과 직접적으로 맞닿아 있다.

유아가 자신의 생각을 그림으로 그리고, 역할극으로 표현하고, 다른 친구와의 상호작용 속에서 언어를 사용하게 되면, 언어 발달이 보다 실질적이고 의미 있는 맥락에서 촉진된다. 이 과정에서 듣기, 말하기, 질문하기, 설명하기 등의 언어 기술뿐 아니라 비언어적 표현력도 함께 성장한다.

### (2) 디지털 리터러시와 미래 준비 역량

최근 유아 교육에서도 디지털 환경에 대한 적절한 접근과 활용 능력이 중요한 이슈로 떠오르고 있다. IB는 다양한 멀티미디어 자료를 활용한 탐구 활동을 권장하며, 2022 개정 교육과정 역시 유아의 디지털 소양 함양을 위한 경험 제공을 강조한다. 통합 교육과정을 통해 유아는 단순히 디지털 기기를 조작하는 것을 넘어서, 디지털 매체를 통해 정보를 탐색하고 표현하는 능력을 자연스럽게 기르게 된다.

이는 향후 AI 기반 학습 환경에서의 자기주도 학습 능력, 디지털 윤리 의식, 정보 활용 능력을 위한 중요한 기초로 작용한다.

### (3) 통합 교육이 유아 발달에 미치는 종합 효과

| 발달 영역 | 기대 효과 |
|---|---|
| 인지 발달 | 개념적 사고력, 문제 해결력, 탐구 능력 |
| 사회성 발달 | 협력, 공감, 소통 능력 향상 |
| 정서 발달 | 자아 존중감, 회복탄력성, 감정 조절 능력 |
| 언어 · 표현 | 다중 표현력, 언어 능력, 창의적 소통 |
| 디지털 역량 | 디지털 문해력, 정보 탐색 능력, 표현 기술 |

이처럼 IB PYP와 2022 개정 교육과정의 통합적 적용은 유아의 다양한 발달 영역에 있어 보다 깊고 넓은 성장을 유도할 수 있는 효과적인 교육 전략이다. 이러한 통합 접근은 단지 이론적 장점에 그치지 않고, 실질적인 수업 운영과 유아의 삶 속에서 미래형 교육의 토대를 제공한다.

## 6) 유아교육의 미래를 여는 통합적 접근

4차 산업혁명 시대의 교육은 더 이상 단편적인 지식 습득이나 기능 중심의 훈련으로는 충분하지 않다. 오늘날 우리가 길러야 할 인재상은 비판적 사고, 문제 해결력, 창의성, 공감과 협력의 태도를 갖춘 전인적 시민이며, 이러한 역량은 유아기부터 자연스럽게 형성되어야 한다. IB PYP와 2022 개정 교육과정은 이러한 시대적 요구에 부응하여 각각 국제적, 지역적 맥락에서 유아의 전인적 발달을 위한 철학과 실천을 제시한다. 두 교육과정은 비록 출발점과 문화적 배경은 다르지만, 유아를 하나의 주체적 학습자로 보고, 탐구 중심, 역량 중심, 놀이 중심의 교육을 지향한다는 점에서 근본적으로 같은 방향을 향하고 있다. 이러한 공통 기반 위에 두 교육과정을 유기적으로 통합하여 실천할 경우, 한국 유아교육의 질적 도약과 글로벌 경쟁력을 동시에 확보할 수 있는 가능성을 현실화할 수 있다. 특히 다음과 같은 점에서 그 의의가 크다.

### (1) 교육 패러다임의 진정한 전환

통합 교육과정은 '가르치는 교육'에서 '배우는 교육'으로의 전환을 의미한다. 교사의 일방적 지식 전달에서 벗어나, 유아의 경험과 질문을 중심으로 수업을 구성하는 방식은 유아의 주도성과 자기 효능감을 높이는 데 효과적이다. 이는 21세기형 학습자에게 요구되는 자기주도 학습 역량의 기초를 형성한다.

### (2) 유아교육의 공공성 강화와 형평성 실현

IB는 그동안 일부 국제학교나 사립 교육기관에서 중심적으로 적용되어 왔지만, 2022 개정 교육과정과의 연계를 통해 공교육 내 확산 가능한 구조를 마련할 수 있다. 특히 국가 차원의 교사 연수, 현장 사례 개발, 지역별 거점 유치원 운영 등을 통해 모든 유아가 양질의 교육을 받을 수 있는 기회를 확대하는 것이 중요하다. 이는 교육의 형평성과 기회의 평등이라는 공공적 가치를 실현하는 길이기도 하다.

### (3) 교사 전문성 강화와 교육과정 실행력 제고

두 교육과정을 통합하여 실행하기 위해서는 교사에게 탐구 중심 수업 설계, 통합 활동 운영, 과정 중심 평가 역량 등이 요구된다. 이를 위해 다음과 같은 체계적인 지원이 필요하다.

## 7) IB와 2022 개정 교육과정의 연계 모듈 개발을 위한 체계적인 지원

사례 중심의 직무 연수 및 교재 보급, 교사 간 학습 공동체(PLC) 운영 활성화, 교육과정 실행을 위한 자율성과 유연성 보장, 교사가 통합 교육과정에 대해 충분히 이해하고 실천할 수 있을 때, 그 교육적 효과는 유아 개개인에게 자연스럽게 스며들게 된다.

### (1) 정책적 연계와 거버넌스의 재구조화

IB PYP의 철학과 실천 요소를 공교육 체제 안에 안정적으로 흡수하기 위해서는 국가 교육 정책의 체계적 연계가 필요하다. 특히 교육부, 시·도교육청, 유아교육기관 간의 협력 구조를 재정립하고, 민간 전문가 그룹과 연계한 교육과정 컨설팅 체제를 강화해야 한다.

또한, 현장 교사와 학부모의 의견을 수렴하는 참여 기반의 교육과정 운영 모델을 구축함으로써, 상향식 교육과정 실행이 가능하도록 해야 한다. 이는 교육 정책의 지속성과 현장성과의 균형을 맞추는 핵심 전략이 된다.

### (2) 유아교육의 국제화와 현지화의 조화

IB 교육과정의 국제적 철학을 한국 유아교육 현장에 뿌리내리게 하기 위해서는, 단순한 모방이 아닌 창의적 재해석과 현지화가 필요하다. 한국 유아의 문화적 정체성, 생활 양식, 가족 및 공동체의 특성을 충분히 반영하면서, 동시에 글로벌 교육적 가치를 담아내는 방식으로 통합 교육과정이 정착되어야 한다.

궁극적으로는 이러한 통합적 접근이 유아에게 세계 시민으로서의 자질과 자기 정체성을 동시에 길러주는 교육이 되어야 한다.

유아기는 단지 '어린 시절'이 아니라, 미래를 준비하는 중요한 시간이다. IB와 2022 개정 교육과정의 통합적 적용은 유아의 현재 삶을 풍요롭게 하고, 미래사회의 주체로 성장할 수 있는 기초를 마련하는 길이다. 이를 위해 교육 현장과 정책, 그리고 사회 전체가 함께 고민하고 실천하는 문화가 절실하다. 지금 우리가 시작하는 이 통합적 시도는, 유아 교육의 미래를 여는 작지만 중요한 첫걸음이 될 것이다.

## 3 IB와 2022 개정 교육과정과의 유사점

21세기 교육은 단순한 지식 전달을 넘어 학생의 주도성, 비판적 사고, 탐구 능력을 골자로 하는 미래형 교육으로 전환하고 있다. 이러한 전환의 배경에는 지식 기반 사회의 변화, 4차 산업혁명 시대의 요구, 그리고 글로벌 교육 패러다임의 변화가 자리하고 있다.

첫째, 정보화와 기술 발전 속도가 빨라지면서 교사는 더 이상 지식을 '전달자'가 아니라, 학생 스스로 질문하고 조사하고 성찰하는 과정의 안내자로 변모하고 있다. 특히 IB 교육과정은 탐구 기반 학습(inquiry–based learning)과 개념 중심 교육(concept–

driven learning)을 통해 학생이 능동적으로 학습을 설계하고 실행하도록 유도한다.

둘째, 교육의 본질은 전인적 성장, 즉 지적·정서적·사회적·윤리적 측면을 함께 발달시키는 데 있다. IB는 이를 위해 '공감하고 배려하는 세계 시민'을 기르기 위해 학습자 프로필(Learner Profile)과 CAS, EE, TOK와 같은 핵심 요소들을 교육의 중심에 두고 운영한다.

셋째, 한국의 2022 개정 교육과정도 세계 교육의 흐름을 반영해 핵심 역량 중심 교육, 학생 주도성 강화, 탐구·융합 교육 강조등의 방향성을 채택했다. 특히 '지식·이해', '과정·기능', '가치·태도'의 삼축 구성을 통해 학생들이 지식과 실천, 태도를 함께 배우도록 설계하였다.

결국 IB 교육과정과 2022 개정 교육과정은 출발점이 다르지만, 탐구 기반 수업, 학생 주도 학습, 핵심 역량과 가치 중시, 전인적 평가 방식이라는 교육의 본질적 흐름에서 큰 공통점을 이루고 있다. 본 글에서는 이 공통된 교육 철학과 실천 방식을 다섯 가지 핵심 주제로 짚어보려 한다.

### 1) 탐구·개념 중심 학습

- IB PYP는 '핵심 개념(key concept)'을 중심으로 교과 간 통합된 탐구학습을 설계하며, 학습자 스스로 질문을 만들고 개념을 깊이 이해하도록 유도한다.
- 2022 개정 교육과정도 초등부터 개념 중심 탐구 수업을 강조하며, 학생의 삶과 경험을 바탕으로 한 깊이 있는 이해(conceptual understanding)를 추구한다.

### 2) 핵심 역량과 학생 주도성

- IB는 'Approaches to Learning(ATL)', CAS, EE, TOK 등을 통해 자기관리·커뮤니케이션·비판적 사고등 핵심 역량을 학생이 주도적으로 경험하게 한다.
- 2022 개정 교육과정 역시 OECD Education 2030의 '변혁적 역량'의 취지를 반영하여, 학생 개인의 능력을 교육의 핵심으로 삼고 있다.

### 3) 가치·태도 및 사회 참여

- IB에서는 CAS 활동을 통해 창의·봉사·활동을 지속하면서 사회적 책임과 글로벌 시민성을 실천하게 한다.
- 2022 개정 교육과정 역시 가치·태도를 교육의 주요 성취 기준으로 두고 있으며, 특히 생태 시민성, 기후정의, 공동체 참여와 같은 실제적 사회 참여 요소를 교과 내용에 반영한다.

### 4) 평가의 균형성과 과정 지향

- IB는 포트폴리오, IA, EE, 내부·외부 평가 등 다양한 평가 방식을 통해 지식·기능·가치를 균형 있게 평가한다.
- 2022 개정 교육과정도 모든 교과에서 '지식·이해, 기능·과정, 가치·태도'의 성취기준을 설정하고, 형성 평가와 수행 평가를 통해 과정 중심 평가를 강화하고 있다.

### 5) 학교 자율성과 교육과정 운영

- IB는 국제적인 공통 프레임워크 내에서 각 학교가 교과구성·교수방법·평가방식 등을 자율적으로 설계하도록 지원한다.
- 2022 개정 교육과정도 고교학점제 시행, 학교자율시간 확대, 디지털·AI 교육 도입 등을 통해 학교가 교육과정을 재구조화하고 설계하는 역할을 강화하고 있다.

## 4 IB와 2022 개정 교육과정과의 차이점

### 1) 교육과정 설계 철학의 차이

IB 교육과정은 전 세계 학습자들을 대상으로 하는 국제 교육 프로그램으로, 탐구 기반 학습, 개념 중심 교육, 학습자 중심 접근을 핵심으로 한다. 전인적인 인간 발달을 강조하며, 학습자가 지역 사회뿐 아니라 국제 사회의 구성원으로서 책임감을 가지고 살아가도록 이끈다. 반면 2022 개정 교육과정은 대한민국의 사회·문화적 맥락에 기반한 교육 체계로, 핵심 역량 함양을 중심에 두고 있다. 특히 실천 가능한 지식과 태도를 통해 민주시민의 자질, 디지털 소양, 자기주도성을 키우는 데 중점을 둔다.

### 2) 교육과정의 구조와 운영 방식

IB는 PYP(초등), MYP(중등), DP(고등), CP(직업계열)로 구뷴된 일관된 교육 체계를 통해, 각 연령대에 맞는 국제 표준화된 프로그램을 운영한다. 전 세계 어디에서든 동일한 구조와 철학을 적용할 수 있도록 설계되어 있어 글로벌 이식성이 뛰어나다.

반면 2022 개정 교육과정은 국가 단위의 표준 교육과정으로, 교육부가 제시한 틀을 바탕으로 시·도교육청과 각급 학교가 지역성과 학교 특성에 따라 세부 운영을 조정하는 방식이다. 지역 기반 자율성이 존재하긴 하나, 국가 차원의 교육 목표에 더 많이 의존하는 편이다.

### 3) 학습 내용 구성 및 통합성

IB 교육은 주제 중심의 통합적 학습을 강조한다. 특히 PYP(Primary Years Programme) 단계에서는 6가지 초국가적 주제(㉠ 우리가 누구인지, 세상은 어떻게 작동하는가 등)를 중심으로 교과 간 경계를 넘나드는 학습이 이루어진다. 이는 학습 내용을 삶과 연결하는 데 효과적이며, 개념 중심 교수학습이 활발하다.

반면 2022 개정 교육과정에서도 통합적 교육 접근이 강조되지만, 기본적으로는 교과별로 편성된 구조가 유지된다. 단, 프로젝트형 수업, 주제 통합 교수법 등의 방식으로 교과 간 연계를 시도하고 있다. 통합의 범위나 방식에서 IB보다 상대적으로 제한적이다.

### 4) 평가 방법과 학습의 피드백

IB는 과정 중심 평가를 중요하게 다룬다. 학습자가 지식을 어떻게 적용하고 개념을 어떻게 이해했는지를 다양한 방식으로 평가하며, 포트폴리오, 탐구 보고서, 프레젠테이션, 반성적 글쓰기 등의 다양한 수행 평가 방법이 정교하게 구성되어 있다.

반면 2022 개정 교육과정 역시 과정 중심 평가의 확대를 목표로 하고 있으나, 현실적으로는 지필 평가 중심의 관행이 여전히 강하게 작용하고 있다. 특히 중·고등 단계로 갈수록 대입 중심 평가 체계와의 연계 문제가 존재하여, 평가 혁신이 더디게 진행되는 경향이 있다.

### 5) 언어 및 문화 다양성에 대한 접근

IB는 본질적으로 다국적 학습자를 위한 프로그램이기 때문에, 다양한 언어와 문화를 존중하는 교육 환경을 필수로 고려한다. 다언어 사용, 다문화 감수성, 국제적 소통 능력은 모든 교육 단계에서 중요하게 다뤄진다.

반면 2022 개정 교육과정은 한국어 기반, 한국 문화 중심의 교육과정이다. 다문화 관련 내용도 포함되어 있으나, 전반적으로 자국 중심 교육이라는 틀을 벗어나기는 어렵다. 그러나 최근에는 이주 배경 학생의 증가, 국제화 흐름에 따라 점차 국제 이해 교육과 다문화 수용성을 확대하려는 시도가 이루어지고 있다.

### 6) 교사의 역할과 수업의 운영 방식

IB에서는 교사가 지식 전달자가 아니라 학습 촉진자(Facilitator)로서의 역할을 수행한다. 교사는 유아가 스스로 탐색하고 질문하도록 유도하며, 학습자의 흥미와 배경을 고려한 수업 설계가 기본이다.

2022 개정 교육과정 역시 학생 참여 중심 수업, 자기주도 학습을 강조하면서 교사의 역할을 재정의하고 있다. 하지만 여전히 교과서 중심 수업, 일방적 강의 방식의 수업 문화가 남아 있으며, 교사 재교육과 현장 적용의 간극이 과제로 남아 있다.

## 5 IB와 개정 교육과정의 분석

### 1) 미래사회를 대비한 교육 패러다임의 전환

21세기 들어 지식 기반 사회에서 창의성과 문제해결 능력, 협업 역량, 자기주도적 학습 능력 등이 점차 강조되면서 교육의 패러다임 또한 근본적인 전환을 맞이하고 있다. 과거의 교육은 주로 교사가 지식을 일방적으로 전달하고 학생이 이를 수동적으로 습득하는 구조였다면, 오늘날 교육은 학습자의 주도성을 중심으로 하는 '역량 중심 교육'으로 급속히 변화하고 있다. 이는 단순한 지식의 양적 확대가 아닌, 지식을 활용하고 융합하여 실제 문제를 해결할 수 있는 종합적인 능력의 함양을 목표로 한다.

이러한 흐름은 단지 교육적 유행이 아니라, 사회·경제적 구조의 변화에 따라 필연적으로 요구되는 방향이다. 인공지능, 빅데이터, 자동화 기술의 확산은 전통적인 직업 구조를 재편하고 있으며, 이에 따라 미래사회가 요구하는 인재상 역시 변화하고 있다. 고정된 지식이나 반복적인 업무 수행 능력보다, 복잡한 문제를 인식하고 비판적으로 사고하며 창의적으로 해결하는 능력이 더욱 중요해지고 있다. 이처럼 불확실성과 변화가 상존하는 시대에 대응하기 위한 교육적 해법이 세계적으로 모색되고 있으며, 이는 각국의 교육과정 개정에 적극적으로 반영되고 있다.

### 2) 글로벌 교육과정 IB의 부상

이러한 시대적 요구에 부응하여 주목받고 있는 대표적인 국제 교육 프로그램 중 하나가 바로 국제 바칼로레아(International Baccalaureate, 이하 IB)이다. IB는 스위스 제네바에 본부를 두고 있는 국제 교육재단이 개발한 교육과정으로, 1968년 고등학생을 위한 대학 입학 자격 프로그램(Diploma Programme, DP)으로 시작하여, 이후 중등(PYP), 중학교(MYP), 고등학교(DP), 직업 기반(CP) 프로그램으로 확장되었다. 현재는 전 세계 150개국 이상에서 채택하고 있으며, 다양한 언어와 문화권에서도 적용 가능하도록 설계된 점에서 국제적 보편성과 융통성을 갖춘 교육과정으로 평가받고 있다.

IB는 단순히 과목의 나열이나 내용의 전달이 아닌, 학습자가 '어떻게 배우는가'에 초점을 맞추며, 전인적 성장(holistic development)을 교육의 핵심 가치로 삼는다. 특히 비판적 사고, 자기주도 학습, 세계 시민 의식, 도덕적 책임감 등의 함양을 주요 목표로 설정하고 있어, 지식 중심 교육과 확연히 구분된다. 이러한 점에서 IB는 21세기형 교육의 대표 모델로서, 여러 나라 교육 정책과 교육과정 개편에 시사점을 제공하고 있다.

### 3) 한국의 교육과정 개편 방향

대한민국 역시 이러한 흐름에 발맞추어 교육과정이 전면적인 개편을 시도하고 있다. 특히 2015 개정 교육과정은 '핵심 역량'을 중심으로 교육 내용을 재구조화하면서 교육과정의 철학적 전환을 꾀했다. 학습자가 스스로 문제를 탐구하고, 지식을 창의적으로 재구성하며, 공동체와 소통할 수 있는 역량을 갖추도록 하기 위해 교육 목표와 내용, 방법, 평가 전반을 재설계한 것이 특징이다. 핵심 역량으로는 자기관리 능력, 지식정보 처리 능력, 창의적 사고, 의사소통 능력, 공동체 역량, 심미적 감성 등이 제시되었으며, 이는 단지 암기 위주의 지식 전달을 넘어서는 새로운 학습 문화를 지향한다.

뒤이은 2022 개정 교육과정은 이러한 방향을 더욱 확장하면서, 학습자의 선택권을 강화하고 교육의 유연성과 다양성을 확보하는 데 중점을 두고 있다. 특히 '미래사회 대비', '학생의 삶과 성장 중심', '학교 자율성 확대'라는 세 가지 지향점을 중심으로, 교과 간 연계, 융합적 사고, 프로젝트 기반 학습(PBL) 등의 실천적 교육 방식이 강조되고 있다. 또한 지역과 학교의 특성에 맞게 교육과정을 자율적으로 설계하고 운영할 수 있도록 하는 '학교 교육과정 자율화' 기조도 포함되었다.

### 4) 두 교육과정의 비교 분석 필요성

IB와 한국의 개정 교육과정은 모두 역량 중심 교육이라는 공통된 철학을 바탕으로 하고 있지만, 그 실현 방식과 구조, 평가 방식에는 분명한 차이가 존재한다. 예를 들어 IB는 글로벌 차원의 표준화된 교육 목표와 평가 체계를 갖추고 있으며, 학습자 중심 수업과 탐구 기반 학습이 교과 전반에 일관되게 적용되어 있다. 반면 한국의 교육과정은 국가 주도의 중앙집중적 특성을 여전히 지니고 있으며, 교실 수업과 평가의 실제 운영 면에서는 여전히 입시 중심 문화의 영향이 강하게 작용하고 있다.

이 장에서는 이러한 두 교육과정의 철학적 배경, 교육 목표, 내용 조직 방식, 교수·학습 전략, 평가 체계 등을 비교·분석함으로써 각 교육과정이 갖는 강점과 한계를 다각도로 조명하고자 한다. 더 나아가, 한국 교육이 IB로부터 얻을 수 있는 시사점은 무엇인지, 역량 중심 교육의 실질적 구현을 위해 어떤 제도적·현장적 노력이 요구되는지에 대한 논의도 함께 전개할 것이다.

#### (1) 인간상과 학습자의 성장에 대한 관점

##### ① 전인교육과 세계 시민의 양성

IB는 교육을 단순한 지식 전달이 아닌 인간의 전인적 성장의 과정으로 간주한다. IB의 핵심 철학은 '학습자 중심(learner-centred)' 교육이며, 학습자는 지식 습득자이자 탐구자이며, 공동체 속에서 실천하는 시민으로 성장해야 할 존재로 정의된다. 이를 위해 IB는 '학습자 프로필(Learner Profile)'이라는 구체적 인간상을 제시하고 있으며, 이는 IB 교육의 전 과정을 관통하는 핵심 가치이기도 하다. 학습자 프로필에는 사고력 있는(Thinker), 지식이 풍부한(Knowledgeable), 원칙 있는(Principled), 균형잡힌(Balanced), 배려하는(Caring), 열린 마음을 지닌(Open－minded) 등의 10가지 핵심 역량이 포함된다.

이러한 철학은 학습자의 주체적 참여, 다문화 이해, 윤리적 판단 능력, 평생 학습자로서의 자세 등을 통합적으로 기를 수 있도록 유도하며, 결국 '세계 시민(Global citizen)'으로 성장시키는 것을 목표로 한다.

② 한국 개정 교육과정의 교육철학: 미래 역량 중심의 인간상

한국의 2015 및 2022 개정 교육과정은 공통적으로 '자기주도적이고 창의적인 미래형 인재 양성'을 핵심 목표로 설정하고 있다. 특히 2015 개정 교육과정에서는 '핵심 역량'이라는 개념이 새롭게 도입되어 교육과정 전반에 반영되었으며, 이를 통해 학습자의 삶의 질을 향상하고 공동체에 기여하는 시민으로서의 성장을 추구하고자 하였다.

2022 개정 교육과정은 이러한 철학을 계승하면서도, 더욱 유연하고 다양성에 기반한 교육을 지향하고 있다. '더 나은 삶을 살아갈 수 있는 사람'을 지향점으로 삼고, 교육이 지향해야 할 인간상을 보다 실존적이고 삶 중심적인 방향으로 확장한 것이다.

③ 비교 분석과 시사점

두 교육과정은 공통적으로 학습자의 전인적 성장을 강조하며, 미래사회의 변화에 유연하게 대응할 수 있는 시민 양성을 목표로 한다는 점에서 유사하다. 그러나 IB는 이러한 인간상을 학습자 프로필을 통해 일관되게 구현하고 있으며, 모든 교과 및 평가, 수업 설계에까지 체계적으로 반영하고 있는 반면, 한국 교육과정은 철학적 방향은 제시하고 있으나, 현장의 실행 수준에서는 여전히 교과 중심·입시 중심의 운영이 많아 철학이 실천으로 전이되기 어려운 한계가 존재한다.

④ 교육과정의 구조와 내용 구성 방식

IB의 교육과정 구조는 통합적이고 탐구 중심의 설계가 있으며 IB는 각 단계(PYP, MYP, DP, CP)에 따라 구조화된 교육과정을 제공하지만, 그 핵심은 '탐구 중심(IB Inquiry Cycle)'이라는 점이다. 특히 중등과정인 MYP에서는 '지식 영역(Subject Groups)'을 통해 다양한 교과가 연결되며, '지속 가능한 세계', '정체성과 문화', '과학과 혁신'과 같은 세계 맥락(Global Contexts)을 통해 지식의 실제적 활용을 강조한다. 고등과정(DP)에서는 필수 과목 이외에도 지식 이론(TOK), 창의성·활동·봉사(CAS), 확장 에세이(EE)

등의 핵심 요소가 포함되어, 학습자가 학문적 사고와 실천적 경험을 통합할 수 있도록 구성된다.

⑤ 한국 개정 교육과정의 구조: 교과 중심에서 선택과 융합으로

2015 개정 교육과정은 교과별 성취 기준을 중심으로 구성되며, 비교과 및 창의적 체험 활동이 포함된다. 핵심 역량을 기반으로 교과 내용이 재구성되었으며, 학습 내용의 재구조화 및 학습량 조절이 이루어졌다. 2022 개정 교육과정에서는 이러한 흐름이 한층 강화되어, 학생 선택형 교육과정 운영이 확대되었고, 고등학교 교육에서는 학문 중심에서 삶 중심으로 교과목이 개편되었다. 또한 융합교과, 주제 중심 통합 수업, 학교 자율과정 등이 도입되어 학교 현장의 자율성을 강조한다.

⑥ 비교 분석과 시사점

IB는 학문 간 통합성과 탐구 중심 구조가 체계적으로 설계되어 있는 반면, 한국 교육과정은 교과의 틀 안에서 통합을 시도하고 있다는 점에서 실천상의 제약이 따른다. 특히 IB는 교과 간 연결이 필수화되어 있으며, 세계 맥락을 통해 교육 내용을 삶과 사회의 문제로 연결시키는 데 효과적인 반면, 한국은 여전히 교과 단위 수업의 관성이 강하다는 한계가 있다. 따라서 IB의 구조적 통합 방식과 맥락 중심 수업 설계는 한국 교육과정에 유의미한 시사점을 제공한다.

⑦ 교수·학습 방법의 비교

IB는 모든 교육과정 단계에서 탐구 기반 학습(Inquiry-based Learning)을 핵심 원리로 삼는다. 교사는 지식을 전달하는 존재가 아니라, 학습의 촉진자(facilitator) 역할을 수행하며, 학습자는 능동적 지식 구성자가 된다. 수업은 질문 중심으로 설계되며, 학습자는 실제 문제를 탐구하고, 자신의 견해를 형성하며, 다양한 관점을 고려하여 의미 있는 학습을 수행하게 된다. 또한 IB는 협력 학습, 프로젝트 수업, 비판적 토론, 실제 적용 기반의 과제 등을 통해 고차원적 사고를 유도하며, 다양한 평가 자료(Portfolio, Reflection 등)를 활용하여 학습 과정을 기록하고 공유하는 문화를 조성한다.

⑧ 한국 교육과정의 교수·학습 변화

한국 개정 교육과정은 교사의 주도적 수업에서 학습자의 참여 중심 수업으로의 전환을 강조하고 있으며, 프로젝트 기반 학습(PBL), 협동 학습, 토의·토론 수업 등이 권장된다. 특히 2022 개정 교육과정은 학교의 자율성을 강화하면서 교사가 창의적으로 수업을 설계할 수 있는 여지를 확대하였다. 그러나 현장에서는 여전히 수능 중심 평가 체제가 강력하게 작동하고 있어, 이러한 교수·학습 방법이 안정적으로 정착되기 어려

운 구조적 문제도 존재한다.

### (2) 평가 방식의 차이와 의미

IB의 평가 방식은 전통적인 시험 위주의 성취 확인이 아니라, 학습 과정 전체를 평가의 범위로 삼는다는 점에서 특징적이다. 단순히 정답을 맞히는 능력이 아니라 학생이 탐구 과정에서 보여주는 사고의 깊이, 문제 해결을 위한 시도, 그리고 자신이 학습한 내용을 비판적·창의적으로 재구성하는 능력에 초점을 둔다. 이를 위해 IB는 에세이, 프로젝트, 구술 발표, 자기 성찰 보고서 등 다양한 평가 도구를 활용하며, 전 세계적으로 표준화된 기준을 마련해 공정성과 신뢰성을 확보한다. 따라서 IB에서의 평가는 결과를 확인하는 절차가 아니라 학습을 확장하고 성장을 지원하는 교육적 장치로 기능한다.

반면 한국의 개정 교육과정 역시 역량 중심 교육을 표방하면서 과정 중심 평가를 강조하고 있으나, 실제 운영에서는 여전히 입시 중심의 성격이 강하다. 수행 평가와 과정 중심 평가가 제도적으로 확대되었지만, 지필 평가의 영향력이 줄어들지 않았고, 대학 입시라는 제도적 장치가 학교 현장의 평가 방식을 제약한다. 2015 개정 교육과정에서 제시된 자기관리 능력, 창의적 사고력, 공동체 역량 등 핵심 역량은 평가 항목에 반영되었지만, 학생·교사 모두에게 성적과 선발이 더 중요한 현실적 과제가 남아 있다. 2022 개정 교육과정은 학생 선택권과 학교 자율성을 더욱 넓히며 유연성을 추구하지만, 제도의 한계를 넘어 평가가 곧 '입시 준비'로 연결되는 문화적 장벽을 완전히 극복하지는 못한 상황이다.

이처럼 두 교육과정의 평가 방식을 비교해보면, IB는 평가를 학습과 성장의 연장선으로 바라보는 반면, 한국은 여전히 선발과 성적 중심의 평가 틀에서 벗어나지 못하고 있음을 알 수 있다. 따라서 한국 교육이 IB로부터 얻을 수 있는 가장 중요한 시사점은 평가를 학생의 '선발 도구'로 한정하기보다, 학습자의 성장을 지원하고 역량을 발현하도록 돕는 교육적 과정으로 재정의하는 것이다. 이는 미래사회를 대비하는 진정한 역량 중심 교육을 실현하기 위해 반드시 넘어야 할 과제라고 할 수 있다.

#### ① 과정 중심의 다양한 평가 전략

IB는 평가를 단지 성취도를 측정하는 수단이 아닌, 학습의 일부로 간주한다. 형성 평가(formative assessment)와 총괄 평가(summative assessment)가 균형 있게 이루어지며, 다양한 평가 도구와 루브릭이 활용된다. 특히 학생이 수행한 과제, 프로젝트, 에세이,

토론 등의 결과를 포트폴리오 형태로 누적 관리하며, 평가 기준은 명확한 성취 기준(assessment criteria)에 근거한다. 이를 통해 학생의 성장을 지속적으로 추적하고 피드백을 제공하는 데 중점을 둔다.

### (3) 성취평가제의 도입과 한계

한국 교육에서 평가 방식을 개선하기 위한 중요한 시도로 성취평가제가 도입되었다. 이는 학생을 상대적으로 서열화하는 상대 평가에서 벗어나, 교육과정에서 제시한 성취 기준에 따라 학생이 도달한 수준을 절대적으로 평가하는 방식이다. 다시 말해, 학생의 성적을 '다른 사람보다 얼마나 잘했는가'가 아니라 '교육 목표에 얼마나 도달했는가'로 판단하려는 취지다. 이러한 성취평가제는 단순한 등급화나 줄 세우기가 아닌, 학습자의 성장 정도를 객관적으로 확인하고 피드백을 제공하는 것을 목표로 한다는 점에서 역량 중심 교육과 맞닿아 있다.

그러나 실제 현장에서는 성취평가제가 지향하는 이상과 현실 사이에 간극이 존재한다. 평가가 입시와 직접적으로 연결되는 구조 속에서, 성취평가제는 종종 형식적인 제도로 머무르거나 기존의 지필시험 중심 문화를 크게 변화시키지 못한다. 또한 교사의 평가 전문성, 학교 현장의 준비 정도, 학부모와 학생의 인식 차이 등이 복합적으로 작용하면서, 성취평가제가 본래 의도했던 '학습 지원형 평가'로 기능하기보다는 단순한 성적 환산 체계로 활용되는 경우가 많다. 결국 학생들은 여전히 평가를 학습의 과정보다는 결과를 확인하는 도구로 받아들이고 있으며, 이는 역량 중심 교육의 취지를 약화시키는 요인이 된다.

이 점에서 IB의 평가 체계는 중요한 대비점을 보여준다. IB는 성취 수준을 국제적으로 통일된 기준에 따라 다각도로 확인하며, 평가 결과가 단순히 대학 입시를 위한 자료에 그치지 않고 학습자가 스스로 성장 과정을 성찰하는 자료로 활용된다. 예를 들어, IB Diploma Programme의 내부 평가와 외부 평가는 지필시험뿐 아니라 탐구 보고서, 실험, 구술 시험 등 다양한 방식으로 구성되며, 이는 학생의 역량을 다면적으로 드러내도록 설계되어 있다. 즉, IB에서는 성취 평가가 곧 학습 과정과 불가분의 관계를 맺으며, 평가를 통해 학생은 자신의 학습 여정을 점검하고 새로운 목표를 설정할 수 있다.

따라서 성취평가제를 도입한 한국 교육은 IB의 사례에서 중요한 시사점을 얻을 수 있다. 평가를 단순한 선발 도구가 아닌 학습자 성장의 촉진 장치로 정착시키기 위해서는 제도적 변화뿐 아니라, 교사의 평가 전문성 강화, 학교 문화의 변화, 학부모와 사회의 인식 전환이 함께 이루어져야 한다. 성취평가제가 본래 의도대로 작동할 때 비로소 한국 교육도 IB처럼 평가를 통해 학습과 성장을 연결하는 진정한 역량 중심 교육으로 나아갈 수 있을 것이다.

2015 개정 교육과정부터 도입된 성취평가제는 학습자의 절대적 성취 수준을 평가하고자 하는 시도로, 상대 평가 위주의 기존 체제에 비해 진일보한 개념이다. 그러나 현실적으로는 여전히 수능 중심의 상대적 변별 평가가 교육의 중심에 자리하고 있어, 성취평가제가 학교 수업과 유기적으로 연계되지 못하고 있다. 또한 수행 평가 확대의 흐름은 있으나, 교사의 평가 전문성과 과도한 업무 부담, 공정성 논란 등으로 인해 안정적인 정착이 쉽지 않은 상황이다.

2022 개정 교육과정은 평가의 목적을 단순한 '성적 산출'에서 '학습의 질 향상과 피드백'으로 전환할 것을 강조한다.

교사는 유아가 탐구 과정에서 보여준 문제 해결력, 협업 태도, 창의적 사고 등을 다양한 관점에서 관찰하고 평가하며, 정성적 피드백을 통해 다음 학습을 설계할 수 있도록 돕는 역할을 하게 된다.

"강의자가 아닌, 학습 촉진자로" 디지털 전환, 융합 교육, 유아 중심 교육이라는 거대한 변화의 물결 속에서, 가장 근본적으로 변화하고 있는 존재는 바로 '교사'다. 교육과정이 아무리 변화해도, 그것을 실제로 교실에서 살아 숨 쉬게 만드는 존재는 교사다.

따라서 2022 개정 교육과정이 진정한 의미를 갖기 위해서는 교사의 역할 변화와 그에 따른 수업의 전환이 반드시 동반되어야 한다. 더 이상 교사는 정답을 말해주는 사람이 아니다. 이제는 학생의 배움과 성장을 돕는 '학습 촉진자(facilitator)'이자 설계자(designer), 동반자(partner)가 되어야 한다.

이러한 새로운 역할은 단순한 업무 변화가 아닌, 교사 전문성의 본질적 재정의를 요구한다. 수업의 중심은 교사가 아니라 '학생' 2022 개정 교육과정의 핵심은 학습자 중심 교육이다. 이는 단지 학생에게 더 많은 자율성을 부여하겠다는 선언이 아니다. 학생의 흥미, 수준, 삶의 맥락을 고려한 수업 설계, 그리고 학생이 주도적으로 참여하고 협력하며 성장할 수 있는 환경 구축이 필요하다는 말이다. 예전의 수업이 교사의 설명과 학생의 필기를 중심으로 이루어졌다면, 이제는 학생이 직접 질문을 던지고, 탐구를 설계하며, 도론과 표현을 통해 학습을 구성해나가는 수업으로의 전환이 요구된다. 이 과정에서 교사는 지식의 전달자가 아닌, 탐구를 유도하는 질문을 던지고, 다양한 학습 자원을 제시하고, 개별 및 모둠 활동을 지원하며, 학생 간 상호작용이 일어나는 구조를 설계하는 '배움의 촉진자'로서 기능한다.

교사의 전문성, 다시 정의되다. 지금까지 교사의 전문성은 주로 지식 전달 능력에 초점이 맞춰져 있었다. 하지만 이제는 그보다 훨씬 폭넓고 복합적인 역량이 요구된다. 2022 개정 교육과정이 요구하는 교사 전문성의 새로운 기준은 다음과 같다.

① **교육과정 재구성 역량**: 교과 내용을 융합하거나 주제 중심으로 재조직하여 유의미한 학습 경험을 설계할 수 있는 능력

② **디지털 활용 능력**: 디지털 도구와 플랫폼을 수업에 적절히 통합하고, 학생 개별 학습을 지원하는 능력

③ **학생 이해 능력**: 학생의 학습 수준, 흥미, 배경을 파악하고 그에 맞게 지도 및 피드백할 수 있는 능력

④ **평가 전문성**: 결과 중심 평가를 넘어, 과정을 관찰하고 의미 있는 피드백을 제공하는 평가 설계 역량

⑤ **협업 역량**: 동료 교사, 학부모, 지역사회와 유기적으로 협력할 수 있는 소통 및 팀워크 능력

이처럼 교사의 역할은 더 복잡하고 전문화되고 있지만, 그만큼 교육이 학생 삶에 더 가까워지고 있다는 반증이기도 하다. 그렇다면 교사의 수업 설계, 어떻게 바뀌어야 하는가? 교사는 이제 수업을 단위로 설계하는 것이 아니라, 학습 경험 전체를 디자인하는 역할을 맡는다. 학생의 배움이 자연스럽게 연결되고, 지속적으로 확장될 수 있도록 수업 전반을 설계해야 한다. 그러나 교사 혼자서는 어렵다. 협업과 학습 공동체가 필요하다. 수업의 전환은 결코 혼자서 감당할 수 있는 일이 아니다. 한 명의 교사가 완벽한 수업을 설계하고, 모든 기술을 익히며, 평가까지 챙기는 것은 현실적으로 불가능하다.

따라서 교사 간 '전문적 학습 공동체(PLC, Professional Learning Community)'를 구성하고, 경험과 자료, 아이디어를 공유하며 함께 성장하는 문화가 반드시 필요하다.

학교 내 협업뿐 아니라, 지역 단위의 교사 네트워크, 온라인 교육 커뮤니티, 교육청의 연수 시스템 등 다양한 협업 플랫폼과 지원 체계가 활성화될 때 교사의 수업 전환은 지속 가능해질 수 있다.

2022 개정 교육과정이 지향하는 방향은 분명하다. 학생 중심의 배움, 디지털 기반의 교육환경, 융합적 사고력의 함양, 그리고 교사의 역할 변화는 모두 미래사회를 살아갈 학생들에게 필요한 역량을 기르기 위한 필수적 변화이다. 하지만 아무리 훌륭한 교육과정도 현장에서 실현되지 않으면 무용지물이다.

따라서 이 장에서는 학교와 교사, 교육 관계자가 실천할 수 있는 구체적 전략들을

제안한다.

변화를 위한 '작은 시작'이 모일 때, 교육은 실제로 바뀔 수 있다. 2022 개정 교육과정의 핵심은 '유연성'이다. 정해진 틀에 수업을 끼워 넣는 방식이 아니라, 학생의 특성, 지역의 맥락, 사회의 변화에 맞춰 교육과정을 재구성할 수 있어야 한다.

# Chapter 3

# IB 개념으로 바라본 디지털 교육

1. 디지털 교육이란
2. 4차 산업혁명이 디지털 역량에 미치는 영향

# 1 디지털 교육이란

## 1) 디지털 교육이란 무엇인가?

디지털 교육은 정보통신기술(ICT)을 활용하여 교육과 학습의 질을 향상시키는 접근 방식이다. 이는 전통적인 교실 수업을 보완하거나 대체하는 형태로, 온라인 강의, 가상 교실, 디지털 교재, 학습 관리 시스템(LMS), 모바일 애플리케이션 등 다양한 디지털 도구와 플랫폼을 활용한다. 디지털 교육은 학습자에게 시간과 장소에 구애받지 않는 유연한 학습 환경을 제공하며, 개별 학습자의 수준과 속도에 맞춘 맞춤형 학습을 가능하게 한다.

디지털 교육의 핵심 요소 중 하나는 '혼합 학습(Blended Learning)'이다. 이는 온라인 학습과 오프라인 학습을 결합하여, 학습자가 다양한 방식으로 지식을 습득하고 상호작용할 수 있도록 한다. 예를 들어, 수업 전 온라인으로 이론을 학습하고, 수업 시간에는 토론이나 실습을 통해 심화 학습을 진행하는 방식이다. 또한, 디지털 교육은 '디지털 시민성(Digital Citizenship)'을 강조한다. 이는 학습자가 디지털 환경에서 책임감 있게 행동하고, 온라인 상에서의 윤리적, 법적 규범을 준수하는 능력을 함양하는 것을 의미한다. 디지털 교육은 단순한 기술 습득을 넘어, 학습자가 디지털 사회에서 적극적이고 건설적인 참여자가 될 수 있도록 돕는다.

## 2) 디지털 교육의 장점

학습자의 참여도 향상, 학습 자료의 접근성 증가, 학습 시간과 장소의 유연성 제공, 그리고 다양한 학습 스타일에 맞춘 맞춤형 학습이 있다. 이러한 장점은 특히 시간과 장소에 제약이 있는 학습자들에게 큰 도움이 된다. 그러나 디지털 교육의 도입에는 몇 가지 도전 과제가 있다.

첫째, 디지털 격차로 인한 접근성 문제이다. 모든 학습자가 동일한 디지털 기기나 인터넷 환경을 갖추고 있지 않기 때문에, 이를 해결하기 위한 정책적 노력이 필요하다.

둘째, 디지털 교육의 효과적인 운영을 위한 교사의 디지털 역량 강화가 필요하다. 교사들이 디지털 도구를 효과적으로 활용할 수 있도록 지속적인 연수와 지원이 이루어져야 합니다.

셋째, 학습자의 자기주도 학습 능력을 향상시키는 것이 중요하다. 디지털 교육은 학습자에게 자율성을 부여하지만, 이는 학습자의 자기관리 능력에 따라 달라질 수 있다. 따라서 학습자의 자기주도 학습 능력을 키울 수 있는 교육적 접근이 필요하다.

결론적으로, 디지털 교육은 현대사회에서 필수적인 교육 방식으로 자리 잡아가고 있다. 이는 교육의 접근성과 효율성을 높이며, 학습자의 다양한 요구를 충족시키는 데 기여한다. 그러나 디지털 교육의 효과적인 운영을 위해서는 기술적, 교육적, 정책적 측면에서의 지속적인 노력이 필요하다. 디지털 교육의 발전은 궁극적으로 모든 학습자가 평등하게 양질의 교육을 받을 수 있는 기반을 마련하는 데 중요한 역할을 할 것이다.

## 2 4차 산업혁명이 디지털 역량에 미치는 영향

4차 산업혁명은 이미 3차 산업혁명에서 시작된 인터넷과 네트워크 기술이 더욱 고도화되고 지능적으로 발달될 것을 예견하는 것이다(김진숙, 2016). 즉, 인간을 중심으로 현실과 가상이 융합하는 것이다. 역사적으로 볼 때 산업 발달은 사회 구성원의 전반적인 삶과 질에 영향을 미치는 사회 변화로 이어지고, 이는 국가의 경쟁력의 문제이자 경쟁력을 이끌 인재 양성의 책임을 맡고 있는 교육의 문제로 귀결된다. 따라서 4차 산업혁명이 가져올 사회 변화를 살펴보고 학교의 역할과 학교에서 이루어지는 학습이 어떻게 변화해야 하는지를 살펴보는 것은 의미가 있다.

프로젝트 학습(Project Based Learning)은 학습자의 적극적인 참여를 통해 다양한 주제와 사회적 현상을 이해하고 복합적인 판단 능력을 기를 수 있는 대안으로 오래 전부터 주목받아 왔다(김진숙, 2016). 프로젝트 학습의 특징인 제안된 과제의 해결 또는 스스로 과제를 선정하고 해결해가는 과정을 통해 미래 역량으로 주목받고 있는 비판적 사고와 창의성을 기를 수 있다.

창의적 인재로 키우기 위해서는 도전의 기회를 많이 주어야 한다. 세상이 빠르게 변화하고 있다(박정자, 2018). 이른바 4차 산업혁명의 도래, 말 그대로 '혁명'이다. 21세기의 시작과 동시에 출현한 4차 산업혁명의 핵심단어는 융합과 연결로, 현실과 가상이 연결되고 네트워크를 통해 분야 간의 융합되는 기술 혁명을 의미한다. 4차 산업혁명은 인공지능(AI), 사물인터넷(IOT), 3D 프린팅, 첨단로봇공학, 빅데이터 등의 용어로 대표되며 이전의 산업혁명과는 더 빠른 속도로 경제, 과학, 문화, 교육 등, 사회 전반에 걸쳐 우리 삶을 변화시킬 것이다.

4차 산업 혁명시대는 유아교육에도 변화를 불러 일으킨다. 우리에게 있어 유아교육은 이러한 시대에 부합한 인재를 육성하는 데 의의가 있다. 4차 산업혁명의 특성과 본질을 이해함으로써 올바른 교육의 방향을 찾을 수 있다. 그 동안의 교육도 빠르게 변화하는 산업의 형태에 적응하기 위해 지식과 기술을 연마하고 발전해왔다. 4차 산업혁명 시대에서의 교육환경은 시간과 공간의 제한을 받지 않는 유비쿼터스 학습, 온라인 학습과 오프라인 학습을 결합한 블렌디드 러닝, 학습자 스스로 제안한 과제를 다른 학습자들과 서로 협력해 해결하는 프로젝트 수업이 주(主)를 이룰 것으로 예상된다. 또한 학습내용도 유아들이 학습의 내용을 직접 만들고 창작하는 크리에이터(creator) 교육과 학문 간 통합교육으로 전환될 것이다.

4차 산업혁명 시대 교육혁명의 핵심 이슈는 인간의 더 나은 삶을 지향하는 기술발전에 있다. 그렇다면 불확정성과 불안정성으로 대표되는 4차 산업혁명 시대를 대비하기 위해 유아교육은 어떤 부분에 초점을 두어야 하는지는 아래와 같다.

첫째, 최대한 많이 놀게 해야 한다. 어린 시절의 자유로운 놀이경험은 타인과의 상호작용을 촉진시켜 공감능력과 표현능력을 기르게 한다. 재미있는 놀이를 하는 과정에서 '몰입(Flow)'의 상태를 경험하게 되고 이러한 몰두의 경험은 창의력과 문제해결력을 증진시킬 수 있다. 또한 몰입의 순간에 유아들은 기쁨과 성취감을 느끼게 되고 집중력을 향상시킬 수 있다.

둘째, 도전할 수 있는 기회를 많이 주어야 한다. 예를 들어, 유아가 혼자의 힘으로 숟가락을 잡으려 한다면 음식을 흘리고 숟가락을 떨어트린다 해도 손에 숟가락을 계속해서 쥐여 줘야 한다. 실패를 알아야 성공의 기쁨을 알게 되고 도전과 용기를 배우게 된다. 어리다는 이유로 모든 걸 부모나 교사가 다 해결해주려 하는 순간 앞으로 아이는 아무것도 하지 않을 것이다. 새로운 도전을 많이 하도록 기회를 주시고 아이가 실패해도 느긋하게 지켜보며 응원해 줄 수 있는 인내력을 발휘해야 한다. 4차 산업혁명시대에는 스스로 직업을 만드는 역량을 갖춘 창의적인 인재를 필요로 한다. 이러한 창의성 발휘는 끊임없는 도전정신이 뒷받침되어야 가능하다.

셋째, 일상생활에서 우리가 스스로 결정(선택)할 수 있도록 해야 한다. 비가 오는 날 어떤 우산을 쓰고 갈 것인지, 어떤 색의 양말을 신을 것인지 등 사소한 것에서부터 스스로 결정할 수 있도록 기회를 주어야 한다. 작은 일 하나라도 본인이 선택을 하게 되면 책임감과 의사결정능력이 발달한다. 또한 선택의 과정에서 '생각하는 힘'이 향상된다. 세계 명문대학들은 학생을 선발할 때 '스스로 생각할 줄 아는 능력'을 평가하는 데 이러한 '생각하는 힘'이야말로 모든 학문탐구의 기초라고 할 수 있다.

고도의 기술기반 사회로 현실 이상으로 현실의 역할과 기능을 갖춘 가상현실 사회를 포함하는 재개념화된 사회를 살아갈 미래 주역에게 어떠한 역량을 키워야 할지는 교육혁명 담론 분석의 핵심 과제라 할 수 있다(이민화, 2017). 이는 교육의 대상인 유아기의 발달과 교육의 특수성 때문이다.

21세기 초, 우리는 기술 발전의 새로운 전환점을 맞이하고 있다. '4차 산업혁명'이라는 용어는 클라우스 슈밥이 2016년에 제시한 개념으로, 물리적, 디지털, 생물학적 세계의 경계를 허물며 인공지능(AI), 빅데이터, 사물인터넷(IoT), 로봇공학 등 첨단 기술들이 융합되는 시대를 의미한다. 이러한 기술 혁신은 단순히 산업 구조의 변화를 넘어, 사회 전반에 걸쳐 깊은 영향을 미치고 있다. 특히, 노동 시장에서는 자동화와 AI의 도입으로 기존의 직무가 사라지거나 변형되고 있으며, 새로운 직업군이 등장하고 있다. 이러한 변화에 대응하기 위해서는 단순한 기술 사용 능력을 넘어, 창의적 문제 해결, 데이터 분석, 협업 및 의사소통 능력 등 다양한 디지털 역량이 필수적으로 요구되고 있다.

하지만 이러한 디지털 역량의 중요성에도 불구하고, 많은 사람들이 이를 충분히 갖추지 못하고 있다. 영국에서는 37%의 청년들이 자신의 디지털 역량에 대해 불안감을 느끼고 있으며, 41%는 미래 직업에 필요한 기술에 대해 확신하지 못하고 있다. 또한, 개발도상국에서는 기술 접근성의 부족으로 인해 디지털 격차가 심화되고 있다.

이러한 상황에서 디지털 역량 강화를 위한 교육과 훈련은 더 이상 선택이 아닌 필수로 여겨지고 있다. 디지털 기술을 효과적으로 활용할 수 있는 능력은 개인의 직업적 성공뿐만 아니라, 국가의 경제적 경쟁력에도 중요한 영향을 미치기 때문이다.

따라서 본 글에서는 4차 산업혁명이 디지털 역량에 미치는 영향을 살펴보고, 이를 강화하기 위한 전략과 방향을 제시하고자 한다.

### 1) 기술 변화에 따른 직업 구조의 변화

4차 산업혁명은 자동화와 AI 기술의 발전으로 많은 기존 직업이 사라지거나 변화하고 있다. 예를 들어, 단순 반복적인 업무를 수행하던 직무는 자동화되면서 새로운 기술 기반의 직업이 등장하고 있다. 이러한 변화에 대응하기 위해서는 기존의 직무에서 요구되던 기술을 넘어 새로운 디지털 기술에 대한 이해와 활용 능력이 필요하다.

### 2) 디지털 역량의 핵심 요소

디지털 역량은 크게 정보 및 데이터 활용 능력, 디지털 콘텐츠 생성 및 관리 능력, 디지털 커뮤니케이션 및 협업 능력, 문제 해결 및 혁신 능력 등으로 구성된다. 이러한 능력은 단순히 기술을 사용하는 것을 넘어, 기술을 창의적이고 효과적으로 활용하여 문제를 해결하고 가치를 창출하는 데 필수적이다.

### 3) 교육 분야에서의 디지털 역량 강화 필요성

교육 분야에서도 디지털 역량 강화를 위한 노력이 필요하다. 교사들은 전통적인 강의 중심의 교육에서 벗어나, 학생들이 능동적으로 참여하고 창의적으로 문제를 해결할 수 있는 학습 환경을 제공해야 하다. 이를 위해서는 교사의 디지털 역량 향상과 함께, 학생들에게도 디지털 기술을 효과적으로 활용할 수 있는 교육이 필요하다.

4차 산업혁명 시대에 디지털 역량은 개인의 경쟁력뿐만 아니라 국가의 발전에도 중요한 요소로 작용한다. 이를 위해서는 다음과 같은 전략이 필요하다

- **교육 및 훈련 프로그램의 강화:** AI, 데이터 분석, 프로그래밍 등 디지털 기술에 대한 교육과 훈련을 강화하여 개인의 디지털 역량을 향상시킨다.
- **산업과의 연계 강화:** 산업계와 협력하여 실제 업무에 필요한 디지털 기술을 교육과정에 반영하고, 현장 중심의 학습을 제공한다.
- **지속적인 기술 업데이트:** 빠르게 변화하는 디지털 기술에 대응하기 위해 지속적인 학습과 기술 업데이트를 장려한다.

디지털 역량 강화를 통해 4차 산업혁명 시대에 능동적으로 대응하고, 지속 가능한 발전을 이루어 나갈 수 있을 것이다.

# Chapter 4

## IB 개념으로 바라본 하워드 가드너 다중지능 프로젝트의 이론과 실제 적용 사례

## 1 하워드 가드너 다중지능 프로젝트의 이론과 실제 적용 사례

### 1) 다중지능의 개념

다중지능은 가드너가 일정한 틀에 정해져 있는 기존의 지능에 대해 비판하면서 새롭게 등장하게 되었다.

그는 인간이라면 누구나가 균등하고 다양한 지능을 지니고 있다고 하였다(문용린, 2009). 즉 다중지능 이론은 사람의 지능이 하나가 아닌 여러 요인들로 구성되어 있다는 이론이며, 한 문화 안에서 그 문화적 배경에 적합하게 문제를 해결하고 가치 있는 창조물을 산출해내는 모든 유형의 다양한 능력으로 지능이 환경적인 요인들을 통해 발달할 수 있다고 보는 이론이다(Gardner, 1983, 1993). 인간은 누구나 여러 가지 지능을 갖고 태어나는데, 각 지능은 서로 독립적이면서 또한 고정된 것이 아니기 때문에 충분히 변화하고, 교육을 통해 계발될 수 있다고 말한다(윤옥인, 2014).

오랫동안 인간의 인지 기능을 연구한 가드너(Gardner, 1983, 1993)는 그의 저서 『마음의 틀: 다중지능(Frames of Mind: The Multiple Intelligences)』에서 지능의 평가에 대한 새로운 접근을 제안하였다. 그에 따르면 처음 지능검사를 개발한 비네(Binet) 이후로 학교 교육에서 지능은 언어 및 수리적 분석력 중심의 단일 개념으로 다루어졌고, 기존의 연구들이 지능의 범위를 너무 좁게 해석하고 있음을 지적하며, 인간의 지능은 하나가 아닌 여러 요인으로 구성되어 있다고 주장하였다. 가드너에 따르면 다중지능 이론에서 지능은 단일한 사고, 추론 능력 등이 아니라 다수의 능력이 인간의 지능을 구성하고 있으며, 능력이 아닌 적성이나 재능으로 보았다. 지능은 보이거나 수치화시킬 수 있는 것이 아니라 자신이 생활하고 있는 환경과 문화가 가지고 있는 가치와 그 속에서 발현될 수 있는 기회들, 그리고 그를 둘러싼 주변 사람들의 판단력에 의해 계발되거나 지연될 수도 있다(김미연, 2008). 지능이 어떻게 결합되느냐에 따라 개인이 가지는 특성이나 강점이 결정될 수 있기 때문에 각 지능 요인별 측정과 형태의 분석이 함께 이루어져야 각 개인이 지니고 있는 정확한 능력에 대해 알 수 있다(이영만, 1996). 이러한 내용을 토대로 인간이 가지고 있는 능력이 발현될 수 있는 환경이 중요하다고 볼 수 있으며 가드너의 다중 이론은 교육학적인 측면에서도 많은 시사점과 정보를 제공해주고 있다.

가드너(Gardner, 1983, 1993)는 지능을 다각적인 면에서 파악해야 된다고 보고 연구하고 생각해내었으며, 지적 능력은 단일한 하나의 차원이 아닌 대상을 어떤 체계로 하느냐에 따라 그 발달과 구조, 개념이 다르게 작용하는 다차원적 개념이라 보았다. 이러한 관점에서 모든 사람들은 여덟 가지의 지능을 모두 가지고 있다는 지적 능력들에 대한 동등성을 강조하였으며, 사람에 따라 이러한 여덟 가지의 다중지능이 서로 다른 방식으로 상호작용을 하기 때문에 사람이 가지는 강점 지능과 약점 지능이 모두 다르게 나타난다고 보았다. 그렇기 때문에 사람마다 타고난 지능이 달라 저마다 다른 지능으로 발달할 수 있으므로 인간 지능의 다양성에 내한 인식의 전환이 이루어져야 한다고 하였다(김임순·김성훈, 2015).

또한 가드너는 지능을 재능이라 불러도 문제가 없다고 보았으며, 소위 우리가 지능이라 일컫는 인간의 인지적 능력은 재능, 능력, 정신 기능을 포함하는 것을 의미한다고 하였다(Armstrong, 2009). 다중지능은 지능의 다양성 외에도 지능을 활용하는 방법의 다양성과 강점 지능을 지속적으로 증진시키고 약점 지능을 보완하며 키워 나가는 방법에 있어서도 다양성을 추구한다(권용환, 2015). 그렇기 때문에 다중지능을 교육으로 적용하기 위해서는 학업 성적이나 능력에 대한 차별 없이 개인이 처한 상황 속에서 발휘될 수 있도록 해야 한다.

사람은 누구나 자신이 가지고 있는 지능들을 적절한 수준까지 발달시킬 수 있으며, 이것은 적절한 자극과 강화, 그리고 교육을 통해서 여덟 가지 지능에 대해 일정 수준이나 보다 높은 수준으로도 발달시킬 수 있다고 한다. 그리고 어떠한 지능일지라도 독립적으로 존재하지 않고 항상 서로 상호작용하며 함께 작용한다고 보았는데, 이것은 다중지능 이론이 하나의 특출한 능력만을 집중적으로 계발하는 것이 아니라 각각의 특성을 살펴 이를 효율적으로 학습하는 방법을 모색해야 한다는 것이다. 또한 각 지능 영역 내에서도 그 지능을 향상시킬 수 있는 여러 가지 방법들이 있으며, 어떤 지능 영역에 있어서 지능적이라고 간주되어질 수 있는 한 가지 표준화된 특성은 없다고 말한다. 따라서 다중지능 이론은 개개인이 가진 탁월한 지능을 발휘할 수 있도록 다양한 방법을 추구하고, 또 각 지능들 사이의 관계를 통한 지능 향상 방법을 추구한다(김명희 외, 2009).

다중지능은 단순히 두뇌의 일부 기능만을 수치화해 평가하는 것이 아니라 사람마다 다른 강점을 찾아 존중하고, 뛰어난 강점 지능은 더 강화하며, 약점 지능을 보완하도록 도와주는 낙관적인 지능 이론이다. 이를 통해 아이들은 자신감을 얻어 행복한 미래를 설계하게 된다. 획일적인 잣대로 아이들이 갖고 있는 무한한 잠재력을 재단하지 않으며 개개인의 강점을 살려 지능을 계발할 수 있다는 점에서 다중지능은 충분히 주목

할 만한 가치가 있다(윤옥인, 2014).

이러한 다중지능 교육은 이 시대의 리더를 만들 수 있으며, 유아는 누구나 자기만의 특별한 다중지능을 갖고 있다.

현재까지는 서로 명백히 구분되는 지능의 종류가 여덟 가지이지만 두뇌 연구를 통해 지금까지 알지 못했던 새로운 기능이 밝혀지면 지능의 종류는 더 늘어날 것으로 보인다. 다중지능은 낱말의 소리나 의미, 언어와 관련된 '언어적 지능', 수와 셈, 논리적 사고를 하는 '논리－수학적 지능', 이미지와 시·공간적 세계와 관련된 '공간적 지능', 표정과 움직임 등으로 몸으로 하는 일과 연결된 '신체－운동적 지능', 음악과 소리와 관련된 '음악적 지능', 타인과 교류하고 그들을 이해하는 '대인관계적 지능', 자신을 이해하고 조절하는 '개인 이해적 지능', 자연에 대한 관심이 높고 유형을 규정하고 분류하는 능력이 탁월한 '자연탐구적 지능'으로 이루어져 있다. 어릴 때는 나타나지 않는다고 해서 반쪽 지능이라 일컫는 이른바 '실존 지능'에 대한 관심도 나날이 높아지고 있다.

### 2) 다중지능이란?

가드너(Gardner, 1983)는 20년 전 자신이 정의한 지능의 개념에서 '그 문화에서 유용하게 쓰일 수 있는 정보를 처리하는'을 추가하여 지능을 '문화적으로 가치 있는 물건을 창조하거나 문제를 해결하는 데에, 그 문화에서 유용하게 쓰일 수 있는 정보를 처리하는 생물·심리학적인 잠재력'이라고 정의하였다. 이는 작지만 큰 변화이다. 왜냐하면 지능은 보이거나 셀 수 있는 것이 아니라 특정 문화의 가치, 그 문화 속에서 발현될 수 있는 기회, 환경에 의해 계발될 수도 아닐 수도 있기 때문이다. 다시 말해 능력이 발현될 수 있는 환경의 중요성이 이전보다 더욱이 강조된 것이다(Gardner, 2001 재인용).

가드너는 다중지능이란 '다수의 능력들이 조합된 것이며 한 문화 안에서 그 문화적 배경에 적합하게 문제를 해결하고 가치 있는 창조물을 산출해내는 모든 유형의 다양한 능력'이라고 하였으며, 이전 지능의 해석과는 달리 '지능이 환경적인 요인들을 통해 발달할 수 있는 능력'이라고 보았다.

가드너의 다중지능 이론에서는 지능을 단일 개념이 아닌 독립적인 개념으로 간주하고 다양한 종류의 능력으로 구분하였고 지능을 능력이 아닌 적성이나 재능으로 보았다. 다중지능 이론에서는 지능의 구성 요소를 언어적 지능, 논리－수학적 지능, 음악적 지능, 신체－운동적 지능, 공간적 기능, 대인관계적 지능, 개인 이해적 지능, 자연탐구적 지능 8가지 지능을 기본으로 하였으며 상황에 따라서 창의성 등 다양한 지능을 더 포함할 수 있다고 하였다.

특히 이 이론에서는 지능은 타고난 것이 아니라 개발되는 것이며, 각 지능은 실제 상황이나 구체적인 사회 문화적 맥락에서 활용할 수 있어야 가치가 있다고 하였다. 또 학습자 개인이 가지고 있는 지능을 발휘할 수 있도록 자율적인 학습 환경 조성의 중요성을 강조하였다(Gardner, 1983 재인용).

하버드 대학의 하워드 가드너 교수의 저서인 『마음의 틀: 다중지능(Frames of Mind: The Multiple Intelligences)』(1983)을 바탕으로 서술하였는데, 가드너가 제시한 지능 영역을 소개하면 다음과 같다.

### (1) 언어적 지능

언어적 지능이란 단어를 효과적으로 사용하는 능력과 언어의 실용적 영역을 조작하는 능력을 말하며, 구어와 문어에 대한 민감성, 언어 학습 능력, 목표 달성을 위한 언어 활용 능력 등을 포함한다. 셰익스피어의 문학작품 『리어왕』이나 호메로스의 서사시 『오디세이이』, 중동의 설화집 『아라비안나이트』를 연상시키는 지능이다. 이 방면에 특별히 뛰어난 사람은 말을 가지고 토론하고, 설득하고, 즐기며, 효과적으로 가르칠 수 있는 사람이다. 그들은 또한 가끔 동음이의어나 단어 게임, 복잡한 발음 등의 언어가 가지고 있는 소리를 가지고 노는 것을 좋아한다. 그들은 심상에 어떠한 사실을 지속적으로 보유하고 있는 전문가일 수도 있고, 언어학 방면에 학위를 가지고 있는 사람이기도 하다. 그들은 많이 읽고 의미가 명확하게 글을 쓸 수 있으며 활자매체를 통해서 또 다른 방법으로 의미를 획득할 수 있는 사람이기도 하다.

오른쪽 두뇌의 분석적 능력에 의존하는 유아들은 구문론적인 정보와는 거리가 멀게 정보를 진행시킨다. 왼쪽 뇌를 사용하여 언어를 표현하는 유아들만이 단어 순서와 같은 구문적 실마리에 흥미를 가진다. 따라서 왼쪽과 오른쪽 반구의 편측제뇌를 통하여 단어 기억, 수수께끼, 단어놀이 등이 효율적인 놀이 방법이다. 언어는 인간이 청각·구각적 기관이 서로 밀접하다는 사실을 증명해 준다. 진화론에서 보면 음악과 언어는 공통된 표현수단으로 생겨났다. 언어적 지능은 선천적으로 혹은 후천적인 노력에 의하여 발달된다.

이 지능을 향상시키는 활동에는 공식 연설, 일기 쓰기, 유머 및 농담, 이야기 만들기 등이 있다. 이 지능이 뛰어난 사람으로는 방정환, 셰익스피어, 안데르센과 같은 작가들을 들 수 있고, 관련 직업으로는 연설가, 정치가, 법률가, 웅변가, 작시인, 변호사, 편집자, 아나운서, 기자, 수필가, 소설가, 작가 등이 있다.

AI를 통해서도 언어적 문해력이 발달될 수 있으며, AI에게 질문함으로써 궁금한 점을 언어적으로 알 수도 있다.

### (2) 논리-수학적 지능

논리-수학적 지능이란 문제를 논리적으로 분석하고 수학적 조작을 수행하고 과학적인 방법으로 문제를 탐구하는 능력을 말하며, 숫자를 효과적으로 사용하는 능력 및 추론을 잘하는 능력 등을 포함한다. 즉, 문제를 논리적으로 분석하고, 수학적 조작을 수행하고, 과학적인 방법으로 문제를 탐구하는 능력이다.

논리-수학적인 경향을 가진 개인의 특성은 추론하고 결과를 내며 원인과 결과의 관점에서 사고하며 가설을 만들어내고 개념적인 규칙성이나 수와 관련된 유형을 찾아내며 생에 대한 일반적인 합리적인 관점을 즐긴다.

이 지능을 향상시키는 활동에는 수열, 삼단논법, 계산법, 문제해결 등이 있으며 이는 과학자, 회계사, 컴퓨터 프로그래머 등과 관련된 지능이다. 대표적인 인물로는 '만유인력법칙'을 발견한 뉴턴과 '상대성 이론'의 아인슈타인 등이 있다.

논리-수학적 영역의 재능은 유아기에 나타난다. 수학의 부호를 읽고 만드는 능력은 왼쪽 두뇌에 의해, 숫자 관계와 개념의 이해는 오른쪽 두뇌에 의하여 설명된다. 측정, 분류, 숫자 능력, 산수적인 놀이, 숫자적 사고, 논리-수학적인 것과 다른 지능의 다양한 연결이 되어 있다. 유아기에는 대상을 같이 분류화하는 능력은 특정한 대상과 특별한 속성을 공통적으로 갖는다. 유아기 논리-수학적 지능의 발달을 살펴보면 다음과 같다. 한쪽은 더넓은 공간에 사탕을 늘어놓고, 한쪽은 아주 밀도 있게 좁은 공간에 사탕을 늘어놓은 두 줄의 사탕 중에서 후자의 것, 즉 밀도 있게 좁은 공간에 늘어놓은 것이 더 많은 양을 지녔음에도 불구하고 전자의 경우를 선택한 쪽이 더 많다고 한다(숫자 보존). 매우 적은 양을 제외하고 밀도나 공간적 확장과 같은 시각적 유인 단서에 의해 정확한 양의 측정은 여전히 혼동된다. 이 시기의 유아는 수를 종종 셀 수 있으며, 단순한 숫자를 암기하여 말할 수는 있다. 그러나 4세가 되기 전에는 이러한 단순한 암기 작업-언어적 지능의 표현은 대상이 적은 무리의 단순한 측정과 큰 줄의 양을 분석하는 것과는 따로 존재한다. 그러나 곧 중요한 사건이 일어난다. 4세가 되면 유아는 대상이 나열되어 있는 것에 대하여 숫자들이 배치될 수 있다는 것을 안다. 즉, 유아가 하나의 대상을 가리키며 한 숫자를 말하고, 이러한 과정을 각각 연속되는 '숫자열'로 반복한다면 이 유아는 열에 있는 대상의 숫자를 정확하게 알아낼 수 있다. 처음 가리키는 것을 1, 다음을 2, 다음을 3, 계속하여 4, 5, 6 …. 4~5세의 유아는 이러한 구각적 인용의 마지막 숫자가 열에 있는 대상의 합계(기수적 합계)라고 알게 된다. 마지막으로 6~7세에 이르면, 유아는 피아제가 말하는 어린 미래 수학자의 수준에 다다른다. 두 줄에 있는 양을 비교할 경우에 유아는 각각의 줄에서 물건(초콜릿, 공)의 숫자를 센 후 전체를 비교하고, 어떤 쪽에 더 많은 양이 포함되어 있는지를 결정한다. 더 이상 유아는 공간에 넓게 확산되어 있다고 하여 양이 더 많다고 여기지 않으며, 하나를 가리키면서 정확히 숫자를 부를 수 있게 된다. 결국 유아는 양을 비교하여 분석하는 정확한 방법을 알고, 동시에 양이 무엇을 의미하는지 깨닫는다.

수학자들에게는 확실한 기억력과 집중이라는 놀라운 능력이 요구된다. 수학자의 능력은 어떤 범주에 한정되어 있어서 재정이나 법에는 거의 소질이 없다. 어려운 문제의 타당성과 중요성에 관한 것을 추상적으로 다루는 것이다. 수학자는 항상 정확하며 지속적으로 사색적이어야 한다. 모든 수학적 이론은 궁성적으로 물리적 실체에 직접적 혹은 간접적으로 타당하여야 한다. 수학자들을 지탱하고 자극하는 것은 그가 다른 사람들이 수학적 순서에 관해 생각하는 방법을 완전히 바꾸는 새로운 결과를 만들 수 있다. 위대한 새로운 수학적 뼈대는 불멸의 속삭임과 같은 승리다. 수학자는 다른 일반적 능력이나 다재다능함을 별로 가지고 있지 못하다. 수학적 형태의 특징은 그것이 개념에 의해 만들어짐으로써 훨씬 더 지속적이다. 수학자의 재능은 논리의 긴 사슬을 기술적으로 다루는 능력이다. 수학자는 참신한 아이디어를 발견하여 그것의 응용을 그려내는 능력을 필요로 한다. 수학적 묘기는 의미 있는 문제를 알아내고 그것들을 푸는 데 있다. 과학과 수학은 가깝게 연합되어 있다. 모든 의미 있는 수학적 발명은 과학적 공동체 안에서 유용하게 쓰였다. 과학자들은 세상에 존재하는 수많은 현상은 다루기 힘들기 때문에 수학을 필요로 하며 수학에서 얻을 수 있는 추상적 관계의 규칙적인 틀은 이러한 혼란으로부터 어떤 규칙을 만드는 중요한 도구가 된다.

### (3) 공간적 지능

공간적 지능은 그림과 이미지와 관련된 지능이며 인지하고 변환시키며 시각-공간적인 세계를 또 다른 관점에서 재창조하는 능력이다. 다시 말해 시각적-공간적인 세계를 정확하게 지각하고 이 시각력을 변형시키는 능력, 시각적 공간적인 아이디어를 시각화하거나 그림으로 나타내는 능력, 공간적 구조에 자신을 적절하게 위치시키는 능력을 말한다. 이러한 공간적 지능은 주제망을 브레인스토밍하는 과정에서도 향상될 수 있다.

이는 건축가, 사진가, 예술가, 비행기 기장, 수학적 기사들이 가지고 있는 능력이다. 이집트의 피라미드를 누가 설계했던 간에 그는 틀림없이 이러한 지능을 가지고 있는 사람임에 틀림없다. 공간적 지능이 높은 사람은 시각적인 시안에 대하여 민첩한 통찰력을 가지고 있으며 생생하게 시각화하며 개념을 기하학적으로 구성하거나 스케치하며 3차원적인 공간에 쉽게 적용한다.

이 지능을 향상시키는 활동에는 항해, 지도 제작, 체스 게임, 상상하기, 색채 배합하기, 패턴 디자인, 그림, 조각, 사진 활동, 관찰 활동, 창조 활동 등이 있고, 대표적인 인물로는 고흐, 피카소, 백남준과 같은 예술가가 있으며, 토마스 에디슨 같은 발명가, 그 밖에 안내가, 건축가, 실내장식가 등이 관련 직업이다.

공간적 지능의 주요 능력은 시각 세계를 정확히 지각할 수 있고 처음의 지각에 의하여 변형이나 수정을 할 수 있으며, 적합한 물리적 자극이 없어도 시각적 경험을 재창조할 수 있는가에 대한 능력이다. 공간적 지능은 여러 능력들의 혼합물이라고 할 수 있으며 시각 세계로의 직접 통로가 없는 장님에게도 발달하며, 기본 능력은 형태나 물체를 지각하는 능력이라고 할 수 있다.

공간적 능력은 물체가 다른 각도에서 보여졌을 때 물체를 알아보는 능력, 형태의 부분 간의 움직임과 내적 이동을 상상하는 능력, 관찰자의 몸의 방향과 그러한 공간적 관계에 대해서 생각할 수 있는 능력 등이 있다. 또한 같은 요소들의 실례를 알아내는 능력, 한 요소를 다른 요소로 변형시키거나 변형을 알아내는 능력, 정신적 이미지를 포착하고 이미지를 변형시키는 능력, 공간적 정보의 도표적 형상을 만들어내는 능력 등도 있다. 이러한 능력들은 공간적 영역에 있어 전형적으로 동시에 일어난다. 이 능력들은 한 가족처럼 작용하고, 각 조작의 사용은 다른 사용을 강화한다. 공간적 지능은 오른쪽 두뇌에 의한다. 공간적 기술은 언어적, 논리적인 것보다 검사하기 힘들다.

### (4) 신체－운동적 지능

신체－운동적 지능이란 문제를 해결하거나 사물을 아름답게 꾸미기 위해 몸 전체나 일부분을 이용하는 능력을 말하며, 몸 전체를 사용하여 아이디어와 느낌을 표현하는 능력, 또는 손을 사용하여 사물을 만들어내고 변형시키는 능력 등을 포함한다. 기술자, 운동선수, 장인, 숙련공, 외과의사, 목수, 보디빌더는 이러한 사고의 양식을 많이 가지고 있으며, 하이킹, 댄싱, 조깅, 캠핑, 수영 등 신체적인 활동을 즐기는 사람도 이 범주에 넣을 수 있다. 그들은 신체적인 감수성을 가진 사람들이고 그들의 몸을 수시로 움직이는 경향을 가지고 있고 사물에 대한 즉각적인 반응을 하는 사람들이다.

가드너는 몸의 움직임을 조절하는 능력과 대상을 아주 정교하게 다루는 두 능력을 핵심 능력으로 다루고자 한다. 기술공은 대상을 아주 정교하게 다루는 능력이 있고 무용수, 수영선수, 구기종목 선수, 기악가, 발명가, 연기자 등은 몸을 잘 움직일 수 있는 능력이 있다. 몸을 기술직으로 사용하는 능력은 몸의 유연한 사용을 말함에 있어서, 그리스인들은 그들의 예술적이고 운동적인 행위를 통하여 인간 형태의 미를 추구하였고, 완전하게 균형잡힌 움직임과 균형감각에서 세련미를 발달시키고자 하였다. 몸을 적절히 사용하여 훈련과 마음, 마음의 표현 능력에 반응하는 훈련된 몸 사이의 조화를 추구했다.

이 지능을 향상시키는 활동에는 창작 무용하기, 역할극, 제스처, 드라마, 무술, 운동, 스포츠 등이 있으며 대표적인 인물로는 박찬호(야구 선수), 타이거 우즈(골프 선수), 패디러(테니스 선수)와 같은 스포츠 선수들과 이사도라 던컨(무용가), 홍신자(무용가)와 같은 무용가들, 그밖에도 찰리 채플린(희극배우), 로렌스 올리비에(배우), 메릴 스트립(영화배우) 같은 연극인, 영화인 등의 예술가를 들 수 있다. 실제 물리적 소품의 부재 상태에서 연기자 대상 사건 연기를 표현하는 것은 매일의 행위에 많은 근거를 둔다. 대상, 배우, 연기자의 연기의 묘사를 창조하는 것은 무언극 자체에 달려 있고, 이러한 것은 예술적인 묘사, 움직임과 반응을 과장하는 것 등을 요구한다.

### (5) 음악적 지능

음악적 지능이란 음악에 대한 전반적인 직관적 이해와 분석적이고 기능적인 능력(음에 대한 지각력, 변별력, 변형능력, 표현능력)을 말하며, 연주를 하거나 음악적 양식을 이해하고 작곡하는 기술 등을 포함한다. 이 지능을 향상시키는 활동에는 리듬 패턴 파악하기, 작곡이나 편곡, 배경음악 선곡하기, 악기 연주하기, 노래하기 등이 있다. 음악적 지능이 뛰어난 인물로는 바흐(작곡가), 베토벤(작곡가), 조수미(성악가), 정경화(바이올리니스트) 등이 있고 대표적인 직업은 음악 비평가, 작곡가, 연주가 등이 있다.

여러 재능들 중에서 음악적 재능은 일찍 나타난다. 음악에 대한 특별한 감각과 다른 지적 능력과의 관계를 밝혀준다. 작곡은 아이디어가 명확해지고 의미 있는 형태로 기정되면서 시작한다. 상상의 단순한 가락, 리듬, 하모니부터 음악적 상상이 아이디어에 의하여 작용하기 시작하여야 한다. 음악을 듣는 능력은 음악을 창조하는 것과 밀접한 관계가 있다. 가락, 리듬, 화음, 음색 등의 음악적 형태의 기본을 알아야 한다. 음악적 지능의 요소는 가락(멜로디)과 리듬이다. 음악은 적당한 시기에 소리의 움직임이 좌우한다. 음악은 음색의 연속이며, 이러한 조합된 음색은 조직화 되어서 귀에다 즐거운 느낌을 가져다주며, 지능의 역할은 매우 종합적이다. 전 세계적 음악성의 발달 궤도는 매우 폭넓고 다양하다는 것을 알 수 있다. 2세에는 노래, 춤, 기악, 기본적 문화기술을 배우는 집단에 가담하고, 5세가 되면 수백 개의 노래와 여러 가지의 악기를 다룰 수 있고, 수십 가지의 정교한 춤을 출 수 있게 된다. 문화권에 따라 개인차가 다양하게 나타나지만, 모든 사람은 음악적으로 능력이 있다. 작곡가들이 최초의 상념을 순간적으로 이해하고, 그것을 표현하고, 실현하고, 감정적·개념적인 면을 엮는 데에 있어서는 시인과 유사하다. 인간들에게 발견되는 음악적 재능의 놀랄만한 정도의 다양성이다. 왜 많은 훈련은 왼쪽 두뇌 사용을 증가시키는지도 아직 잘 모른다. 인간들은 그들이 할 수 있는 매우 다양한 신경조직이 이러한 능력을 수행하는 복합적인 통로를 제공한다. 또 인간들은 음악을 다른 종류의 매개체와 형태를 통하여 접하며, 더욱이 계속 색다른 형태로 듣는다. 정상인의 경우에 언어는 주로 다른 사람의 말을 들음으로써 접하지만 음악은 노래 속에 의한 악기 연주, 입에다 악기를 물거나, 음악적 부호를 읽거나, 레코드를 듣거나, 춤을 보거나 하는 많은 통로를 통한다.

### (6) 대인관계적 지능

대인관계적 지능이란 다른 사람의 기분, 의도, 동기, 느낌을 변별하고 지각하는 능력, 특정행위에 따르도록 집단의 사람들에게 영향력을 행사하는 능력, 개인 간의 암시를 구별해내는 능력, 실용적인 방식으로 암시에 반응하는 능력을 말한다. 이는 다른 사람들을 이해하고 그 사람들과 일할 수 있는 능력이다. 특히 다른 사람들의 분위기, 기질, 의도와 욕구를 알아내고 이에 반응할 것을 요구한다. 이 지능을 향상시키는 활동에는 피드백 주고받기, 타인의 감정에 대한 이해, 협력학습 전략, 일 대 일 대면, 공감, 분업, 집단 프로젝트 등이 있다. 관광 여행선의 사교부장에게는 이러한 지능이 요구된다. 기업의 관리자에게도 역시 적용된다. 이러한 사람들은 다른 사람들의 감정에 쉽게 동조할 수 있으며 간디처럼 사회적으로 책임감 있는 사람이거나 마키아벨리처럼 거만하거나 책략적인 사람이다. 그러나 이러한 사람들은 다른 사람들의 내면으로 들어가 그 사람의 관점으로 세상을 바라보는 능력을 가지고 있다. 이러한 지능은 뛰어난

중재자, 교사들을 만들어 낸다.

대표적인 인물로서 유관순과 간디를 들 수 있으며, 직업적으로는 카운슬러, 교사, 심리치료사, 정치가, 종교 지도자 등이 있다.

### (7) 개인 이해적 지능

개인 이해적 지능이란 자신을 이해하고 자신의 욕망, 두려움, 재능 등을 잘 다루어 효율적인 삶을 살아갈 수 있는 잠재력을 말하며, 자아를 이해하는 데 관련된 지식과 그 지식을 기초로 적응하는 능력, 자신에 대한 정확한 모습을 알아내고, 그에 따른 자아훈련, 자아 이해, 자존감을 위한 능력, 복합적이고 고도로 분화된 여러 감정들을 알아내어 상징화하는 능력 등을 포함한다. 내면적인 자아와 관련되는 지능이다. 이러한 사람들은 자신의 감정 속으로 깊이 빠져 들어가 여러 가지의 다른 내적인 감정상태의 다른 점들을 식별할 수 있고 자신의 생애를 풍부하게 하고 이끌어 나가기 위한 자기 이해를 사용할 수 있다. 그들은 매우 자기 반성적이며 명상에 몰두한다. 반면에 그들은 매우 독립적일 수 있으며 목표 지향적이고 자기 수련을 하는 사람들이다. 그러나 어떠한 경우라도 그들은 혼자 있는 것을 즐겨하며 다른 사람들과 함께 일하는 것보다 혼자 일하는 것을 좋아한다.

이 지능을 향상시키는 활동에는 내성적 사고, 사고전략, 정신 집중 기술, 추론, 자아 인식, 목적인식, 감정관리, 행동관리 등이 있다. 소크라테스와 같은 철학자가 대표적인 인물이라 할 수 있으며, 이러한 방향으로 우수한 사람들로는 상담가, 신학자, 소설가, 자영업을 하는 사람들을 들 수 있다.

이 능력은 이러한 감정들 간의 구별에 영향을 주고 결국 그것들을 명명화하고 상징적 부호에 의해서 인간의 행동을 이해하고 이끄는 수단으로 사용된다. 인간 내적 지능은 고통과 쾌락의 느낌을 구별하고 그런 구분을 기초로 하여 환경으로부터 소외되거나 더 개입하는 능력이다. 이런 형태의 지능은 감정에 대하여 내적 성찰력을 가지고 기술 할 수 있는 소설가의 경우는 자신의 감정에 대해 깊은 지식을 나타낸다.

개인 이해적 지능은 네 가지 점진적인 발달 단계를 거친다. 첫 번째 단계는 잠재적 활동단계로서 자신이 사용한 기술과 아이디어를 기억하지 못하는 망각 상태이다. 두 번째 단계는 인식의 단계로서 자신이 수행한 일을 인지한다. 세 번째 단계는 전략적으로 내적 성찰을 이루며 의식적으로 자신의 행동 방향을 선택한다. 네 번째 단계는 반성적 단계로 자신이 선택한 행동의 실패와 성공을 자각한다(박효정, 1999).

### (8) 자연탐구적 지능

자연탐구적 지능은 주어진 환경을 잘 변별, 분류, 활용하고 자연의 생태계를 이해하고 자연과 문명과의 관계를 볼 수 있는 능력을 말한다. 자연주의적 지능이 강한 학습자는 동물과 식물 등 자연을 좋아하며 조사, 분석, 관찰하고 종합하기를 좋아한다.

다중지능 이론에 기초한 교육과정 구성 시 전개되어야 할 방향으로 가드너는 '이해'의 중요성을 강조한 교육과정을 언급하고 있다. 즉, 가드너는 『교육받지 않은 마음(The unschooled mind)』(1991)이라는 자신의 저서에서 '이해란 정보를 축적하여 필요한 경우에는 기억보다는 유아들이 자신의 말로 개념을 이해하고 새로운 환경이나 맥락에서 정보를 적절히 적용할 수 있으며, 유추와 일반화까지도 함께 할 수 있어야 한다.'라는 점을 제시하고 있다. 그러므로 유아들이 새로운 상황에서 지식을 적용할 수 있으려면 활동 내용을 우선적으로 이해하는 것이 필수적임을 주장한다.

따라서 다중지능 이론에 기초한 교육과정은 '이해 교육'을 위한 교육과정이 되어야 함을 강조하고 있다. '이해 교육'을 위한 교육과정을 구성하는 데 있어서는 주제의 가치성, 결과의 적합성, 핵심적 내용의 구성력, 높은 사고 기능, 유아의 흥미, 각 지능 영역별 통합 가능성, 실제 상황에의 적용성, 유아의 강점 및 장점 계발성, 교사와 유아 간의 상호적 피드백 등과 같은 여덟 가지 다중지능 수업 전략을 적용해야 한다.

이와 같이 가드너와 암스트롱이 제안하고 있는 다중지능 이론에 기초한 교육과정 구성 원리를 살펴보면 다중지능 이론에 기초한 교육과정은 전통적인 교과 중심 교육 내용의 선정과 함께 다양한 지능의 활동이 고취될 수 있는 다학문적, 통합적 교육과정의 설계방식이 하나의 적절한 방안으로 제시되고 있음을 볼 수 있다(Armstrong, 2000; Gardner, 1991).

### (9) 이외의 지능, 실존 지능

실존 지능이란 무한대와 무한소를 의미하는 우주에서 자기 자신의 위치를 알아내는 능력 즉, 삶의 의의, 죽음의 의미, 신체적·심리적 세계의 궁극적인 운명, 다른 사람을 사랑하거나 예술 작품에 몰두하는 것과 같은 심오한 경험들의 실존적 양태에서 자기 자신의 위치를 파악하는 능력이다. 여기서 유의해야 할 점은 궁극적인 진리에 도달하는 데에 어떤 규약 같은 것은 없다는 것이다. 오히려 초월적인 관심에 참여할 잠재력이 있는 점이 존재하며 특정 환경 아래에서 발생하고 전개될 수 있는 능력이 존재한다

(Gardner, 2001 재인용).

이런 능력은 지금까지 알려진 인간의 모든 문화권에서 가치를 인정받아왔다. 인간의 문화는 실존적인 문제를 다루기 위해 종교적, 신비적, 형이상학적 체계들을 고안했다. 가장 중요하면서도 지금까지 지속되어 온 상징체계의 대부분은 특정 제도 안에서 발전해온 핵심 관념이나 경험들이 구체화된 것이다.

또한, 실존 지능은 '영적 지능'이라고도 하며, 인간의 존재 이유, 생과 사, 희노애락, 인간의 본성이나 가치와 같은 매우 철학적인, 나아가 종교적인 사고를 할 수 있는 능력이다. 이 지능을 담당하는 영역은 뇌에 존재하지 않으며, 특히 아동기에는 거의 나타나지 않기 때문에 일각에서는 다른 8가지 지능과 다른 반쪽짜리 지능이라 간주하기도 한다.

### 3) 다중지능 이론의 교수-학습방법

유아의 여덟 가지 다중지능을 골고루 계발하기 위해서는 잠재된 여덟 가지 지능을 접할수 있는 교육환경을 제공해주고 직접 체험, 경험할 수 있게 도움을 주어야 한다. 유아의 다중지능은 체험과 경험을 통해서 발달하게 된다. 다중지능 이론에 근거를 두고 구체적인 경험을 통해 일상생활 속에서 새로움을 온몸으로 느끼는 감각적인 자극이 필요하다.

다중지능 이론에서는 모든 유아가 최소한 한 가지 이상의 강점 지능을 지니고 있으며, 이 지능을 이용한다면 성공적인 학습을 이룰 수 있음을 가정하고 있다. 따라서 다중지능 이론에 기초한 교수－학습방법은 개별 유아의 특수성을 발견하고, 그에 적합한 교수－학습 활동을 수행함으로써 유아의 잠재력을 길러줄 수 있다.

다중지능 이론에 따른 교수전략을 고안한 많은 연구자들 중 대표적인 교육자인 암스트롱(Armstrong, 2000)은 유아들이 지니고 있는 '개인적 학습 유형(Personal working styles)'을 발견하는 것이 무엇보다 중요하며, 개인적 학습 유형의 발견은 그 학습자가 어떤 종류의 지능에 우수한지를 발견해내는 것이 핵심이라고 하였다. 이러한 내용을 근거로 각 유아의 개별 학습 형태에 맞는 교수－학습방법은 다음과 같다.

#### (1) 언어적 지능을 적용한 교수－학습방법

언어적 지능은 단어를 효과적으로 사용하는 능력을 말한다. 언어적 지능을 적용한 교수－학습방법으로는 교과에 관계없이 교과서, 워크북, 강의, 브레인스토밍, 테이프 레코딩 등이 있다. 이러한 언어 능력을 개발시켜주는 전체적인 수업 메뉴를 살펴보면, 이야기를 이용하기, 토론하기, 시·신화·전설·단막극·뉴스 기사를 써보기, 짧은 이야기나 소설을 이야기하기, 발표하기, 학습회의를 이끌기, 라디오 프로그램을 만들기, 화보, 작은 책자, 사전을 써보기, 슬로건을 창안하기, 오디오 테이프를 만들기, 인터뷰를 하기, 편지를 써보기, 글 쓰는 데 과학 기술을 이용하기 등이 있다(Armstrong, 2000; Campbell & Dickinson, 1996; 이신동 외, 2006). 이 외에도 낱말 게임을 하거나 세미나에 참가하는 것도 언어적 지능을 개발할 수 있는 한 가지 방법이 된다. 특히 언어적 지능은 자신과의 영향을 많이 받으므로 안정된 분위기에서 교사가 언어적 모델이 되어 동화 구연, 소리내어 읽기 등을 지도해야 한다(Chapman, 1993). 예를 들면, '주말 이야기', '관찰 일지', '조사하기', '책표지 보고 이야기 만들기', '나의 이야기', '속담 퀴즈', '단어 듣고 설명하기' 등이 있다.

브레인스토밍을 하면서 유아가 제시한 여러 가지 생각이나 의견들을 특정 규칙에 따라 나열하고 모든 유아들이 의견을 살펴볼 기회를 제공하고 유목화하면서 어떤 생각이 가장 좋은지 생각하고 이야기하거나(윤은경, 2012 재인용), 디지털을 이용하여 자기가 해결하려고 시도하는 문제나 계획하는 일을 질문해서 자신의 문제해결 과정을 스스로 점검해 보는 것(신정은, 2001)도 언어적 지능을 적용한 교수－학습방법 중 하나이다.

### (2) 논리–수학적 지능을 적용한 교수－학습방법

논리－수학적 지능은 숫자를 효과적으로 사용하는 능력 및 추론을 잘 하는 능력을 말한다. 다중지능 프로그램은 논리－수학적 지능과 같은 고차원적인 사고 기술을 개발하는 데 효과적이다. 논리－수학적 지능은 전반적으로 추리력에 관한 것으로 사실상 인간 내부에서 작용하여 정보나 자료를 분류하는 능력이기 때문에 다양한 질문이나 논리의 전개를 통해 심도 있게 다루어져야 하고 모든 교육과정에 적용시켜 보면서 확장해 나가야 한다(윤은경, 2012 재인용).

논리－수학적 지능의 교수－학습 전략으로는 문장제 문제를 만들기, 법칙으로 옮기기, 초안 만들기, 실험을 계획하고 수행하기, 전략 게임을 만들기, 설명할 때 벤다이어그램 사용하기, 증명을 위한 삼단논법을 구하기, 교사와 유아 간의 소크라테스식 문답법 활용하기, 설명을 위한 유추법을 구성하기, 생각하는 방법을 사용하기, 암호를 디자인하기, 정보들을 분류하고 범주화하기, 모양과 대칭에 대해 설명하기, 계산할 때 과학 기술을 이용하기, 각 교과 영역의 학습 내용에 나오는 숫자 계산하기, 해결하고자 하는 문제에 대한 비유하기·유추하기·해결방법 모색하기 등의 발견법 활용하기, 과학적으로 사고하기 등이 있다(Armstrong, 2000).

### (3) 음악적 지능을 적용한 교수 – 학습방법

음악적 지능은 음악적 지각력, 변별력, 변형능력, 표현능력을 말한다. 음악은 인간의 감정을 표현하고, 나누고, 인식하고, 전달하게 하는 기본적인 도구가 된다. 가드너는 음악적 지능이 언어적 지능 또는 공간적 지능보다 더 다양하게 인간의 두뇌에 존재한다고 보고 이 지능은 내향적인 능력으로 다양한 방법을 통하여 계발시킬 수 있다고 하였다.

음악적 지능을 활용한 교수·학습 전략으로는 음악 반주와 함께 발표하기, 음악 가사를 써보기, 랩이나 노래를 불러보기, 리듬감 있는 양식을 나타내기, 노래 가사를 이야기해 보기, 노래의 한 부분이 어떤지 설명하기, 짧은 교실 뮤지컬을 발표하기, 악기를 만들고 연주하기, 교육효과를 높이기 위해 배경음악 사용하기, 노래를 모아서 발표하기, 뮤지컬의 새로운 엔딩을 써보기, 작곡하는 방법을 설명하기, 묘사를 위한 음악적 콜라주 만들기 등이 있다. 또한 유아들은 학습 내용을 노래나 랩과 같은 음악·리듬 치기·창의적 리듬 형태로 바꾸기, 학습 주제와 맞는 음악을 통해 교육 내용을 보충하는 데 도움을 주는 디스코 그래피 전략, 배경 음악을 통한 학습 정보의 효과적인 전달 및 기억에 도움을 주는 초기억 음악, 개념·유형·도식 등을 음조로 표현하기, 학습 주제와 맞는 수업 분위기 조성하기, 노래를 들은 후 그림으로 표현하거나 글로 기술하는 방법들로 프로그램을 구성할 수 있다(Campbell et al., 1996; 이신동 외, 2006). 이 외에도 알파벳 노래나 글을 노래로 개사하는 방법도 음악적 지능을 적용한 교수–학습방법이라고 할 수 있다(Armstrong, 2000; Nicholson–Nelson, 1998).

### (4) 공간적 지능을 적용한 교수 – 학습방법

공간적 지능은 시·공간적 세계를 정확하게 지각하는 능력 및 이러한 지각력을 변형시킬 수 있는 능력을 말한다. 공간적 지능은 마음 속에 심상 혹은 외부세계의 영상 즉, 사진, AI, 컴퓨터, 스마트폰, 영화, 그림 등에 민감하게 반응하는 능력과 관련되며 비유와 기억을 통해 보는 능력을 말한다. 예를 들면 디자이너, 건축가, 공학도, 기술자, 컴퓨터 프로게이머, AI 전문가 등은 물질적 환경을 상징적으로 표현하거나 응용한다. 공간적 지능 교수학습 전략은 도표, 지도, 그래프 그려보기, 로봇이나 구글, 사진 앨범을 제작하기, 벽보, 게시판, 벽화를 디자인하기, 무엇을 배울 때 메모리 시스템 이용하기, 삽화 제작하기, 건물설계 그림 만들기, 광고 만들기, 모양이나 크기를 변경하기, 과정의 색깔 암호화하기, 설명하기 위한 게임을 만들기, 삽화 넣기, 색칠하기, 조각하기, 조립하기, 수업에 OHP 사용하기, 그림 그릴 때 인공지능 이용하기, Chat GPT에게 질문하기 등이 있다.

유아의 공간적 지능을 적용한 구체적인 교수-학습방법은 학습 내용을 그림 또는 심상으로 정확하게 표현해보기, 학습 내용에 색을 사용하여 내용을 변별하고 분류 또는 범주화하기, 어떤 사물이나 생각을 시각적 이미지로 나타내는 그림 은유법 활용하기, 과제의 핵심·요점·주제 등을 간략한 그림을 표현해보는 아이디어 스케칭(idea sketching), 학습해야 할 개념을 상징적인 도표 등을 사용하여 칠판에 그리는 상징적인 그림 그리기, 흥미 있는 주제나 아이디어에 기초한 몽타주를 만들어 보거나 잡지에서 그림을 오려서 광고문을 만들기, 그림을 만들어보거나 마인드맵을 통해 글을 조직하기, 길 찾기와 위치 지도 그리기 등이 있다(윤은경, 2012).

### (5) 신체-운동적 지능을 적용한 교수-학습방법

신체-운동적 지능이란 몸 전체를 사용하여 생각과 느낌을 표현하는 기술 및 손으로 사물을 만들어 내고 변형시키는 재능과 관련된 능력을 말한다. 신체-운동적 지능에서 예술, 활동, 경험, 시도, 공연, 연극, 드라마, 점프, 참여 등은 신체-운동적 지능을 대표하는 단어들이다. 유아들이 신체 감각 수준에서 체험할 수 있는 방법은 그들의 이해와 기억을 증진시키는 데 매우 중요한 역할을 한다. 신체-운동적 지능을 활용한 교수·학습 전략으로는 신체 동작으로 표현하기, 학습할 내용을 극화시켜 연출하거나 역할놀이를 통해 표현하기, 사물을 직접 조작하거나 손으로 만들어 보기, 수세기나 셈하기 할 때 손가락이나 신체를 활용하여 학습하기 등이 있다. 이외에도 니콜슨-넬슨(Nicholson-Nelson, 1998)은 팬터마임을 통해 특정 개념을 알고 표상하는 방법까지도 신체-운동적 지능을 강화시키는데 활용할 수 있는 교수-학습방법이라고 하였다(Nicholson-Nelson, 1998).

### (6) 자연탐구적 지능을 적용한 교수-학습방법

자연탐구적 지능은 자연현상의 여러 유형들을 구별하고 분류하는 능력과 환경의 특징을 사용하는 능력을 말한다. 자연탐구적 지능은 학습자 스스로 의미를 구성하도록 자극받게 되는 환경 속에서 자신의 생각을 다른 또래들과 비교하고 학습해가는 과정을 거치게 되고 지식을 습득하게 된다.

자연탐구적 지능을 강화할 수 있는 교수학습 전략은 자료를 모아서 분류하기, 관찰일기를 써보기, 기상 현상을 비교하기, AI 적용하기, 동·식물 종류들이 어떻게 닮았는지 살펴보기, 분류하기, 쌍안경·돋보기·망원경·현미경을 사용하기, 두 생물 간의 관계 파악하기, 식물과 동물을 길러보기, 순환과 반복을 이야기해 보기, 특징 열거하기, 야외로 가는 여행에 참여하기, 탐구에 과학기술을 이용하기 등이 있다(Campbell et al., 1996; 이신동 외, 2006).

### (7) 대인관계적 지능을 적용한 교수-학습방법

대인관계적 지능은 타인의 기분, 의도, 동기, 느낌을 분별하고 지각하는 능력을 말한다. 인간은 이러한 대인관계적 지능을 통해 사람들과의 상호작용을 통하여 타인의 감정을 이해할 뿐 아니라 그들이 감정에 효과적으로 대응하게 된다. 이러한 지능은 유아기 때는 자아 중심적 사고에서 사춘기에 이르면 또래 중심으로 변하며 성인기가 되면 집단 중심적 사고를 한다(Armstrong, 2000).

대인관계적 지능을 강화시키는 데 활용될 수 있는 교수-학습방법으로는 또래와 생각 공유하기, 협동적 관계, 수행하기, 협동적 게임과 같은 신체 활동하기 그리고 소집단 활동을 통한 콜라주, 노래, 시 등을 만드는 창의적 과제에 임하기 등이 있다(Chapman, 1993). 또한 피드백 주고받기, 다른 사람의 감정 읽기, 협동적 학습전략, 감정이입하기, 합의하기 등이 있으며(Lazear, 1996), 서바이벌 프로젝트 수행하기, 다른 사람을 가르치기, 협조적인 계획 규칙이나 과정을 마련하기, 지역이나 세계적 문회를 이해하기, 피드백을 주고받기, 자신의 장점을 사용하여 그룹 활동에서 맡은 역할 수행하기, 문화 도식이나 시스템 구성도 만들기, 상호작용에 과학기술을 이용하기 등이 있다(Campbell et al., 1996; 이신동 외, 2006).

특히 유아들 간의 상호작용, 또래 가르치기, 갈등 중재, 과학적 활동으로 함께 관찰하고 상호작용하며 기록하고 계획하는 그 모든 과정 속에서 대인관계적 지능을 활용할 수 있는 교수-학습방법임을 알 수 있다.

### (8) 개인 이해적 지능을 적용한 교수-학습방법

개인 이해적 지능은 자기 자신을 정확히 인식하고, 삶 속에서 효과적으로 자신을 조정하는 능력으로 자신을 알고 있는 능력, 자아 존중감, 자신의 삶 및 배움에 대해 책임지는 것을 포함한다. 개인 이해적 지능을 강화하기 위한 교수-학습 전략은 스스로 문제 해결하기, 목표 설정하기, 일기 쓰기, 독립적 학습 시간 갖기, 조용한 반성 시간, 흥미 영역에서 활동하기 등을 들고 있고, 독립적 학습, 개별 프로젝트와 게임 및 자기 속도에 따른 교수 등(Armstrong, 1994)이 있다.

## 4) 다중지능에 대한 오해

다중지능 이론이 교육 현장에 어떻게 적용될 수 있는지에 대한 다양한 해석이 나오고 있는 가운데, 다중지능에 대한 잘못된 이해로 여러 오해들이 생기곤 한다(Gardner, 2001).

첫 번째 오해는 여덟 가지 혹은 아홉 가지의 지능에 대해 연구자들은 각 유형별 지능을 측정하는 다양한 검사를 만들어내고, 그 결과를 수치화할 수 있으며 그래야 한다는 것이다. 지능은 인간의 뇌와 문화에 대한 지식으로부터 발달한 것이지, 개념정의나 검사 점수 등에 대한 분석 결과로 생겨난 것이 아니다. 그러므로 지능은 각 지능에 맞게 측정되어야 한다. 즉, 다중지능 검사 도구를 개발할 때에 획일화된 지필 검사 방식에 의존하기 보다는 각 지능별 핵심 요인을 고려하여 보완적인 접근으로 다가가야 한다(Gardner, 2001).

두 번째 오해는 하나의 지능은 하나의 영역이나 학문 분야와 같다고 생각한다는 것이다. 지능이란 인간의 생물 심리학적인 잠재력이며, 이러한 잠재력은 한 사람의 경험적·문화적·동기적 요인들의 결과로서 그 영향력만큼 현실화될 수 있다. 반면, 영역이란 한 문화권 내에서 조직된 일련의 활동이며 특정한 상징체계와 이에 수반되는 조작에 의해 전형적인 특징을 가진다. 이렇듯 '지능'과 '영역'은 다른 분야이기 때문에 어떠한 영역에 숙달되지 않더라도 지능이 높을 수 있다(Gardner, 2001).

세 번째 오해는 지능은 학습 양식, 인지 양식, 또는 작업 양식과 동일하다는 것이다. 지능이란 계산 과정을 구성적 요소로 가지고 특정한 내용에 작동하는 능력인 반면, 양식이란 개인이 무한한 범위의 내용에 동일하게 적용할 수 있는 일반적인 접근을 말한다. 이와 관련하여 교육자 하비 실버(Harvey Silver)는 지능과 유형 간의 관계에 대해 새롭게 말하고 있다. 특정한 지능에 강점을 지닌 사람은 그 강점 지능을 어떻게 이용할 것인가를 결정해야 한다는 것이다. 자신의 지능을 어떻게 사용할 것인가를 결정하는 것은 그 사람의 선호 유형을 반영한다(Gardner, 2001).

네 번째 오해는 다중지능 이론은 경험적 연구에 기초하고 있지 않다는 것이다(혹은 다중지능 이론은 경험적이지만, 그 결과에 의해 반증되었다는 것이다). 실제적인 지능들이 뇌과학, 심리학, 문화 인류학 등 다양한 관련 학문의 경험적 결과에 의해 확인되고 기술되었다. 사실 경험적인 연구에 기초하지 않다면 어떠한 이론도 영원히 지속될 수 없다. 다중지능에 대한 연구는 최적의 지점에서 지능의 본질을 도려내려는 노력이며, 오직 경험적 증거만이 그러한 지적인 대수술의 효과를 판단할 수 있다(Gardner, 2001).

다섯 번째 오해는 다중지능 이론은 g(심리 측정학자들이 일반 지능이 있음을 가리키기 위해 사용한 용어)와 양립할 수 없으며, 지능의 본질과 원인에 대한 유전론자나 환경론자의 설명과도 양립할 수 없다는 것이다. 다중지능 이론은 g의 작용 범위나 설명력에 대해 의문을 제기하는 것이지 그 존재 자체에 대해 의문을 제기하는 것은 아니다. 이와 같은 이유로 다중지능 이론은 특정 지능의 유전성에 대한 문제에서 중립적인 입장을 취하며, 대신 유전과 환경의 상호작용의 중요성을 강조한다(Gardner, 2001).

여섯 번째 오해는 지능이라는 용어를 심리학적인 구성 개념들을 포함하는 넓은 스펙트럼으로 확장시킴으로써 다중지능 이론은 그 용어와 그것의 전형적 의미를 무용지물로 만들어버렸다는 것이다. 다중지능 이론은 지력에 관한 것으로, 인간의 마음을 인지적인 측면에서 다룬 것이다. 즉, 다중지능 이론은 성격이나 인성, 의지, 도덕성, 동기 등 다른 심리적 구성 개념을 다루는 이론이 아니며, 사회의 어떤 도덕 관념이나 가치와도 관련된 것이 아니다(Gardner, 2001).

일곱 번째 오해는 다중지능 이론에 기초한 단 하나의 '공인된' 교육적 접근이 있다는 것이다. 다중지능 이론은 계열화, 영재 교육, 교과 과정, 학교 시간표, 교육 연한 등 다른 교육 문제에 대해 어떠한 입장을 취하지 않는다. 따라서 다음과 같은 수행을 경계해야 한다. 첫째, 여러 가지 지능을 이용하여 교과의 모든 개념을 가르치려고 노력하는 것이다. 둘째, 특정 행동이 특정 지능을 활성화시키거나 훈련하다고 믿는 것이다. 셋째, 지능을 기억술로서 이용하는 것이다. 넷째, 지능을 다른 바람직한 결과와 혼동하는 것이다. 다섯째, 사람들을 '그들의' 지능으로 이름을 붙이는 것이다. 이렇듯 다중지능 이론으로 학교 교육에 교육적인 처방을 내리기에는 다소 어려움이 있다. 대신 다중지능 이론을 다음의 명제를 확인하는 이론으로는 적절히 활용할 수 있다. 첫째, 우리 모두는 서로 동일하지 않다. 둘째, 우리 모두는 동일한 마음을 가지고 있지 않다. 셋째, 교육은 이러한 차이를 무시하거나 부정하기보다는 그것을 진지하게 고려하려고 할 때 가장 효과적으로 작동할 수 있다. 이것이 다중지능 이론의 가장 핵심이다(Gardner, 2001).

### 5) 두뇌이론에 기초한 다중지능 학습 전략

#### (1) 다중지능의 특성

전통적인 지능 이론은 언어적 지능과 논리 수학적 지능으로 구별하여 일반적인 능력으로 평가하는 반면, 가드너(Gardner, 1983)의 다중지능 이론은 지능을 사회 속에 직면해 있는 산물을 창조하는 능력으로 정의한다. 이러한 다중지능 이론은 근본적으로 두 가지 상보적인 주장을 담고 있다(윤옥인, 2008).

첫째, 지능이란 유전과 환경과의 상호작용으로 나타난다는 것이다. 다중지능 이론은 인간의 인지에 대해 설명하고 있으며, 지능이란 인간의 정신에 대한 새로운 정의라 말하고 있다. 가드너는 인간을 잠정적으로 7, 8개에서 12개 정도의 기본적인 지능을 소유한 유기체라고 말하고 있다. 일반적으로 지능은 선천적인 것이라 여겨지지만, 똑같은 조합의 똑같은 지능을 가진 사람은 없다. 즉, 유전과 환경이 상호작용하여 인간의 지능이 완성되어 간다는 것이다(윤옥인, 2008).

둘째, 인간은 각자 독특한 양상의 지능을 가지고 있으며, 지능은 '독자적인' 심리적 과정을 수반하고 독립적으로 작용하는 자율적 기능을 가지고 있다는 것이다. 따라서 한 인간에게 있어서 여러 가지 지능의 작용이나 자극 과정이 다르기 때문에 특정 지능이 다른 지능들보다 더 발달할 수 있으며, 이런 경우 그 사람은 불균형한 지능 프로파일을 가지게 된다. 대체로 우리나라의 경우, 가정이나 학교교육을 통해 주로 언어적·논리-수학적 지능을 강조하기 때문에 이 영역의 지능이 다른 지능들보다 훨씬 더 빨리, 많이 발달하게 된다(윤옥인, 2008).

셋째, 다양한 지능 영역들은 독자적인 작용을 하지만, 실제로는 이 지능들이 함께 상호작용한다는 것이다. 각 지능 영역은 인생의 초기 단계부터 서로 상호작용하면서 여러 문화적 과제들을 이행하는 과정에서 발달하는 것으로, 어떤 문화적 역할이나 기능이 한 가지 지능만을 요구하는 경우는 거의 없다는 것이다. 가드너는 이런 상호작용을 '지능들의 혼합'이라 말한다(윤옥인, 2008).

넷째, 각 지능의 측정은 영역별로 이루어져야 한다는 것이다. 각 지능은 독립적이면서 자율적으로 작용하기 때문에, 각 지능을 측정할 때에도 '영역구속성'의 원칙에 따라 독자적인 평가 방법을 이용해 측정해야 한다는 것이다. 즉, 인간의 개별적 특성 및 그가 자라나온 문화적 배경에 따라 지적 능력의 분석에서 선호되는 상세한 경험들은 다르다고 주장함으로써, 지능은 여러 연령층, 계층에 같은 방법으로 측정할 수 없음을 강력하게 시사하고 있다(Gardner, 1983: 455-458; 윤옥인, 2008).

다섯째, Gardner는 유아의 지능을 측정할 경우, 주로 언어적·논리-수학적 지능을 측정하기 위해 지필 검사식의 표준화 검사에서 벗어나야 한다고 주장한다. 대신 에세이 쓰기, 이야기하기, 그림 그리기, 과학실험 하기 등 유아가 직접 수행하거나 관찰하고 스스로 무언가를 창안하는 방법을 추천하며(Perkins 등, 1987: 84), 이러한 관찰을 통한 평가 방법은 유아의 강점 지능과 약점 지능을 파악할 수 있다는 장점이 있다. 이에 Gardner는 기존의 포트폴리오 평가 방법을 변형해서 학습 진행 과정을 평가의 주 대상으로 삼는 '프로세스폴리오(processfolio)' 방법을 소개하기도 하였다(윤옥인, 2008).

### 6) 다중지능 이론을 적용한 교육

가드너의 다중지능 이론은 유아의 전인발달을 위해 교과 및 지식 중심의 교육의 맹점을 보완할 수 있도록 다양한 형태의 학습 기회를 제공할 수 있는 교육과정과 수업을 계획하는 데에 도움을 준다. 즉, 교사는 가르치고자 하는 내용과 그에 적절한 지능이 무엇인지를 인식하고 유아가 선호하는 학습 형태로 수업을 계획한다(윤옥인, 2008).

Gardner의 다중지능 이론은 지식의 암기보다 '이해(understanding)'를 더욱이 강조한다. 여기서 '이해(understanding)'란 자신이 기억한 정보를 필요한 때에 적절히 꺼내는 것이 아니라, 자신만의 언어로 개념을 이해하고, 새로운 맥락에서 정보를 적절히 활용하고, 자신만의 독특한 방법으로 유추하거나 일반화를 할 수 있는 능력을 말한다. 다중지능 이론에서 주장하는 이해를 가르치기 위해서는 다음과 같은 단계 및 원칙을 따라야 한다(윤옥인, 2008).

첫째, 교사는 유아들이 배울 내용, 지식과 결과(outcome)를 확인할 수 있어야 한다. 이해를 가르치기 위해서는 많은 양의 내용을 다루기보다 적은 양일지라도 각 학문에서의 핵심 개념을 깊이 있게 다루는 것을 강조한다(윤옥인, 2008).

둘째, 유아들에게 가르칠 주제, 목적, 결과가 결정된 후, 교사는 교육과정의 순서와 활동을 결정해야 한다(윤옥인, 2008).

셋째, 유아들이 해당 주제에 대한 지식을 깊이 있게 이해할 수 있도록 교사 주도적인 교육과정 외에 프로젝트 수업과 같이 자기주도적인 학문적 경험을 제공해야 한다(윤옥인, 2008).

넷째, 개인적인 학문의 지식과 실천을 구체화하기 위해 전문가와 직접 상호작용하는 견습 제도(apprenticeship)의 기회를 제공해야 한다(윤옥인, 2008).

다섯째, 학습하는 과정에서 고등 사고 기능을 사용하도록 해야 한다. 자신이 학습한 것을 일반화하거나 예시를 제시하고, 학습 내용을 자신의 경험과 연결하고 새로운 상황에 지식을 적용할 수 있어야 한다(윤옥인, 2008).

여섯째, 모든 학습 활동을 통해서 통합된 평가가 이루어져야 한다. 교사는 수업을 시작하기 전에 유아들에게 평가 기준을 제시하여 그 준거를 향해서 활동을 하도록 해야 하며, 교사는 유아에게 피드백을 해주어야 한다. 즉, 교사 평가, 자기 평가, 상호 평가 등 다차원적 평가가 이루어져야 한다(윤옥인, 2008).

이해 교육을 위한 준거로는 '주제가 가치 있는 것인가?', '결과는 적합한 것인가?', '핵심적인 내용인가?', '다양한 사고 기능이 포함되는가?', '유아의 흥미를 반영한 프로젝트인가?', '다양한 지능 영역을 통해서 배우는가?', '실생활에 적용되는가?', '유아의 강점 지능을 더욱 개발시킬 수 있는가?', '상호, 개인 내, 내용과 기술과 같이 평가와 피드백이 3차원적으로 이루어지는가?' 등이 있다(윤옥인, 2008).

### (1) 주제 중심 통합교육

유아들이 교육기관에서 경험하게 될 학습내용이나 경험이 통합적이어야 한다는 당위성은 다음과 같다. 첫째, 인간은 자아의 통합적 성장을 추구하는 속성을 지니고 있기 때문이다. 둘째, 실생활에서 직면하는 문제는 여러 교과의 기능과 지식을 동시에 요구하기 때문이다(김인숙, 2020). 이러한 관점은 다중지능 이론에서 주장하는 영역별 지능의 고른 발달을 위한 교육과 같은 맥락이다. 이러한 당위성에 비추어 현재 교육기관에서 단일 교과를 중심으로 이루어지는 교육과정은 유아들의 과거의 경험과 미래의 삶을 통합하는데 한계를 지닐 수밖에 없다. 이러한 문제를 해결하기 위해서 교과의 통합, 통합교육과정의 실시, 통합교육의 운영 등에 관하여 우리나라 교육 현실에 맞는 이론의 정립과 실천 과정의 효과를 검증하기 위한 다각적인 노력이 필요하다(윤옥인, 2008).

교육과정을 통합적으로 운영한다면 다음과 같은 교육적 가치를 얻을 수 있다. 첫째,

교과 간 중복되는 내용을 줄일 수 있다. 둘째, 교과와 교과, 교과와 생활 간의 관련성을 이해할 수 있다. 셋째, 정보를 범주화하여 저장할 수 있게 되어 효과적인 학습이 이루어질 수 있다. 넷째, 학습의 내용과 방법을 학습자가 선택할 수 있으므로 학습에 대한 동기 유발 및 자기주도적인 학습능력을 신장시킬 수 있다(한상훈, 2007).

주제 중심 통합교육을 실행하기 위해서는 먼저 주제와 그에 따른 소주제를 선정한 후, 수업 목표를 구체적으로 설정하고 다양한 지능적 관점에서 예상되는 학습 효과를 기술해야 한다. 선정한 주제에 적합한 수업 활동을 구성하되 각 영역별 지능을 강화하는 학습 활동을 구상한 후 각 지능별 활동에 따른 수업 결과를 기술하고, 전반적인 수업 활동의 결과를 어떻게 평가할 것이지를 결정해야 한다(윤옥인, 2008).

각 지능별 수업 활동은 매일 다뤄지기 보다 주제의 특성 및 학습자의 흥미에 따라 한 가지 지능을 강화하는 방식으로 전개되기도 한다. 다중 지능을 적용한 수업에서의 주제 선정은 국가 수준의 교육과정, 지역 및 기관의 특성, 개별 유아의 흥미를 통합하여 설정한다. 하나의 주제는 일반적으로 4~6주 동안 실시하며, 학습 목표는 각 교과의 위계 없이 해당 주제를 심화하여 학습한다. 교사는 수업 시작 전에 그날의 주제에 대해 전체적으로 살펴보고, 유아들은 소집단으로 나누어져 각 지능별 학습할 센터에 가서 적절한 활동을 하게 된다. 프로젝트 활동은 다중지능 수업 활동의 가장 핵심으로, 유아의 경험과 흥미를 반영한 주제를 통해 스스로 문제를 해결하면서 심화된 활동을 이끌어가도록 도와준다. 따라서 프로젝트 활동의 주제는 유아의 관심사와 그들의 수행능력을 평가할 수 있는 학습 활동이다(윤옥인, 2008).

### (2) 프로젝트 교육 과정(Project-based Curriculum)

가드너는 미래를 위한 교육 방법으로 프로젝트 교육과정을 제안하였다. 프로젝트 학습은 학습자의 자율성을 존중하는 가운데 스스로 문제해결 방법을 모색하고, 부분과 전체의 관계 및 의미를 발견하도록 한다. 이를 통해 유아들은 탐구능력을 증진시킬 수 있으며, 영역별 활동에 참여함으로써 실생활에 필요한 지식과 기술을 익을 수 있다(윤옥인, 2008).

프로젝트 학습은 유아들이 선정된 주제를 어떻게 학습할지에 대해 계획·연구·조사하여 스스로 학습하면서 평가하는 활동이다. 이런 과정을 통해 유아들은 주제 선정, 내용 구성, 수행 방법과 과정, 평가 등 각 활동에 대한 책임감을 가질 수 있게 된다. 뿐만 아니라 자신에게 가장 적합한 지능 및 자신이 많이 사용하는 지능을 발견하여 자신만의 독특한 형태로 지식을 재구성해 갈 수 있다(윤옥인, 2008).

프로젝트 교육과정을 수행하기 전에, 교사는 유아에게 다음과 같이 프로젝트를 안내해야 한다. 첫째, 유아들이 관심을 갖는 주제가 무엇인지를 인식하여야 한다. 유아의 관심사가 무엇인지 물어보는 것이 중요하다. 유아는 과거의 경험을 떠올릴 수 있고, 다른 친구의 의견을 듣고 확장된 생각을 갖게 될 수도 있다. 둘째, 정보 수집 방법을 명확하게 해야 한다. 사진 자료, 견학, 전문가 초청 등 정보를 수집할 수 있는 다양한 방법에 대해 이야기 나누면서 어떻게 정보를 수집하는지를 알게 된다. 셋째, 학습 결과를 제시하는 방법을 토의하도록 하여야 한다. 유아들은 자신이 활동한 내용을 다른 친구들에게 가르쳐 주어야 한다. 이때 사진, 그림, 몸짓, 언어 등 어떤 방법으로 학습 내용을 전달할지 토의해야 한다(윤옥인, 2008).

유아들은 교사 중심의 주입식 교육이나 지식 전달 위주의 교육은 경험해 보았지만, 스스로 탐구하는 학습 경험은 자주 겪어보지 못했기 때문에 교사가 프로젝트의 진행 과정 및 방법을 안내해야 한다. 따라서 프로젝트 학습에서 교사는 유아들에게 학습 과정을 안내하는 안내자의 역할과 질문을 통해 학습 의욕을 고취시키는 질문자의 역할을 하며 유아들이 여러 지능 영역을 고루 사용할 수 있도록 격려해야 한다(윤옥인, 2008).

프로젝트 학습을 통해 유아들은 전통적인 교실에서 이루어지는 학습보다 더 많은 정보를 습득할 수 있고, 여러 교과를 통합하므로 다양한 지능 영역을 동시에 개발할 수 있으며, 미래에 그들이 마주하게 될 실생활 속 문제들을 해결하는 데에 통찰력을 가질 수 있다(윤옥인, 2008).

### (3) 지능영역별 학습 전략: 마인드맵 학습 기법

후천적으로도 각 영역별 지능이 계발될 수 있다는 점은 다중지능 학습전략의 중요성을 더욱 강조한다. 인간은 성장하면서 자신의 강점 지능을 발견하고 더욱 강화시키지만, 이를 위해서는 어린 연령에서부터 모든 지능 영역에 대한 학습 경험을 충분히 제공받아야 한다. 실생활에서 마주하게 되는 문제 상황을 해결하기 위해서는 여러 지능 영역을 사용하기 때문이다(윤옥인, 2008).

마인드맵은 다중지능에서의 공간적 지능과 논리-수학적 지능의 개발을 돕는 학습 전략 중 하나로, 창의적 두뇌학습법으로 인정받고 있다(윤옥인, 2008).

창의성은 감동과 초월성, 통찰력을 바탕으로 확산적이고 생산적인 과정을 통해 새로운 아이디어를 산출하는 고등정신기능이다. 이러한 창의성은 개인차가 있으며, 선천적으로 창의적 잠재력이 있다 하더라도 후천적인 노력 없이는 발현되지 못한다. 따라서 학습을 통해 창의성이 신장될 수 있다는 점에서 창의성 증진을 돕고 사고력 향상을 위한 프로그램으로 마인드맵이 효과적이라고 볼 수 있다(윤옥인, 2008).

또한 지식과 정보가 양적으로 폭발하는 시대를 보내는 현대인들에게 '무엇(What)을 배우는가?'보다 '어떻게(How) 학습할 것인가?'를 익히는 것이 더욱 중요하다. 따라서 교육기관에서는 '학습하는 방법을 배우는 학습(Learning How to Learn)'을 위해 마인드맵 활동이 적절하게 사용될 수 있을 것이다(윤옥인, 2008).

① 마인드맵의 정의

마인드맵은 다음과 같이 네 가지로 정의할 수 있다.

첫째, 마인드맵은 방사사고(Radiant Thinking)의 표현이다. 중심체로부터 사방으로 뻗어 나가는 '마인드맵'은, 중심 개념이나 대상으로부터 점점 생각을 확장해 나가는 '방사사고'의 표현이라 볼 수 있다.

둘째, 마인드맵은 새로운 학습 기법이다. 마음속의 지도를 그리듯 글자·기호·그림을 사용해 생각을 표현하고 인식하는 방법인 마인드맵은 학습 기법 또는 정보관리 기법이라고 말할 수 있다.

셋째, 마인드맵은 창의성과 기억력을 증진시키는 필기법이다. 마인드맵은 단순히 받아 적기만 하는 것이 아니라 머리 속으로 생각하면서 창의적으로 학습하는 것을 의미한다. 따라서 마인드맵은 시각적 심상과 언어의 연상 작용에 의한 시각적 노트 작성법이라고 볼 수 있다.

넷째, 마인드맵은 사고력을 중심으로 하는 두뇌 개발 프로그램이다. 마인드맵을 작성할 때에 이미지와 핵심 단어, 색과 부호를 사용하면서 좌뇌와 우뇌의 기능을 유기적으로 연결하게 되고, 결과적으로 두뇌의 기능을 최대한 발휘할 수 있게 된다(윤옥인, 2008).

② 마인드맵의 필요성

1 효과적인 표현 방식과 마인드맵

시각적인 표현은 어떤 주제에 대한 내용 전체를 직관적으로 파악할 수 있는 시각을 길러주며, 글자로는 파악할 수 없는 주제에 대한 내용의 구조도 총체적으로 보여준다. 이는 직선적인 방향으로만 사고하지 않는 인간 두뇌의 흐름에 부응한 표현 방식으로, 글자 중심의 직선적인 사고에서 벗어나서 생각해볼 수 있도록 한다. 인간의 두뇌는 아이디어, 상상, 이미지, 표현 등을 동시다발적으로 떠올린다. 따라서 단순히 글자를 나열하는 방식으로는 인간의 복잡한 사고를 표현하는 데에 한계가 있으며, 마인드맵은 이를 가능하게 한다(윤옥인, 2008).

2 지식 정보 시대와 마인드맵

하루가 다르게 변화하는 세상 속에서 교육은 새로운 의미를 가져야 한다. 지식과 정보화 시대에 살고 있는 아이들에게 부여된 임무 중 하나는, 사실을 기억하고 이를 필요시에 반복해 내는 것이다. 하지만 AI가 발달함에 따라 이러한 입력과 출력은 AI가 쉽게 해내고 있기 때문에, 인간은 창의력과 독창성, 직관을 가지고 정보를 유용하게 사용하는 능력을 개발해야 한다. 이를 위해서는 개개인의 능력도 중요하지만 집단과 함께 연계하고 협력하여 함께 하는 능력이 필요하다(윤옥인, 2008).

3 두뇌와 마인드맵

미래의 교육이 개선되어야 하는 이유는 인간의 두뇌에 대한 정보의 양이 증가했기 때문이다. 우리가 알고 있는 인간의 두뇌에 대한 대부분의 정보는 지난 20여 년 간의 연구 결과이다. 우뇌는 비언어적인 활동에서 더욱 활성화 되고, 좌뇌는 언어적인 활동에서 더욱 활성화된다. 따라서 지금까지 정보를 글자로 기록하는 방법은 직선적·계열적인 좌뇌의 방식이었다. 하지만 이러한 기록 방법은 내용과 내용 사이의 연관성을 만드는 능력을 제한시킨다. 따라서 마인드맵을 활용하여 단어뿐만 아니라 상징, 기호, 색, 이미지 등을 활용하여 좌뇌와 우뇌를 모두 활성화시켜 기록하여 내용 간 연관성 및 계열성을 한 번에 파악할 수 있도록 해야 한다(윤옥인, 2008).

③ **마인드맵의 사용 언어**(윤옥인, 2008)

두뇌에 많은 정보를 저장하고, 이를 효과적으로 회상하며 통합하는 창의적 활동을 이끌어내기 위해 색, 이미지, 상징, 핵심어 등 우뇌의 기능적 특성을 마인드맵의 언어로 사용하고 있다.

색은 정보들 간 계열성을 이용하여 기억을 더욱 선명하게 할 수 있으며, 이미지는 직관적으로 기억할 수 있으며 그 관계를 회상하는 데에 유용하다. 상징의 경우 복잡하고 다양한 의미를 함축시켜 많은 정보를 간단하고 단순하게 표현할 수 있으며, 핵심어는 정보를 한 두 단어로 표현하게 함으로써 생각을 정리할 수 있게 한다.

어떠한 사물이나 현상을 직관적으로 느끼는 데에는 좌뇌보다 우뇌의 반응이 더욱 빠르다. 따라서 이러한 우뇌의 기능적 특성을 최대한으로 활용한 마인드맵은 정보를 더욱 많이 저장할 수 있게 하며 효율적으로 인출하는 데에 도움을 준다.

④ 마인드맵의 지도 단계(윤옥인, 2008)

마인드맵은 가지치기를 통해 논리·분석 능력을 이용함으로써 좌뇌의 기능을 활성화시키며, 색, 이미지, 상징 등의 표현 방법을 통해 우뇌의 기능을 활성화 시켜 모든 뇌를 두루 사용하도록 유도한다.

마인드맵을 작성할 때에는 줄이 없는 백지와 5가지 이상의 서로 다른 색펜이 필요하다. 마인드맵을 작성할 종이는 줄이 쳐져 있을 경우 생각을 자유롭게 펼치는 데에 장애를 주므로 아무 것도 없는 백지여야 하며, 쓰기도구는 색으로 생각들을 범주화시켜 기록할 수 있도록 서로 다른 색을 가진 펜이어야 한다.

먼저, 지면의 중심에 주제를 간단한 단어나 주제에 대한 이미지를 그림으로 그린다. 그 다음 중심에서 가지를 쳐나가면서 부주제를 표현하고, 이 부주제에서 다시 가지를 쳐서 관련된 세부적인 내용을 기록한다. 이렇게 마인드맵은 지면의 중심에서부터 주제, 부주제, 세부 내용까지 마치 나무의 몸통에서 가지가 뻗어나가듯 작성한다.

⑤ 마인드맵 학습 계획(신남희·배수현, 2008)

1 선수학습

마인드맵을 교수-학습에 응용하기 위해서는 미리 가르쳐야 할 내용들이 있다.

2 기초과정

마인드맵을 시작하기 전, 생각 나누기를 통해 자신의 생각을 자유롭게 표현해보는 시간을 갖는다. 가능한 글자보다 그림이나 상징으로 그려보도록 격려한다.

3 처음 주제 선정

마인드맵을 처음 시작할 때에는 유아들에게 익숙한 주제를 선정하는 것이 좋다. 생소한 주제 보다는 익숙한 주제로 시작한다면 가지치기에 대한 부담감이 덜어질 수 있다.

⑥ 마인드맵을 활용한 교수 학습

오늘날과 같은 지식과 정보화 사회에서는 정보를 가지고 있는지 보다 정보를 어떻게 유용하게 사용하는지가 더욱 중요시 되고 있다. 정보를 활용하는 능력을 개발시키기 위해서는 개인적인 노력과 더불어 다른 사람과 함께 협력하는 능력이 매우 중요하다. 마인드맵 활동은 공동학습을 통해 다른 사람과의 협력을 도모하고 사고력을 향상시키며 활동에 흥미를 더해주기 때문에 오늘날 교육 방식의 변화의 중심에 마인드맵을 통한 교수-학습은 적절히 활용될 수 있다(윤옥인, 2008).

1 교수-학습의 예(윤옥인, 2008)

마인드맵을 활용한 교수-학습의 예시는 다음과 같다.

첫째, 필기이다. 마인드맵에서 '필기'는 가장 유용한 활용방법 중의 하나이다. 마인드맵 형태의 활동에서 필기는 핵심어나 단어 위주로 이루어지기 때문에 문자 하나하나 줄글로 쓰는 것보다 시간도 절약되고 수업 내용을 한눈에 볼 수 있다는 이로운 점이 있다.

둘째, 글짓기와 일기, 독서 등이 있다. 글짓기 활동에서 교사의 동기 유발에도 불구하고 유아들은 어떤 내용을 어떻게 정리해야 할지 고민을 많이 하게 된다. 일기를 쓸 때에도 생각이 정리되지 않은 채 긴 글을 횡설수설 쓰거나 주제가 분명히 하지 못한 채 글을 쓰기 쉽다. 이런 경우, 마인드맵으로 전체적인 개요를 구성한 뒤 이를 정리하여 글로 옮기면 더욱 논리적이고 체계적인 글을 쓸 수 있게 된다. 마인드맵을 통해 부담 없이 편안한 마음으로 생각의 나래를 펼칠 수 있으며, 이를 줄글로 옮기는 과정에서 논리적 사고와 풍부한 어휘력을 기를 수 있고, 체계적이고 논리적인 글쓰기 훈련이 이루어질 수 있기 때문이다.

2 새로운 학습의 예(윤옥인, 2008)

교사가 상상력과 창의력을 발휘하여 마인드맵을 다양하게 응용한 새로운 활동의 예시는 다음과 같다.

첫째, 주제 활동이다. 연구 조사 활동의 일환으로, 소집단 단위의 주제 학습이나 보다 광범위한 탐구 활동인 프로젝트 학습의 개요를 구성할 때에 적절히 활용할 수 있다.

둘째, 협력 학습이다. 협력 학습의 일환인 직소 학습을 통해 개별로 조사한 내용을 마인드맵으로 작성하여 발표력을 키울 수 있으며, 상호 평가를 하며 집단별로 마인드맵을 작성하여 다음 학습 때 고쳐 보다 나은 발표가 되도록 유도한다.

셋째, 열린 시간이다. 아동이 직접 흥미 있는 과제를 선택하여 자율적으로 활동하는 '열린 시간'에서 마인드맵을 활용하여 자유롭게 상상하여 생각을 펼치고 이를 정리하여 즐거운 마음으로 마무리를 할 수 있다.

넷째, 아침 교과 시간 전이다. 아침 교과 시간 전이나 재량 시간에 발표할 다양한 정보를 날씨, 새 소식, 독후감, 연구 조사 내용 등 다양한 종류에 따라 마인드맵으로 구성하면 주의집중과 더불어 발표에 자신감이 부족한 유아에게 효과적이다.

다섯째, 상상력 기록장이다. 학습 시간 외에 유아들이 각자 자유롭게 무언가를 기록할 수 있는 낙서장, 상상력 기록장, 푸른 꿈 공책 등의 공책을 들고 다니면서 언제 어디서나 떠오르는 기발한 생각을 자유롭게 마인드맵 그리기로 나타나며 잠재력과 창의성을 계발하는 데 도움이 된다.

③ 그 밖의 이용(윤옥인, 2008)

그 밖에 마인드맵을 활용한 교수-학습의 예시는 다음과 같다.

첫째, 교실 환경 구성하기이다. 교실 환경을 꾸밀 때 행사 계획을 참고하여 마인드맵을 활용한다면 줄글을 길게 썼을 때보다 더 기억하기 쉽다. 특히 학기 초 유아의 자기소개나 가족소개 마인드맵을 환경 꾸미기에 이용하면 즐거운 분위기가 될 것이다.

둘째, 마인드맵의 신문 활용이다. 신문을 읽고 난 후 관련 내용을 언제, 어디서, 무엇을, 어떻게, 왜와 같이 육하원칙에 따라 정리해 보고 이를 마인드맵에 적용하여 신문에서 그림이나 글자를 직접 오려 중심 그림과 가지들에 붙여가며 주제를 파악해 나가는 방법도 있다.

그 밖에 생활 계획표 짜기, 예습 및 복습, 동화 만들기, 시청각 자료 이용하기, 편지쓰기, 문제해결 능력 신장시키기 등에서 마인드맵을 활용해 보는 것도 효과적이다.

### 7) 다중지능 이론에 근거한 평가

다중지능 이론은 전통적인 지필형식의 지능검사가 아닌 대안적 평가를 요구하고 있다. 실제로 다중지능 이론을 적용한 수업에서는 학습자가 각 지능 영역에 몰두할 수 있도록 구체적인 활동을 제시고, 학습자가 그 활동을 수행하는 과정에서 교사는 학습자의 인지적 작용을 관찰하고 평가하는 새로운 접근을 시도하고 있다. 선다형이나 단답형의 지필고사는 다중지능을 설명하는 데에 제한이 있기 때문에 학습자의 산품을 볼 수 있는 수행 평가나 상황에 기초한 평가로 바뀌어야 한다. 다중지능 이론에서 주장하는 평가의 원리는 다음과 같다(Gardner, 1983).

첫째, 평가는 시간에 따른 학습자의 성장 과정을 포함해야 한다. 포트폴리오 평가는 학습자의 시간에 따른 성장 과정을 포착할 수 있고, 학습자에게 자기 학습의 기회를 주며, 자신의 변화에 대해서 반성적 사고를 할 수 있도록 도움을 준다. 둘째, 다차원적인 평가가 이루어져야 한다. 기존의 점수나 퍼센트와 같이 단일화된 수치로는 학습자가 도전한 것과 성취한 것이 무엇인지 알 수 없다. 그렇기 때문에 학습자의 장점과 약점을 파악할 수 있도록 평가해야 하며, 이를 위해서는 평가에 학습 내용과 기능이 포함되어야 한다. 즉, 동료, 부모, 학습자 자신의 평가가 포함되어야 한다. 셋째, 평가 자체에 교수 내용에 대한 정보가 포함되어야 한다. 학습에서 핵심적이고 중요한 부분이 평가될 때 교수 내용이 향상될 수 있다. 평가를 통해 학습자의 사고와 학습 과정을 알 수 있어야 하고, 학습한 것을 나타내기 위해 학습 내용에 적합한 평가 방법을 다양하게 사용하여야 하며, 실제의 활동에 근거해야 한다. 이러한 평가 기준이 만들어지면 이에 따라 교수도 같은 방법으로 이루어질 수 있다. 넷째, 형식적인 평가와 비형식적인 평가를 적절히 사용하여야 한다. 교사들은 지필형식으로 수치상 기록된 것보다 관찰을 통해 교실에서의 활동 및 상호작용에 대한 기록에서 더 많은 것을 알 수 있다. 관찰을 통한 비형식적 평가에 체크리스트를 만들어 함께 사용한다면 객관성을 확보할 수 있어 평가 결과로서의 자료로 활용할 수 있다. 다섯째, 학습자는 자기 평가자로서의 역할을 해야 한다. 학습자는 자신의 강점 영역과 약점 영역을 파악할 수 있고, 자신이 무엇을 학습하는지 분명하게 알 수 있다. 학습자는 자기 평가, 동료 평가, 체크리스트, 비형식적 토론, 포트폴리오에 자신이 활동한 것들을 적극적으로 나타낼 수 있다. 학습자는 자기 평가를 통해서 학습 과정에서 적극적으로 임할 수 있으며 학습 내용을 내면화시킬 수 있다.

이러한 평가에서 다섯 가지 원칙을 적용하면 평가와 학습 간의 경계는 사라지게 되고, 평가와 학습이 동시에 이루어지게 된다. 다중지능 이론을 적용한 수업의 주요 목표는 유아 개개인의 잠재력을 개발시키는 것이기 때문에 각 지능적 관점에서의 유아들의 능력을 규명할 수 있어야 한다. 이를 위해서는 각 지능별 평가가 요구되는데, 각 지능의 평가 자료는 다음과 같다(Gardner, 1983).

첫째, 언어적 지능 평가 자료에는 에세이, 이야기 짓기, 발표하기, 낱말 맞추기, 문제해결 방법 설명하기, 에피소드 이야기하기 등이 있다. 둘째, 논리-수학적 지능 평가 자료에는 조사하기, 문제 해결하기, 자료 해석하기, 인과관계 분석하기, 비교하기, 유사점 및 차이점 파악하기, 유추하기 등이 있다. 셋째, 공간적 지능 평가 자료에는 콜라주 구성하기, 예술 작품 만들기 및 감상하기, 포스터 그리기, 지도 그리기, 길 찾기, 이야기 단계 그림 맞추기, 시각적 다이어그램 등이 있다. 넷째, 신체-운동적 지능 평가 자료에는 무언극 하기, 신체 부위로 측정하기, 단어를 신체로 표현하기, 여러 가지 사물 신체로 표현하기 등이 있다. 다섯째, 음악적 지능 평가 자료에는 노래하기, 모스 부호 이용하기, 찬트 만들어 즐기기 등이 있다. 여섯째, 대인관계적 지능 평가 자료에는 협동 학습, 상호 교류, 지도력 평가하기, 인터뷰하기, 조망수용능력 평가하기, 토론하기, 편지쓰기 등이 있다. 일곱째, 개인 이해적 지능 평가 자료에는 일기 쓰기, 자서전 쓰기, 감정 카드 만들기, 자신을 등장인물로 상상하기 등이 있다. 여덟째, 자연탐구적 지능 평가 자료에는 자연물 분류하기, 생태 변화 관찰하기, 식물이나 동물의 특징 기록하기, 자연탐구 보고서 작성하기, 자연 속 패턴 찾기, 계절 변화나 기후의 특징을 설명하기, 생태 지도 그리기, 환경 보호 방안 제안하기 등이 있다. 이러한 활동을 효과적으로 지원하기 위해서는 숲체험, 스마트팜 활동, 텃밭 활동, 화분 키우기와 같은 실제 자연을 경험할 수 있는 체험 중심 활동을 함께 제공하는 것이 매우 효과적이다. 이러한 경험은 유아가 자연의 변화를 직접 느끼고 관찰하며 탐구 능력을 심화하는 데 도움을 준다. 아홉째, 실존 지능 평가 자료에는 삶과 존재의 의미를 스스로 질문하고 성찰하며 생각을 정리하기, 인간의 목적이나 가치에 관한 다양한 관점을 조사하고 그 의미를 자기 삶과 연결해 돌아보기, 철학적 세계관을 비교하며 자신의 관점을 짐김하기, 존재론적 주제에 대한 에세이를 작성하며 사고 과정을 성찰하기, 사회나 공동체의 삶의 문제를 탐구해 해결 방안을 모색하고 그 과정에서 자신의 역할을 반추하기, 예술·상징·문화에 담긴 존재적 의미를 분석해 개인적 경험과 연결해 성찰하기, 각각 프로젝트의 마무리와 각 단계에서 되돌아보면서 성찰하는 마음을 갖고 그 다음을 보완해서 변화와 발전을 하도록 유도한다. 우주와 인간 존재에 관한 탐구 보고서를 작성하며 배움의 과정을 되돌아보기등이 포함된다. 이러한 활동은 학습자가 IB 학습자상 '성찰하는 사람(Reflective)'으로 성장하도록 돕는다.

## 8) 다중지능 이론에 기초한 자기주도 학습

### (1) 들어가며

우리나라에서의 자기주도적 학습은 학습자 중심의 교육을 실천할 수 있다는 점에서 1990년대 교육 개혁을 실천할 수 있는 효과적인 학습 원리로 사용되어 왔다(배수현·이영규, 2010).

자기주도적 학습이란 학습자가 스스로 혹은 조력자와의 상호작용을 통해 학습을 주도하고 관리하는 학습 방법을 의미한다. 여기서 조력자란 교사나 동료, 교구 및 교재 등 다양한 형태로 존재하며 학습자의 학습을 촉신하는 역할을 한다. 학습자는 목표를 달성하기 위해 이러한 조력자와 협력하고 스스로 계획－실행－평가하며 결과에 대해 단편적으로 책임을 지면서 자기주도적 학습을 실행해 나간다(배수현·이영규, 2010).

교육은 사람의 마음을 움직이고 행동을 변화시킨다. 하지만 교육을 받는 대상에게 스스로 하고자하는 의시가 있다면 좋은 교육방법과 훌륭한 지도자가 갖추어진 준비된 환경 속에서도 교육적 효과를 기대하기 어렵다. 따라서 교사는 아이들이 스스로 활동을 계획하고 이를 실행할 수 있도록 아이들의 흥미와 관심을 잘 파악하고 이를 학습과 관련시켜 아이들 속에 자고 있던 능동성과 자기주도성을 깨워야 한다. 이를 위해서 교사는 먼저, 관찰과 기록을 통해 개별 유아의 강점 지능을 파악해야 한다. 다음으로, 유아가 자신의 강점 지능을 배움과 연결하여 확장할 수 있도록 스스로 탐구하는 방법을 터득할 수 있게 조력자로서의 역할을 해야 한다. 마지막으로, 유아가 스스로 탐구하고 배우는 것이 습관화될 수 있도록 꾸준히 지원해야 한다. 이것은 단지 지식을 얻는 것 그 이상의 의미를 지닌다. 미래까지 이어질 현재 지식과 정보화 사회에서 우리가 살아가야 할 삶의 지혜를 아이들에게 전수해주고 있기 때문이다(Gardner, 1983).

'21세기 세계화 속에서 우리의 교육 전략은 어떠한 것이 적합할까?'를 생각해 보면, 더 이상 교사 중심의 주입식 교육으로는 더 이상 미래사회를 대비할 사고의 유연성과 창의성을 기를 수 없기에 학교 교육의 정상화, 창의력 신장, 인성교육의 내실화와 같은 새로운 교육 전략이 필요하다는 것을 알 수 있다. 유아의 흥미와 관심에 기반한 유아 중심의 열린 교육, 자기주도적 학습은 이러한 교육 전략을 실행하는 데에 유용한 방법 중 하나로 사용할 수 있다(서울다중지능교육연구회, 2010).

유아는 상대방으로부터 수동적으로 정보를 전달받았을 때보다 자신이 주도권을 가지고 능동적으로 활동에 임할 때 더 많은 것을 배울 수 있게 된다. 그렇기 때문에 자신의 자기주도적 학습 능력과 잠재력을 극대화시킬 수 있는 다중지능 교육은 유아기에 꼭 필요하다고 볼 수 있다(배수현·이영규, 2010).

### (2) 다중지능 이론에 기초한 자기주도적 학습의 실제

자기주도적 학습에서 가장 중요한 것이 '학습 동기'이다. 동기란 인간이 무언가를 지속적으로 할 수 있게 도와주는 힘으로, 목표를 완수하고 성취감을 맛보는 과정에서 학습 동기는 자라나게 된다. 이러한 학습 동기를 강화시키는 방법은 다음과 같다(배수현·이영규, 2010).

첫째, 자신의 다중지능을 알고 인식함으로써 학습 동기가 강화될 수 있다. 다중지능 이론의 지능 영역 중에 자신의 강점 지능과 약점 지능을 파악한 후, 강점 지능을 활용하여 약점 지능을 계발시키는 활동을 하게 된다면 강점 지능은 더욱 강화시킬 수 있으며 약점 지능이나 그 밖의 지능 영역들은 보완할 수 있게 된다. 자신의 강점 지능을 활용한 활동에서 나온 결과물을 보고 성취감과 책임감 등을 느끼면서 학습 동기가 더욱 강화될 수 있을 것이다(Gardner, 1983).

둘째, 자신의 성격과 습관 등을 인식하고 이해함으로써 학습 동기가 강화될 수 있다. 먼저, MBTI 검사 등 신뢰도와 객관성이 검증된 검사지를 활용하여 자신의 성격이 어떠한지에 대해 알아보고 어떤 직업이 어울리는지 등에 대해 탐색해보는 것은 학습자에게 목표의식을 가져다 주며 지속적으로 배움이 연결되도록 도와준다. 다음으로, 자신의 배움을 방해하는 요소가 무엇인지 생각해 본 후, 이러한 방해 요소를 해결하기 위해 내가 어떤 노력을 할 수 있는지에 대해 마인드맵을 구성해보고 직접 생활 속에서 실천해 보는 것은 좋은 습관을 형성할 수 있도록 한다. 즉, 자신에 대해 잘 알고 좋은 습관을 형성하게 된다면 효율적으로 학습목표를 완수할 수 있게 되고 그 과정에서 성실함과 끈기와 같은 성취경험이 일어나 결과적으로 학습 동기가 강화될 것이다.

셋째, 자신감을 향상시킴으로써 학습 동기가 강화될 수 있다. 자신감 향상에 영향을 주는 것은 먼저, 자아효능감 검사가 있다. 자신감은 곧 자아존중감 및 자아효능감과 연결되며, 자아효능감은 학습자가 자기주도 학습을 지속시킬 수 있는 기반이 된다. 따라서 '어떻게 하면 학습자의 자아효능감을 향상시킬 수 있을까?'를 중심으로 자아효능감을 증진시켜 학습 동기가 강화되도록 해야 한다. 다음으로, 성공경험과 실패경험이 있다. 자신의 성공경험과 실패경험의 요인을 내부에서 혹은 상황에 따라 외부에서 살펴보게 하여 성공경험을 바탕으로 자신감 있게 목표를 완수할 수 있게, 실패경험을 거름삼아 체계적으로 목표를 완수할 수 있게 하여야 한다. 마지막으로, 긍정적 자기 암시가 있다. 스스로 자신에게 용기를 북돋우는 한 마디를 정하여 이를 글자로 써서 잘 보이는 곳에 걸어두거나 때때로 목소리 내어 외친다면 자신에 대한 긍정적인 이미지가 형성되어 자신이 생각하는 대로 생각하고 행동하여 결국 자신이 생각하는 긍정적인 모습대로 발전해 나아갈 수 있을 것이다.

### (3) 스터디 학습

스터디 학습에서 이루어지는 동료 간 상호교수는 상호간의 좋은 경험이 되며, 자기의 존재의식을 실감시키고 학습 효능감을 형성하는 데에 크게 기여한다. 자기 효능감을 형성한 유아는 자기향상과 충족감을 체험하게 되어 자기주도적으로 학습 활동에 임하게 된다. 스터디 학습에는 다음과 같은 방법들이 있다(배수현·이영규, 2010).

첫째, 학습 동아리를 조직하는 방법이 있다. 다중지능 검사나 교사의 관찰기록 등을 통해서 지능 유형별 발달 정도를 객관적으로 파악한 후, 약점 지능이 비슷한 학습자를 모아 집단을 형성하고, 그들이 성취할 수 있을 정도의 과제를 주어 이를 해결함으로서 자신감을 얻게 한다. 이렇게 형성된 자신감은 학습 동기를 북돋우며, 다른 지능 영역에도 전이되어 긍정적인 영향을 미치게 된다. 이러한 과정이 반복되어 학습자는 자신만의 학습방법이 형성되고 스스로 이루어지는 배움의 경험을 느끼게 될 것이다.

둘째, 학습 동아리 프로젝트를 실행하는 방법이 있다. 과제기반 학습전략(Project-based learning strategies)으로도 불리는 프로젝트 학습은 과제(project)를 활용하여 학습자를 참여하도록 한다. 과제는 학습자에게 도전정신을 주고, 학습자가 선택할 수 있게 하면서도 학습자를 통제하기도 한다. 반면 학습자는 과제를 해결하고 결과를 산출하기 위해 동료와 협력하게 된다. 과제는 학습자가 문제 해결 과정을 스스로 조직하고 이에 능동적으로 참여할 수 있도록 하는 핵심질문이나 문제를 중심으로 구성해야 하며, 학습자가 그 핵심질문에 성공적으로 대답하거나 문제를 해결하는 과정에서 의미 있는 결과를 산출하기를 요구한다는 특징도 있다. 이는 학습자에게 결과뿐만 아니라 과정 또한 매우 중요하다는 것을 강조하여 일깨워준다. 따라서 교사는 학습자의 협동학습을 촉진시킬 수 있는 과제기반 학습전략을 제시하여야 한다.

셋째, 학습 동아리 참여율을 높이는 전략을 실행하는 방법이 있다. 먼저, 학습자가 배움을 얻는 과정에서 자신감을 잃지 않게 해야 한다. 이를 위해 교사는 적절한 과제를 제시하고, 학습자가 서로 간에 상호 피드백을 주고받으며 함께 배울 수 있는 환경을 제공해 주어야 한다. 다음으로, 자기조절 학습훈련을 실시해야 한다. 이를 위해 학습자가 특정 상황에서 개별적으로 활동에 참여하면 교사는 '학습자가 해당 활동에 얼마나 지속적으로 임하는가?'에 초점을 두어 관찰하고 피드백을 제공하며 궁극적으로 학습자가 자기 통제력과 자주적인 학습 태도를 기를 수 있도록 지원해야 한다. 마지막으로, 집단 간 긍정적인 경쟁을 유도해야 한다. 집단 간 경쟁은 개별 집단의 응집력을 높이고, 집단의 발전을 위해 노력하고 싶다는 동기부여를 느낄 수 있게 한다. 집단 내 동료를 돕는 경험을 통해 학습자는 자기 향상심과 집단 내 소속감을 느껴 집단의 일원으로 긍정적인 역할을 하게 될 것이다.

### (4) 다중지능 이론에 기초한 자기주도 학습에서의 교사의 역할

유아가 다중지능 이론에 기초한 자기주도 학습을 하고 있을 때, 교사는 개별 유아의 학습 욕구에 부합한 교육 환경을 제공해 주어야 한다. 즉, 교사는 개별 유아의 선천적인 기질, 흥미, 관심, 독특한 특성, 개인적 경험 등에 따라 배움의 내용을 유아 스스로 재구성하도록 지원하여야 한다. 특히, 자신의 강점 지능을 활용한 활동에서 배움의 효과는 극대화 된다. 교육과정을 이해하고 실행, 평가할 때에 유아의 강점 지능과 연결시켜 생각해 본다면 더욱 바람직한 교육 환경을 구성할 수 있을 것이다. 유아가 앞으로의 삶을 살아가는 데 필요한 개인 이해적 지능과 대인관계적 지능을 증진시키는 데에 주력하기 위해서는 자기주도적 학습을 더욱이 필요로 할 것이며, 이 지능을 기르기 위한 교사의 역할은 다음과 같다(배수현·이영규, 2010).

첫째, 배움의 책임을 교사의 몫에서 교사와 유아 모두의 몫으로 분배시켜야 한다. 즉, 설명하기, 정보 제공하기 등과 같은 교사 주도적인 교수학습 방법을 최소화 하고 배움에 대한 책임을 교사에서 점차 유아 쪽으로 전환시켜 학습의 책임을 분배한다. 책임감을 바탕에 둔 배움 속에서 유아는 자신에 대해 더욱 잘 파악하게 될 것이며, 또래와의 상호작용을 통해 타인에 대한 이해 또한 잘 이루어질 것이다(배수현·이영규, 2010).

둘째, 유아 간 상호작용과 협력의 기회를 확대시켜야 한다. 교사가 주도하는 활동에서 유아가 주도하는 활동으로의 변화는 많이 들어보았겠지만, 유아가 주도하는 활동 중에서도 개별 활동으로만 진행하기보다 또래와 상호작용하며 서로 협력하고 주고받는 관계 속에서 배움이 이루어지도록 하는 것이 중요하다(배수현·이영규, 2010).

셋째, 유아에게 제공하는 정보의 양과 질, 제공방식 등을 변화시켜야 한다. 다양한 방법으로 정보를 제공하고, 정보의 양과 질을 변화시켜 유아가 근접발달 영역 내의 과제를 제공받을 수 있도록 하여야 한다. 특히, 유아의 관심사나 흥미와 같은 개별적인 특성을 반영시켜 정보를 준다면 유아는 더욱이 적극적으로 교실 속에서의 대화에 참여하고, 의미 있는 배움을 경험할 수 있을 것이다(배수현·이영규, 2010).

넷째, 유아가 자신의 노력을 통해 결과를 얻을 수 있다는 것을 알도록 해야 한다. 유아에게 격려하는 말, 유아에게 용기를 북돋우는 말 등을 제공하여 성공은 자신의 노력에 달려 있다는 것을 알 수 있도록 한다면 노력의 가치를 알게 되면서 자신에 대해 깊이 있게 이해할 수 있다. 반대로 상대방에게 자신감과 자기믿음을 북돋우는 말을 함으로서 타인과의 긍정적인 관계 형성에 도움이 될 수 있을 것이다(배수현·이영규, 2010).

다섯째, 배움의 결과 뿐 아니라 배움의 과정의 중요성을 느끼게 해야 한다. 활동의 최종 산물도 중요하지만, 무엇보다 중요한 것은 산출물을 내기 위해 노력한 과정 그 자체이다. 자신이 기대한 결과가 나오지 않다 하더라도 과정의 소중함과 중요성을 아는 유아의 경우 배움의 과정 그 자체에 흥미를 느끼며 끊임없는 배움의 과정을 즐길 수 있는 사람으로 성장해 나갈 것이다(배수현·이영규, 2010).

### (5) 다중지능 이론에 기초한 자기주도 학습이 학습자에게 미치는 긍정적 영향

다중지능 이론에 기초한 자기주도 학습 프로그램은 유아의 흥미를 최대한으로 끌어올려 유아가 능동적으로 자유롭게 활동을 진행해 나갈 수 있는 프로그램이다. 이러한 다중지능 기반 자기주도적 학습이 유아에게 가져다 주는 긍정적인 영향은 다음과 같다(배수현·이영규, 2010).

첫째, 한 분야에 대해 깊이 있는 이해를 가져다준다. 자신이 만들어가는 프로젝트 활동을 통해 유아는 최소한 한 영역에서 전문적인 수행능력을 갖출 수 있으며, 해당 활동이 요구하는 지적 요구를 스스로 충족시키면서 지적 전문성을 높일 수 있게 된다(배수현·이영규, 2010).

둘째, 협동 학습의 기술을 발달시킬 수 있다. 유아는 협동 학습을 통해 상대방을 이해하고 배려하는 태도와 서로 돕고 양보하는 마음을 기를 수 있으며, 내가 맡은 바 최선을 다함으로써 집단 내에서 나의 필요성을 느끼게 되며 더욱이 큰 책임감을 느끼게 된다. 즉, 협동 학습의 경험을 통해 다중지능 이론을 적용한 학습의 결과 중 가장 가치 있게 여기는 대인관계적 지능이 증진될 수 있다(배수현·이영규, 2010).

셋째, 자기주도적 학습 능력을 신장시킬 수 있다. 일반적인 교과 내용의 범위를 넘어서 실생활에서 배우고 응용하여 실천해 봄으로써 이론적 지식이 실천적 지식으로 변화되어 가고, 형성된 실천적 지식이 다양한 성패경험을 통해 확장되어 가면서 자기주도적 학습 능력이 크게 성장할 수 있다(배수현·이영규, 2010).

넷째, 모범적인 학습 태도를 형성할 수 있다. 학습 동아리나 집단 및 개별 프로젝트를 통해 과정의 중요성과 배움에 대한 책임감을 느끼면서 자기반성을 통해 더욱 모범적인 학습 태도를 형성한다.

| 표 4-1 | IB 학습자상 vs. 하워드 가드너 다중지능 비교표

| IB 학습자상 | 의미 | 연결되는 다중지능 | 연관 이유/설명 |
|---|---|---|---|
| 탐구하는 사람 (Inquirers) | 스스로 질문하고 탐구하며 배우는 즐거움을 아는 사람 | □ 논리-수학적 지능<br>□ 자연탐구적 지능 | 관찰하고 실험하며 질문을 만드는 과정은 탐구 능력과 지능을 자극함 |
| 지식이 풍부한 사람 (Knowledgeable) | 다양한 분야의 지식을 이해하고 깊이 있게 아는 사람 | □ 언어적 지능<br>□ 논리-수학적 지능<br>□ 자연탐구적 지능 | 지식을 습득하고 언어로 표현하거나 논리적으로 구조화함 |
| 사고하는 사람 (Thinkers) | 비판적이고 창의적으로 문제를 해결하는 사람 | □ 논리-수학적 지능 | 문제 해결, 전략적 사고에 필요한 사고 틀을 활용함 |
| 소통하는 사람 (Communicators) | 다양한 방법으로 다른 사람과 생각을 나누는 사람 | □ 언어적 지능<br>□ 대인관계적 지능 | 말, 글, 몸짓 등 다양한 방식으로 의사소통 능력 발휘 |
| 원칙을 지키는 사람 (Principled) | 정직하고 책임감 있게 행동하며 옳고 그름을 아는 사람 | □ 개인 이해적 지능<br>□ 대인관계적 지능 | 자기 내면의 가치 판단과 책임감 있는 행동을 수행함 |
| 열린 마음을 지닌 사람 (Opcn-minded) | 다양한 관점을 존중하고 차이를 이해하려는 사람 | □ 대인관계적 지능<br>□ 개인 이해적 지능 | 다른 문화를 이해하고 공감하는 데 필요한 사회적 감수성 |
| 배려하는 사람 (Caring) | 다른 사람의 감정을 이해하고 도우려는 따뜻한 마음을 지닌 사람 | □ 대인관계적 지능<br>□ 개인 이해적 지능 | 공감, 배려, 협력의 능력은 사회적·정서적 지능과 연결됨 |
| 도전하는 사람 (Risk-takers) | 새로운 도전을 두려워하지 않고 시도하는 사람 | □ 신체-운동적 지능<br>□ 공간적 지능<br>□ 개인 이해적 지능 | 도전하는 마음, 감정 조절, 실패를 견디는 자기이해와 연관 |
| 균형잡힌 사람 (Balanced) | 신체적, 정서적, 지적, 사회적 균형을 유지하는 사람 | □ 신체-운동적 지능<br>□ 개인 이해적 지능<br>□ 대인관계적 지능 | 다양한 영역에서 조화를 이루는 것이 중요함 |
| 성찰하는 사람 (Reflective) | 자신의 행동과 배움에 대해 되돌아보며 성장하는 사람 | □ 개인 이해적 지능 | 자신을 이해하고 언어로 성찰을 표현함 |

* 출처: 챗GPT(https://chat.openai.com)

## IB학습자상 X 다중지능 로고

이 로고는 IB 학습자상(IB Learner Profile)과 가드너의 다중지능 이론을 융합하여 설계된 시안이다.

외곽의 10각형은 IB 학습자상의 10가지 핵심 가치를 상징합니다. 탐구하는 사람, 지식이 풍부한 사람, 사고하는 사람, 소통하는 사람, 원칙을 지키는 사람, 열린 마음을 지닌 사람, 배려하는 사람, 도전하는 사람, 균형잡힌 사람, 성찰하는 사람 등은 21세기 교육이 지향하는 글로벌 인재상을 보여준다.

내부의 8각형은 다중지능(Multiple Intelligences)을 표현합니다. 언어적 지능, 논리-수학적 지능, 공간적 지능, 신체-운동적 지능, 음악적 지능, 대인관계적 지능, 개인 이해적 지능, 자연탐구적 지능을 각각의 심볼로 시각화하여, 아동이 가진 다양한 강점과 잠재력을 존중한다는 의미를 담았다.

이 로고는 단순히 두 이론을 병렬적으로 배치한 것이 아니라, "학습자의 성품과 역량(IB 학습자상)"이 "개인의 다중지능 발달"과 긴밀히 연결되어 있음을 보여주는 융합적 상징이다. 즉, 한 아이의 성향과 지능적 강점이 함께 어우러질 때 진정한 전인적 성장이 이루어진다는 메시지를 전달한다.

Chapter 5

# IB와 관련된 학자이론

1. 존 듀이
2. 레프 비고츠키
3. 하워드 가드너
4. 제롬 브루너
5. 장 피아제

## 1 존 듀이(John Dewey, 1859-1952)

생성형 주제 교수법 이란 경험 중심의 탐구와 성찰사회적 상호작용과 협력 학습 개별적 표현과 다중지능 발견 학습과 교사의 지지 역할 인지 발달과 능동적 구성 교육철학과 심리학적 이론을 통합하여, 아이 중심의 능동적이고 통합적인 학습 경험을 설계한 현대적 교수법이다.

### 1) 경험 중심의 학습과 반성적 사고

존 듀이는 미국의 대표적인 철학자이자 교육사상가로, 프래그머티즘(pragmatism)과 진보주의 교육(progressive education)의 중심 인물이다. 그는 교육을 단순한 지식 전달이 아닌, 삶 그 자체(life itself)라고 보았으며, 학습은 교과서나 외부 지식의 수동적 수용이 아니라 학생이 실제로 경험하고, 그 경험을 되돌아보며 의미를 재구성하는 능동적인 과정이라고 주장했다.

듀이가 말한 '경험 후 반성' 과정과 정확히 맞닿아 있으며, 교육을 '생활 그 자체'로 보고 있다. 또한, 배움은 학생이 직접 경험하고, 그 경험을 통해 반성적 사고를 하며 지식을 구성하는 과정이라고 주장했다. 그는 '학습은 행동과 반성의 순환' 과정이라고 하였으며, 듀이에 따르면 인간은 문제 상황에 직면할 때, 단순히 반응하는 것이 아니라 사고(thought)를 통해 문제를 해결해 나가며, 이 과정에서 '반성적 사고(reflective thinking)'가 핵심 역할을 한다. 그는 학습을 다음과 같은 순환적 과정으로 보았다. 경험 → 관찰 → 문제 인식 → 가설 설정 → 실험 → 반성적 사고를 통한 결론 도출 이러한 순환 구조는 학습자가 단순한 정보 수용자가 아닌, 능동적 의미 구성자(active constructor of meaning)로 성장할 수 있도록 돕는다.

### 2) 듀이와 교수학습 모형의 연결점

현대 교육에서 활용되는 교수학습 모형(예 질문 중심 수업, 프로젝트 기반 학습 등)은 다음과 같은 순서로 포함할 수 있다.

① 질문하기

② 탐색하기

③ 설명하기
④ 적용하기
⑤ 성찰과 실천, 확장하기
⑥ 공유하고 나누기

이 중에서 '성찰과 실천, 확장하기'는 존 듀이의 교육철학과 깊은 연관을 갖는다. 학습자가 자신이 학습한 내용을 자신의 삶과 연결지으며, "내가 무엇을 할 수 있을까?", "이 지식을 어떻게 적용할 수 있을까?"를 고민하게 된다.

이러한 반성(reflection)은 단순 회고가 아닌, 미래의 실천과 삶의 변화로 이어지는 사고 과정이라는 점에서 듀이의 '반성적 사고(reflective thinking)'와 매우 유사하다. 듀이는 이러한 과정을 통해 학습자가 민주적 시민으로서의 자질을 기를 수 있다고 보았고, 이는 '학습의 목적은 사회적 삶에서의 문제를 스스로 해결하는 능력을 기르는 것'이라는 그의 주장과 맞닿아 있다.

### 3) 교사의 역할 변화

듀이 교육철학의 또 하나의 중요한 축은 교사의 역할 변화이다. 그는 교사를 단순한 지식 전달자가 아닌, 학습 환경을 설계하고, 학생이 주도적으로 문제를 해결할 수 있도록 돕는 조력자(facilitator)로 보았다. 이는 교사의 역할이 학습을 유도하고, 질문을 던지고, 공동체 내 상호작용을 이끌어내는 존재로 변화하는 점과 일치한다. 특히 학생 중심 수업, 협력적 탐구 활동, 실천 중심의 과제 수행은 듀이가 주장한 '실제적 문제를 해결하는 학습'의 현대적 구현이라 볼 수 있다.

## 2 레프 비고츠키(Lev Vygotsky, 1896-1934)

### 1) 사회적 상호작용과 근접발달영역(Zone of Proximal Development, ZPD)

레프 비고츠키는 러시아의 심리학자이자 교육철학자로, 사회문화적 인지발달이론(sociocultural theory of cognitive development)의 창시자이다. 그는 인간의 인지 발달이 단순히 개인 내부에서 일어나는 것이 아니라, 사회적 상호작용(social interaction)을 통해 점진적으로 발달한다고 보았다. 또한, 비고츠키는 '학습은 사회적 상호작용 속에서 발생한다'고 하며, 성인이나 또래의 도움으로 가능한 학습 가능 영역을 강조했다. 비고츠키 이론의 핵심 개념 중 하나는 근접발달영역(Zone of Proximal Development, ZPD)이다. 이는 다음과 같이 정의된다. ZPD란, 학습자가 혼자 힘으로는 해결할 수 없지만, 유능한 타인의 도움(교사, 또래, 부모 등)을 받으면 해결할 수 있는 과제의 영역이다. 이때 성인 또는 유능한 또래가 제공하는 도움을 '비계(scaffolding)'라고 하며, 이 지원을 통해 학습자는 더 높은 수준의 사고와 활동을 수행하게 된다. 비고츠키는 언어, 놀이, 협력 활동과 같은 사회적 상호작용이 학습의 중심이며, 사고와 언어 발달의 매개체라고 보았다. 아이들이 친구, 교사, 가족과 자신의 생각을 공유하고 토론하며 학습하는 과정은 '사회적 학습' 그 자체이다. 교사가 아이의 '비계(scaffolding)' 역할을 하며 적절한 지원을 제공하는 것도 비고츠키 이론의 핵심이다.

### 2) 비고츠키 이론과 교수학습 모형의 연결점

현대 교육에서 사용되는 교수학습 모형 중 특히 다음 단계가 비고츠키 이론과 밀접하게 연결되어 있다.

#### (1) 사회적 상호작용=학습의 출발점

아이가 친구, 교사, 또는 가족과 생각을 나누고, 의견을 조정하며, 의미를 공동 구성하는 활동을 강조한다. 이러한 과정은 비고츠키가 말한 '학습은 본질적으로 사회적 과정'이라는 주장과 정확히 일치한다.

#### (2) ZPD와 교사의 비계 제공

교사는 단순히 지식을 가르치는 사람이 아니라, 학생의 수준에 맞는 도전적 과제를 제시하고, 적절한 도움을 제공하는 조력자 역할을 수행한다. 이때 제공되는 비계(scaffolding)는 학습자의 근접발달영역을 자극하여 점차 혼자 해결할 수 있도록 유도한다.

### (3) 학습 공동체=의미 공동 구성

비고츠키는 지식이 개인 내부에서 독립적으로 만들어지는 것이 아니라, 사회문화적 맥락 안에서 타인과의 협력을 통해 구성되는 것이라고 보았다. 학습자들이 서로의 생각을 공유하고, 협력하며, 함께 의미를 만들어가는 활동은 비고츠키의 이론적 배경을 바탕으로 구현된 것이다.

## 3) 교사의 역할 변화

비고츠키 이론에서 교사는 '가르치는 자'가 아니라, '성장을 이끄는 동반자'로서 인식된다. 이는 교수학습 모형에서 교사가 학생의 ZPD를 고려하여 질문을 던지고, 피드백을 제공하며, 점진적으로 지원을 줄여 나가는 비계 역할과 연결된다. 또한 교사는 학습 공동체 안에서 학생들 간의 상호작용을 유도하고, 사회적 의미 구성 과정을 촉진하는 핵심 역할을 한다.

# 3 하워드 가드너(Howard Gardner, 1943~)

## 1) 인간의 지능은 다양하다

하버드 대학 교육학자 하워드 가드너(Howard Gardner)는 1983년, 그의 저서 『*Frames of Mind*』에서 기존의 IQ 중심 지능관을 비판하며 '다중지능 이론(Multiple Intelligences Theory)'을 제시했습니다. 그는 전통적인 지능 개념이 언어적, 논리-수학적 능력만을 지나치게 강조한다고 비판하면서, 인간은 서로 다른 방식으로 세상을 이해하고 표현하는 다양한 지능을 가지고 있고 전통적인 IQ 개념을 넘어, 인간은 다양한 지능(언어, 논리-수학, 음악, 공간, 신체운동, 대인관계, 개인성찰, 자연친화성 등)을 갖고 있다는 주장과 지능을 존중하고 활용해야 한다고 강조하였다.

가드너가 처음 제시한 8가지 지능 유형은 다음과 같다.

① 언어적 지능(Linguistic Intelligence)

② 논리–수학적 지능(Logical–Mathematical Intelligence)

③ 음악적 지능(Musical Intelligence)

④ 공간적 지능(Spatial Intelligence)

⑤ 신체–운동적 지능(Bodily–Kinesthetic Intelligence)

⑥ 대인관계적 지능(Interpersonal Intelligence)

⑦ 개인 이해적 지능(Intrapersonal Intelligence)

⑧ 자연탐구적 지능(Naturalistic Intelligence)

이후 가드너는 실존 지능(Existential Intelligence)도 추가로 제안한 바 있다.

그는 교육은 학생의 다양한 지능을 인식하고 존중해야 하며, 획일적인 교육이 아닌 개별화된 교육이 이루어져야 한다고 주장했다.

## 2) 가드너 이론과 교수학습 모형의 연결점

현대 교수법에서 사용되는 교수학습 모형과 가드너의 다중지능 이론은 다음과 같은 방식으로 긴밀하게 연결된다 연결은 창의적 표현과 통합 활동이다. 학습자가 탐구하거나 배운 내용을 다양한 방식으로 재구성하고 표현하는 데 초점을 둔다. 가드너 이론과 연결되는 핵심 포인트는 다음과 같다

### (1) 다양한 표현 방식의 수용

아이가 그림, 노래, 이야기, 역할극, 춤, 만들기 등 다양한 방식으로 학습한 내용을 창의적으로 표현한다. 이는 가드너가 강조한 '지능의 다양성'을 반영한 것으로, 언어적이거나 논리적인 표현만이 아닌 신체, 음악, 공간 등 다양한 지능을 활용한 표현을 가능하게 한다.

### (2) 학습자의 고유한 강점 존중

다중지능 이론은 모든 학생이 똑같은 방식으로 학습하지 않는다는 점을 강조한다. 교수법에서는 아이마다 선호하는 학습 방식이나 강점을 반영하여 활동을 설계한다.

누군가는 노래로, 또 다른 아이는 그림으로, 또 어떤 아이는 역할극으로 학습한 내용을 표현할 수 있도록 한다.

### (3) 통합적 사고와 연결짓기

다양한 영역(예 미술+과학, 음악+언어)을 통합하여 사고하는 융합적 사고력을 요구한다. 이는 가드너의 주장처럼, 학습이 단일 지능이 아닌 여러 지능의 상호작용속에서 이루어져야 한다는 철학을 실천에 옮긴 예이다.

### 3) 교사의 역할 변화

가드너 이론에 따르면, 교사의 역할은 단순히 지식을 '가르치는 자'가 아니라, 학생 개개인의 지능 프로파일에 맞는 학습 경험을 제공하고 지원하는 안내자이다.
6단계 교수학습 모형에서도 교사는 다음과 같은 역할을 수행한다.

- 개별 학습자에 대한 이해를 바탕으로 다양한 활동을 설계한다.
- 모든 아이가 '성공 경험'을 할 수 있도록 다양한 접근 방식을 제공한다.
- 교사는 학생들이 자기만의 방식으로 표현할 수 있도록 학습의 다양성을 보장한다.

이는 곧, 가드너가 말한 "학생을 있는 그대로 이해하고, 그들이 가진 고유한 지능을 존중하는 교육"의 실천이다.

## 4 제롬 브루너(Jerome Bruner, 1915~2016)

### 1) 발견학습과 스캐폴딩(Scaffolding)

제롬 브루너는 미국의 인지심리학자이자 교육사상가로, 20세기 중반 이후 교육 심리학 및 교수학습이론에 큰 영향을 끼쳤다. 그는 학습이란 수동적으로 지식을 전달받는 것이 아니라, 학습자 스스로가 '발견(discovery)'을 통해 능동적으로 구성해 나가는 과정이라고 보았다.

또한, 교사는 '답을 주는 사람'이 아니라, 아이가 스스로 문제를 해결하고 탐구할 수 있도록 환경과 도구를 마련하고 질문을 던지는 '스캐폴딩' 역할을 수행한다.

브루너는 학습내용을 '나선형'으로 점진적, 반복적으로 확장해 가는 방식을 제안했는데, 이는 순환적 구조와 연결된다.

### (1) 발견학습(Discovery Learning)

브루너는 학습자가 교사의 일방적인 설명보다는 문제를 탐색하고, 조작하고, 스스로 규칙이나 개념을 찾아내는 과정을 통해 더 깊이 이해하고 장기적으로 기억할 수 있다고 주장했다. “지식은 스스로 발견할 때 가장 잘 기억된다.”라는 말을 하며, 이는 구성주의적 관점과 맞닿아 있는 관계로 아이들의 호기심, 직관, 실험적 사고를 강조한다.

### (2) 스캐폴딩(Scaffolding)

비고츠키의 영향을 받아 브루너는 스캐폴딩(scaffolding)개념을 교육적으로 발전시켰다. 이는 교사가 학습자의 현재 수준과 목표 사이에서 적절한 언어적·도구적 지원을 제공해, 학습자가 혼자서도 점차 문제를 해결할 수 있도록 돕는 전략이다.

### (3) 나선형 교육과정(Spiral Curriculum)

브루너는 지식은 일회적으로 가르칠 것이 아니라, 학생의 인지 발달 수준에 맞춰 점점 더 복잡하게, 반복적으로 제시되어야 한다고 보았다. 그는 이를 ‘나선형 교육과정(spiral curriculum)’이라 명명했다.

## 2) 브루너 이론과 교수학습 모형의 연결점

브루너의 교육철학은 교수학습 모형과 여러 면에서 자연스럽게 연결됩니다. 특히 아래의 내용과 긴밀한 관계를 맺고 있다.

### (1) 탐색 → 조작 → 발견=브루너의 발견학습

학생이 직접 자료를 조작하고, 실험을 통해 원리를 발견하도록 설계되며, 이는 브루너가 주장한 ‘발견학습’의 핵심 원리이다. 아이는 단순한 지시나 정답이 아닌, 스스로의 탐색과 추론을 통해 학습의 의미를 구성한다.

### (2) 교사의 역할=스캐폴딩 제공자

교사는 정보를 일방적으로 전달하지 않는다. 대신, 질문을 던지고, 사고를 자극하고, 도전적인 과제를 제공하여 학습자가 스스로 답을 찾도록 유도한다. 이러한 '적절한 지원 제공'은 브루너가 강조한 스캐폴딩(scaffolding)과 정확히 일치한다.

### (3) 나선형 구성 → 반복적 심화=순환 구조

브루너는 중요한 개념은 학년이 올라갈수록 점진적이고 반복적으로 심화하여 가르쳐야 한다고 보았다. 주제 중심의 순환적 탐구 구조로 되어 있어, 학생이 같은 개념을 다른 활동을 통해 반복적으로 경험하면서 점점 더 깊은 이해에 도달할 수 있도록 설계된다. 이 역시 브루너의 '나선형 교육과정'개념을 반영한 구조이다.

### 3) 교사의 역할 변화

브루너에 따르면, 교사는 정답을 가르치는 사람이 아니라, 학습 환경을 설계하고 적절한 지원을 제공하는 촉진자이다. 이는 교수학습 모형에서 다음과 같은 방식으로 반영된다. 교사는 학생에게 학습 자료와 문제 상황을 제공하여 자율적 탐색을 유도한다. 단서, 피드백, 질문, 도구등을 제공해 학습자가 스스로 문제를 해결하도록 이끈다. 필요에 따라 도움을 줄이고, 점차적으로 학습자의 자율성과 주도성을 확장시킨다. 이러한 교사의 역할은 브루너의 스캐폴딩 개념과 완전히 일치하며, 학생 중심의 탐구 학습 환경 조성을 핵심으로 한다.

## 5 장 피아제(Jean Piaget, 1896~1980)

### 1) 인지 발달 이론 & 구성주의 학습 이론

스위스의 심리학자 장 피아제(Jean Piaget)는 아동의 인지 발달에 대한 연구를 통해 구성주의(constructivism)교육이론의 기초를 마련했다. 그는 학습자를 지식을 수동적으로 받는 존재가 아니라, 능동적으로 환경과 상호작용하며 자신의 경험을 바탕으로 지식을 스스로 '구성'해 나가는 존재로 보았다. 이러한 이론은 자신의 생각을 재구성하는 과정은 피아제의 '구성주의'와 일치한다.

| 발달단계 | 연령 | 특징 |
|---|---|---|
| 감각운동기 | 0~2세 | 감각과 운동을 통해 세계를 이해 |
| 전조작기 | 2~7세 | 언어 발달, 직관적 사고 중심, 보존 개념 미숙 |
| 구체적 조작기 | 7~11세 | 논리적 사고 가능, 구체적인 사물에 대한 조작 가능 |
| 형식적 조작기 | 11세 이상 | 추상적 사고, 가설 설정, 문제 해결 능력 발달 |

핵심은, 아이들은 각 인지 발달 단계에 따라 세상을 이해하는 방식이 다르며, 학습은 기존 인지구조에 새로운 경험이 동화되거나 조절되는 과정이라는 점이다.

## 2) 피아제 이론과 교수학습 모형의 연결점

피아제의 이론은 교수학습 모형 전체 구조에 매우 깊이 반영되어 있습니다. 특히 아래의 단계들과 밀접하게 관련된다.

### (1) 탐색하고 실험하기

아이가 직접 물건을 관찰하고, 조작하고, 실험하면서 개념을 '발견'하고 구성하는 시간이다. 이는 피아제가 강조한 '인지적 탐구', 즉 아동 스스로 사고하고 의미를 만들어 가는 과정과 일치한다. 학습자는 자신의 기존 인지 구조에 새로운 정보를 동화하거나 조절하며 지식을 재구성한다.

### (2) 창의적 표현과 통합 활동

아동은 배운 개념을 그림, 이야기, 신체 표현, 음악 등 다양한 방식으로 재구성하여 표현한다. 피아제는 아동이 내면화한 지식 구조를 외현화하고 표현하는 과정을 중요하게 여겼다. 이는 인지 발달 단계에서의 '표상 능력(representation)'과 연결되며, 학습자의 생각을 조직하고 명료화하는 데 기여한다.

### (3) 학습의 주도성

학습자가 주도적으로 질문하고 탐색하며 의미를 구성하는 과정으로 구성되어 있다. 이는 피아제가 주장한 학습자의 역할인 '능동적 의미 구성자(active meaning maker)'로서의 역할과 완벽히 일치한다.

## 3) 교사의 역할 변화

피아제 이론에 기반한 교수학습에서는, 교사는 더 이상 지식을 '전달'하는 사람이 아니라, 학습자가 스스로 지식을 구성할 수 있도록 환경을 조성해주는 조력자이다. 교사는 아이의 인지 발달 수준에 적합한 과제를 설계하고, 직접 조작할 수 있는 자료와 도구를 제공한다. 아이가 자신의 경험을 바탕으로 탐색과 실험을 수행할 수 있도록 질문, 피드백, 사고 유도등의 방법으로 지원한다. 또한, 인지적 충돌(cognitive conflict)을 유도해 아이가 기존 개념을 점검하고, 사고를 확장하도록 돕는다. 이러한 역할은 교수학습 모형 전반에서 교사의 '촉진자 역할'로 구체화된다.

# Chapter 6

# 탐구적 질문과 문해력 -사고를 여는 질문

1. 탐구적 질문과 문해력-사고를 여는 질문
2. IB와 문해력 관련성은?

## 1 탐구적 질문과 문해력-사고를 여는 질문

질문은 배움의 시작이다. 유아는 태어나면서부터 주변 세상에 대해 끊임없는 호기심과 궁금증을 가진다. "왜 하늘은 파란가요?", "왜 얼음은 녹아요?", "이것은 어떻게 움직이나요?"와 같은 질문들은 단순한 호기심을 넘어서, 유아가 세상을 이해하고 자신의 경험과 생각을 해석하는 중요한 출발점이다. 이러한 질문은 사고의 폭을 넓히고, 언어 능력과 인지 발달을 촉진하는 촉매제 역할을 한다. 즉, 질문은 유아가 능동적인 탐구자로 성장하는 기반이며, 궁극적으로 문해력 발달의 토대를 마련하는 첫 걸음이다.

문해력이란 단순히 글자를 읽고 쓰는 기술이 아니라, 의미를 파악하고 정보를 비판적으로 해석하며, 자신의 생각을 구성해 타인에게 효과적으로 전달하는 복합적인 언어 능력을 말한다. 유아기의 문해력 발달은 이후 초등 교육과 평생 학습의 근간이 되므로, 이 시기에 적절한 언어적 자극과 경험이 매우 중요하다.

최근 유아 교육 현장에서는 단순히 교사가 지식을 전달하는 전통적 방식에서 벗어나, 유아 스스로 질문을 제기하고 답을 찾아가며 배움에 적극적으로 참여하도록 하는 탐구 중심 교육(Inquiry-based Learning)이 활발히 도입되고 있다. 이 가운데 '탐구적 질문(Inquiry-based Question)'은 단순한 정보 전달을 넘어 유아의 사고를 깊게 하고 언어적 표현을 확장하는 핵심적 수단으로 주목받는다.

탐구적 질문은 닫힌 답변(예/아니오)이나 단편적 사실 확인에 그치지 않고, 유아가 생각을 확장하고, 타인의 의견을 듣고, 자신의 생각을 언어로 표현할 수 있도록 유도하는 개방형 질문이다. 이러한 질문을 통해 유아는 학습의 주체가 되며, 말하기와 듣기, 읽기와 쓰기 등 문해력의 다양한 영역에서 통합적인 발달이 촉진된다. 즉, 탐구적 질문은 유아가 단순한 지식 수용자에서 벗어나 적극적 문제 해결자이자 의미 창조자로 성장하도록 돕는 강력한 언어적 도구인 셈이다.

따라서 본 서에서는 탐구적 질문의 개념과 유형을 살펴보고, 이러한 질문이 유아 문해력 발달에 어떤 구체적 영향을 미치는지 다양한 측면에서 분석해 보고자 한다. 이를 통해 교사와 부모가 유아 교육 현장에서 효과적인 질문 전략을 활용할 수 있는 방향을 제시하는 것을 목표로 한다.

## 1) 탐구적 질문의 개념과 교육적 가치

### (1) 탐구적 질문의 정의와 유형

탐구적 질문(Inquiry-based Questions)이란 단순히 정해진 답변을 요구하는 질문이 아니라, 유아가 스스로 생각하고 탐색할 수 있도록 다양한 사고를 유도하는 질문을 의미한다. 이 질문들은 유아의 호기심과 시고력을 자극하며, 언어적 표현을 풍부하게 해주는 교육적 도구다. 즉, 정답 맞추기식 질문이 아니라 '왜?', '어떻게?'를 묻는 질문을 통해 유아 스스로 문제를 인식하고 해답을 찾아가는 과정을 지원한다. 탐구적 질문의 대표적 유형은 다음과 같다.

■ 개방형 질문(Open-ended questions)

정해진 답이 없으며, 유아가 다양한 관점에서 자신의 생각을 자유롭게 표현할 수 있도록 유도하는 질문이나.

㉵ "왜 그렇게 생각했니?", "나른 방법은 없을까?", "어떤 점이 재미있었어?"

■ 추론적 질문(Inferential questions)

이야기나 경험의 표면적인 내용을 넘어서 숨겨진 의미나 인물의 감정을 유추하도록 돕는 질문이다.

㉵ "이 인물이 왜 그렇게 행동했을까?", "주인공의 기분은 어떠할까?"

■ 예측 질문(Predictive questions)

앞으로 일어날 일을 상상하거나 추측해 보는 질문으로, 유아의 미래지향적 사고와 상상력을 자극한다.

㉵ "다음에 무슨 일이 일어날까?", "만약 네가 주인공이라면 어떻게 할래?"

■ 비교·분석 질문(Comparative/Analytical questions)

두 가지 이상의 대상이나 현상을 비교하거나 치이점을 분석하게 하는 질문이다.

㉵ "두 동물은 어떤 점이 비슷하고 어떤 점이 다를까?", "이 그림과 저 그림은 어떻게 달라?"

이처럼 탐구적 질문은 유아의 발날 난계와 개인적 특성을 고려해 조절할 수 있으며, 질문을 통해 유아는 언어뿐 아니라 사고력, 문제 해결 능력, 사회적 상호작용 능력을 동시에 발전시킬 수 있다.

## 2) 탐구적 질문이 유아 문해력에 미치는 영향

문해력이란 단순히 글을 읽고 쓰는 기술이 아니라, 정보를 이해하고 자신의 생각을 구성해 타인과 효과적으로 소통하는 종합적인 언어 능력을 뜻한다. 탐구적 질문은 이러한 문해력 발달에 다음과 같은 중요한 역할을 한다.

### (1) 말하기와 듣기 능력 강화

탐구적 질문에 답하기 위해 유아는 자신의 생각과 경험을 말로 표현하게 되고, 친구나 교사의 이야기를 듣고 반응하는 과정을 거친다. 이 과정에서 어휘력과 문장 구성 능력이 자연스럽게 향상되며, 초기 문해력의 핵심인 구어 능력이 발달한다. 예를 들어, "왜 그렇게 생각하니?"라는 질문에 답하면서 유아는 자신의 이유를 논리적으로 설명하고, 다른 친구들의 의견을 들으며 생각의 폭을 넓히는 동시에 듣기 능력도 함께 강화된다.

탐구적 질문은 유아에게 '왜?', '어떻게?'라는 의문을 갖게 하여, 이를 해결하기 위한 자료 탐색의 동기를 부여한다. 유아는 관련 도서, 그림책, 영상 자료 등을 스스로 찾아보며 목적이 분명한 읽기 활동에 참여한다. 예컨대, "왜 새는 날 수 있을까?"라는 질문은 새의 구조와 비행 원리에 관한 책을 읽으며 깊이 있는 이해를 돕는다. 이렇게 동기 부여된 읽기 경험은 문해력의 기초를 다지는 데 매우 효과적이다.

### (2) 쓰기와 표현의 활성화

탐구 과정에서 유아는 자신이 관찰한 것, 느낀 점, 새로운 아이디어를 그림일기, 간단한 문장, 표나 그림 등 다양한 형태로 표현한다. 이는 유아가 쓰기 활동에 흥미를 느끼고 자발적으로 참여하는 계기가 되며, 문해력 발달에서 중요한 쓰기 능력의 토대를 형성한다. 또한 자신의 생각을 글이나 그림으로 정리하는 경험은 사고의 명료성과 표현력 증진에 도움을 준다.

### (3) 사고 확장과 어휘력 강화

탐구적 질문은 유아가 단순 사실에 머무르지 않고 감정, 추론, 비교, 예측 등의 복합적 사고를 언어로 표현하도록 유도한다. 이런 과정에서 유아는 다양한 어휘와 문장 구조를 접하며, 자신의 언어적 표현 범위를 넓힌다. 예를 들어, "왜 그 인물이 슬퍼했을까?"라는 질문을 통해 감정 어휘를 배우고, "두 동물의 차이점은 무엇일까?"라는 질문을 통해 비교 분석 용어를 익히게 된다.

### 3) 탐구적 질문 활용 방법과 유아 문해력 증진 전략

#### (1) 교사의 역할과 질문 기법

탐구적 질문을 효과적으로 활용하기 위해 교사는 단순 정보 전달자가 아니라 '질문 촉진자'로서의 역할이 중요하다. 교사는 유아의 수준과 관심을 고려해 적절한 질문을 설계하고, 유아가 스스로 생각을 표현할 수 있도록 격려한다. 또한, 즉각적인 정답 요구를 피하고 다양한 답변을 존중하는 태도를 보여야 한다. 대표적인 질문 기법은 다음과 같다.

■ 확장 질문하기

유아의 답변에 대해와 같이 생각을 더 확장하도록 유도하는 질문이다.

㉄ "왜 그렇게 생각했니?", "다른 방법도 있을까?"

■ 반성적 질문하기

유아가 자신의 경험과 생각을 돌아보고 평가할 수 있도록 돕는 질문이다.

㉄ "네가 했던 일에서 가장 어려웠던 점은 뭐니?", "다음에는 어떻게 해볼래?"

■ 탐색적 질문하기

탐구 대상에 대해 깊이 파고드는 질문이다.

㉄ "이 문제를 해결하기 위해 어떤 방법을 쓸 수 있을까?", "이 현상이 생긴 이유는 뭐라고 생각해?"

#### (2) 유아의 일상 경험과 연계하기

탐구적 질문은 유아가 친숙한 환경과 경험에서 시작할 때 더욱 효과적이다. 일상 속 자연현상, 친구 관계, 놀이 활동 등과 연계하여 질문을 던지면 유아의 흥미와 몰입도를 높일 수 있다. 예를 들어, 비 오는 날 "왜 비가 내릴까?"라는 질문으로 자연 탐구 활동을 시작할 수 있다.

### (3) 다양한 매체 활용과 협력적 탐구

책, 영상, 실험 도구, 자연 관찰 등 다양한 매체를 활용하여 유아가 질문에 대한 답을 탐색하도록 돕는다. 또한 또래 및 교사와의 협력적 토론과 활동을 통해 질문에 대해 여러 관점을 공유하고 더 깊이 이해하는 기회를 제공한다. 협력적 탐구는 언어 사용 빈도와 복잡성을 높여 문해력 발달에 긍정적 영향을 미친다.

### (4) 평가와 피드백

탐구적 질문 과정에서 유아의 언어 표현과 사고 과정을 관찰하고, 과정 중심 평가를 실시한다. 긍정적이고 구체적인 피드백을 통해 유아가 자신의 생각을 계속 확장하도록 격려하며, 실패나 틀린 답변도 학습의 기회로 삼는다.

### (5) 탐구적 질문과 문해력의 통합적 발달을 위하여

유아기는 인간 발달의 가장 민감하고 결정적인 시기로, 이 시기에 경험하는 언어적 자극과 사고 활동은 이후의 학습 역량, 사회성, 창의성에까지 지속적인 영향을 미친다. 특히 문해력은 학문적 성공뿐 아니라 인간관계, 정보 활용, 사회적 참여 등 삶 전반에 걸쳐 필수적인 기초 능력으로 작용한다. 따라서 유아기부터 문해력의 기초를 다지는 교육은 매우 중요하며, 그 중심 전략 중 하나가 바로 탐구적 질문이다.

탐구적 질문은 단순히 말문을 열게 하는 수준의 질문을 넘어, 유아가 세상과 상호작용하며 의미를 구성하는 데 중요한 촉매제 역할을 한다. '왜?', '어떻게?'와 같은 개방형 질문을 통해 유아는 단편적인 지식을 넘어서 사고하고, 느끼고, 논리적으로 말하는 과정을 경험한다. 이는 말하기와 듣기, 읽기와 쓰기의 영역을 통합적으로 자극하는 문해력 교육의 핵심 방식이라 할 수 있다.

또한 탐구적 질문은 유아가 학습의 수동적인 수용자에서 능동적인 참여자로 성장하는 데 결정적인 기회를 제공한다. 교사 주도의 수업이 아닌 유아 주도의 사고와 표현이 중심이 되는 교육 과정은, 유아의 자발성과 흥미를 유지시키며 지속적인 학습 동기를 부여한다. 이는 문해력이 단순한 기술 습득이 아니라 자기주도적 사고와 표현 능력의 총합이라는 점에서 매우 중요한 가치이다.

더불어 탐구적 질문은 유아 개개인의 경험과 배경지식을 존중하는 포용적인 교육을 가능하게 한다. 각 유아는 자신만의 방식으로 질문에 접근하고, 생각하고, 이야기하게 되므로, 다양한 언어 수준과 사고 방식이 존중받는 학습 분위기가 조성된다. 이는 유아의 자존감을 높이고, 언어에 대한 자신감을 길러주며, 나아가 또래와의 협력 및 토론을 통해 사회적 문해력도 함께 성장시키는 효과를 가져온다.

이러한 교육이 실현되기 위해서는 교사의 질문 역량이 핵심이다. 교사는 단순한 사실 확인형 질문이 아닌, 사고를 자극하는 고차적 질문을 설계하고, 유아의 답변을 존중하며, 대화를 통해 생각을 확장시켜 주는 역할을 수행해야 한다. 또한 유아의 흥미와 일상 경험을 반영한 주제 선정, 적절한 매체와 환경 구성, 또래 간의 협력적 활동 유도 등을 통해 탐구적 질문이 자연스럽게 흐르는 수업 환경을 만들어야 한다.

결국 탐구적 질문은 문해력뿐 아니라 유아의 전인적 성장, 즉 비판적 사고력, 문제 해결력, 사회적 소통 능력, 자기 표현력을 통합적으로 향상시키는 교육적 매개체라 할 수 있다. 이는 단지 유아기의 인이 발달을 돕는 것을 넘어서, 평생에 걸쳐 필요한 핵심 역량을 조기부터 형성하는 전략이기도 하다.

미래사회는 복잡한 문제를 스스로 정의하고, 타인과 협력하여 해결해 나가는 능력을 요구한다. 단순 암기형 인재가 아닌, 사고하고, 질문하고, 표현할 줄 아는 문해력 있는 인간이 필요한 시대다. 그러므로 유아 교육 현장에서는 보다 의도적이고 전략적인 탐구적 질문 활동을 통해, 유아가 세계를 탐색하고 자기 목소리를 낼 수 있는 기회를 풍부하게 제공해야 한다.

탐구적 질문은 선택이 아니라 필수다. 그것은 문해력의 본질이며, 유아가 세상과 소통하고 세상을 바꾸는 힘의 시작이기 때문이다.

## 2 IB와 문해력 관련성은?

### 1) 문해력, IB 탐구의 출발점이자 중심 동력

IB PYP(Primary Years Programme)에서는 모든 교사가 언어 교사로서 기능하며, 문해력이 단원 중심 탐구의 전 과정에 내재하도록 설계한다. Shannon(2016)은 "읽기와 쓰기가 본질적 요소에 대한 깊은 이해를 촉진하는가?"라는 질문을 던지며, 단순한 텍스트 소비나 일회성 쓰기가 아닌, 개념을 탐색하고 표현하는 문해 중심 수업으로의 전환을 강조했다.

### 2) 문해 중심 수업이 가져온 실질적 변화

PYP 한 학교에서는 특정 단원의 문해 중심 변화를 통해 다음과 같은 변화를 경험했다.

2학년 학생들이 '창의성' 단원에서 다양한 멘토 작가를 탐색한 후, 자신만의 창작 이야기를 만들어 내며 문해력과 작가적 자기 효능이 확대되었다. 5학년 학생들은 에너지 단원에서 읽기 → 요약 → 결론 도출 → 쓰기의 학습 흐름을 통해, 개념적 이해가 깊어졌고 자기주도 탐구 역량 또한 크게 성장했다.

### 3) 문해력은 단절된 기술이 아닌 탐구의 언어

Evelyn Galan(2019)은 모든 학습은 언어 활동이며, '언어로 사고하기(languaging)'라는 M. A. K. Halliday의 관점을 인용하며, 문해력을 사고 및 학습의 도구로 본다. 이를 기반으로 교실에서는 '시각적 스캐폴딩'이나 '장르 구조 이해'를 통해, 아이들이 자신의 언어로 개념을 구성하고 표현하도록 유도한다.

### 4) 문학 탐구를 통한 문해력 확장 사례

Mumbai에 위치한 한 PYP 교실에서는 '문학을 통한 탐구'를 매개로 문해력, 창의력, 사회적 행동이 결합된 활동이 이루어졌다. 학생들은 '책 맛보기(Book tasting)' 활동과 다양한 장르 탐색을 통해 정보 문해력(information literacy)을 강화했고, 이로부터 파생

된 'Book for Book' 자유 도서관 개설 아이디어는 실제 행동으로 이어졌다.

### 5) IB MYP와 언어 문해의 학제적 확장

IB MYP(Middle Years Programme)에서는 학문 간 통합(Inquiry–Based Interdisciplinary learning)이 중요하며, 이는 문해력의 확장과도 맞닿아 있다. 최근 연구에 따르면, IBL(Inquiry-Based Learning)은 학습자의 비판적 사고, 문제 해결, 메타인지 역량을 키우는 한편, 교사–학생 관계와 같은 교육의 질이 문해력 및 탐구 성과를 중재하는 요소로 나타났다.

### 6) 문해력을 통한 통합 사고, 깊은 배움으로의 여정

IB는 문해력을 단편적 읽기나 쓰기의 결과가 아니라, 복잡한 개념을 이해하고 표현하며, 새로운 의미를 창출하는 과정의 중심으로 본다. 이는 학습자가 지식 소비자가 아닌 창조자로 성장하도록 이끈다. 문해력을 통해 사고는 넓이지고, 표현은 정교해지며, 학습은 삶과 연결되어 지속 가능한 내면화를 이룬다.

IB와 문해력의 관계는 학습자를 자기주도적 탐구자이며 표현하는 인재로 길러내는 데 핵심적인 역할을 한다. 문해력을 통해 아이들은 질문하고, 해석하고, 표현하고, 나누며, 성찰한다. 이러한 과정은 IB 탐구 기반 교육, 학습자 프로필, 그리고 다중 문해력(multiliteracies) 개념과 조화롭게 결합되어, 통합적 사고와 표현 역량을 길러준다.

예비 단계는 본격적인 프로젝트 주제에 들어가기 전 단계이다.

2019 개정 누리과정 해설서에 따르면, 유아는 탐구 과정에서 자기주도적으로 질문을 던지고, 문제 해결 능력을 중심으로 다양한 역량을 키워 나간다. 탐구 기반 학습은 아이들이 스스로 질문하고, 탐색하며, 성찰하는 전 과정을 포함한다.

IB(2018)에서는 '기능', '변화', '책임'과 같은 개념을 핵심 탐구 요소로 제시하며, 프로젝트 주제를 탐구하는 과정에서 아이들이 질문을 만들고 실험하며, 마지막에는 자신의 생각을 공유하는 활동이 중요하다고 강조한다. Katz와 Chard(2000)도 교사와 아이들 간의 질문과 응답, 그리고 대화를 탐구 학습의 핵심 요소로 본다.

오늘날 교육의 패러다임은 '무엇을 가르칠 것인가'에서 '어떻게 아이가 배우는가'로 중심이 이동하고 있다. 특히 유아 교육에서는 아이의 발달 수준과 흥미, 경험을 기반으로 한 놀이 중심, 아동 중심의 학습이 강조되고 있다. 이러한 교육 환경 속에서, '생성형 주제'는 더 이상 선택이 아닌 필수적인 교수 접근 방식으로 주목받고 있다.

생성형 주제란, 교사가 미리 정해 놓은 수업 흐름이나 정답을 전달하기보다는, 아이가 스스로 탐색하고 질문하며 의미를 구성해가는 과정 중심의 수업 방식이다. 여기서 중요한 것은 교사의 역할이 지식을 '전달'하는 존재가 아니라, 아이의 질문을 존중하고 탐구 과정을 안내하는 '동행자'로 전환된다는 점이다.

아이들은 끊임없이 관찰하고, 묻고, 상상하며 스스로 세계를 이해해 간다. 창문에 맺힌 물방울을 보며 "왜 비는 떨어질까?"라고 묻고, 바닥에 떨어진 나뭇잎을 뒤집어 보며 "잎의 뒷면은 왜 색이 다를까?"라고 호기심을 표현한다. 이처럼 아이는 일상의 순간마다 탐구자(Explorer)가 되며, 놀이 속에서 자신의 사고를 확장하고 감정을 표현한다. 생성형 주제는 이러한 자연스러운 유아의 배움 양식을 교육과정 속에 온전히 담아내는 방식이다.

생성형 수업은 정답을 암기하기 위한 수업이 아니라, 의미를 발견하고 만들어가는 수업이다. 이를 위해 아이는 자신의 질문을 만들고, 관찰하고 실험하며, 스스로 정리하고 표현하는 전 과정을 주도적으로 경험한다. 이 과정에서 아이는 단순한 지식 습득을 넘어, 다음과 같은 중요한 역량을 키우게 된다.

**문해력:** 질문하고, 말하고, 들으며 자신의 생각을 구성하고 타인과 소통하는 능력
**탐구력:** 관찰, 실험, 추론 등을 통해 문제를 파악하고 스스로 답을 찾는 힘
**창의성:** 배운 것을 자신만의 방식으로 표현하고 재구성하는 유연한 사고
**사회성 및 감성 지능:** 친구와 함께 탐구하고 협력하며 타인의 시각을 이해하는 능력
**디지털 역량:** 디지털 도구를 활용하여 자신의 생각을 확장하고 표현하는 기술

## 실제편에 들어가며

이 책에서 소개하는 6단계 생성형 교수 방법은 이러한 역량을 기를 수 있도록 정교하게 설계된 구조이다. 탐구의 출발점인 '질문'을 중심으로, 아이가 스스로 주제를 발견하고, 깊이 있게 탐색하며, 창의적으로 표현하고, 사회적 가치까지 연결하는 순환적이고 확장 가능한 학습 흐름을 제안한다. 또한 이 구조는 하나의 특정 주제가 아니라, 어떤 주제나 상황에서도 유연하게 적용 가능한 학습의 원형(prototype)역할을 한다.

아이의 배움은 선형적으로 진행되지 않는다. 때로는 탐색에서 질문으로 돌아가기도 하고, 표현 활동 중 또 다른 궁금증이 생기기도 한다. 생성형 수업은 이처럼 아이의 자연스러운 사고 흐름을 따라가며 학습을 설계하는 열린 구조를 가지고 있다. 교사는 그 안에서 아이가 머무는 곳과 나아가는 방향을 주의 깊게 살피고, 필요할 때 적절한 자극과 지지를 제공한다.

미치 교실이 하나의 실험실처럼, 아이는 그 안에서 관찰하고, 조작하며, 표현하고, 친구와 생각을 나누며 지식과 감정을 동시에 확장해 간다. 교실은 '정답을 배우는 공간'이 아니라, '의미를 만들어가는 실천의 장'이 되는 것이다.

이 책에서 안내하는 6단계 교수법은 유아교육자들에게 실질적인 수업 설계의 틀을 제공할 뿐만 아니라, 아이들의 배움을 진정으로 존중하는 수업 문화를 만드는 데 기여할 것이다. 생성형 주제를 통해 교사는 아이와 함께 '배움을 만드는 여정'에 동행하게 된다. 그 여정에서 우리는 아이의 질문이 어떻게 배움의 문을 열고, 놀이가 어떻게 탐구가 되며, 표현이 어떻게 삶의 일부가 되는지를 다시금 확인할 수 있을 것이다.

### 1단계: 탐구를 여는 질문

#### ① 핵심 목적

유아의 배움은 외부로부터 주어지는 정보에서 시작되는 것이 아니라, 내면에서 피어오르는 질문과 개인적인 경험에서 출발한다. 1단계는 학습의 본질적인 시작점으로, 아이들이 세상에 대해 가지고 있는 감정, 생각, 기억, 경험을 교실이라는 공간 안에서 자유롭게 꺼내어놓을 수 있도록 돕는 단계이다.

이 시점의 가장 중요한 목적은 '가르치기'가 아니라, 아이의 호기심을 발견하고 존중하는 것이다. "이건 뭐지?", "왜 그렇게 될까?", "이건 어떻게 생겼지?"와 같은 작은 의

문들이야말로 배움의 출발선이다. 교사는 이 순간을 포착하여, 아이가 스스로 더 알고 싶어 하도록 환경을 조성해야 한다. 즉, 이 단계는 '무엇을 배울까?'를 정하는 단계가 아니라, '왜 배우고 싶어지는가?'를 형성하는 심리적·인지적 준비 단계라고 볼 수 있다.

② 교사의 역할

이 단계에서 교사의 핵심 역할은 '질문을 던지는 사람'이 아니라, 아이의 관찰을 이끌어내고 질문을 끌어올리는 촉진자(facilitator)가 되는 것이다. 아이가 일상에서 접하는 사물, 장면, 놀이, 경험에 대한 관찰을 자연스럽게 이끌어내고, 그 과정에서 생기는 질문들을 편안하게 표현할 수 있도록 격려해야 한다. 교사가 해야 할 구체적 역할은 다음과 같다.

- 맥락 있는 자극 제공: 아이가 평소 관심을 가질 수 있는 사물, 이야기, 놀이, 영상 등을 교실 안에 의도적으로 배치하거나 제시하여 아이의 주의를 끌고, 자발적인 관찰이 일어나게 한다.
- 언어를 통한 질문 유도: "무슨 일이 일어난 걸까?", "이건 어디에서 왔을까?", "이걸 보면 어떤 생각이 들어?" 등 열린 질문을 통해 아이의 말문을 여는 것이 중요합니다. 이때 정답을 유도하는 닫힌 질문은 피하고, 아이의 생각이 자유롭게 펴질 수 있도록 기다려야 한다.
- 공감과 수용의 자세: 아이의 질문이 어른의 관점에서는 단순하거나 엉뚱해 보일 수 있지만, 그 안에는 그들만의 논리와 관심이 담겨 있습니다. 교사는 아이의 호기심을 있는 그대로 수용하고, 그 질문이 존중받고 있다는 경험을 제공해야 한다.

③ IB 핵심 개념

- 형태(Form): "이건 어떤 모습일까?", "무슨 색이야?", "어떤 모양이야?"
  — 아이는 사물의 외형을 관찰하며 형태적 특성을 탐색하고 언어화한다
- 기능(Function): "이건 어떻게 움직일까?", "이건 뭐 하는 걸까?"
  — 사물이나 현상의 기능적 역할에 대한 관찰로 사고가 확장된다.
- 변화(Change): "예전엔 어땠을까?", "이건 시간이 지나면 어떻게 될까?"
  — 시간의 흐름, 변화의 개념에 대한 초기 사고가 시작된다.

④ 문해력 요소

- **듣기와 말하기:** 또래 친구와의 대화, 교사와의 질문과 응답 과정을 통해 자신의 생각을 말로 구성하고 타인의 이야기를 듣는 연습이 이루어진다.
- **시각적 해석력:** 사진, 그림, 물체 등을 관찰하며 그 의미를 읽어내고 자신의 감정이나 생각을 연결해 표현한다. 이는 초기 문해력의 시각 기반 사고로 매우 중요한 활동이다.

⑤ 디지털 요소

디지털 도구는 아이의 호기심을 시각적으로 자극하고, 보다 생생한 탐구 환경을 제공하는 데 효과적이다. 그러나 도구 자체가 주제가 되는 것이 아니라, 아이의 질문을 촉진하는 수단으로 활용되어야 한다.

⑥ 활용 방안 예시

- **사진과 영상:** 주제와 관련된 실제 사진, 자연 나큐멘터리, 관찰 영상 등을 제시해 아이의 시선을 끌고, '왜?', '어떻게?'라는 질문이 나오도록 유도한다.
- **AI 이미지 생성기:** 예를 들어, 아이가 "하늘을 나는 물고기가 있을까?"라는 질문을 했을 때, 이를 시각화해주는 도구를 활용하면 상상력을 더욱 구체화할 수 있다.
- **디지털 화이트보드나 스크린:** 아이가 본 것, 느낀 것, 궁금한 것을 그림, 낙서, 말풍선 형태로 자유롭게 표현할 수 있는 공간을 제공한다.

⑦ 예시 활동

활동 1: 자동차에 대해 궁금한 점은?

자동차에 대해 궁금점에 대해 이야기 나누고 생각망을 구성한 후 물어보고 싶은 점을 이야기 나누어 본디.

활동 2: 자동차를 탐색해볼까요?

어떤 자동차가 있을까요? 함께 이야기 나누어보고 자동차의 구조부디 번호판까지 함께 탐색하여 본다.

활동 3: 즐거웠던 자동차 놀이

서로의 이야기를 듣고, 내가 만든 자동차의 좋은점에 대해 이야기 나누며, 관심이 공유와 확장을 경험한다.

1단계는 수업의 방향을 정하는 단계이자, 아이와 교사 간 신뢰를 쌓고 탐구 공동체로서 첫발을 내딛는 순간이다. 시기의 질문은 완성된 문장이나 깊은 개념일 필요는 없다. 중요한 것은 아이가 '무언가 알고 싶다'는 감정을 느끼고, 그것을 표현해 볼 수 있는 환경을 제공받는 것이다. 교실은 이 단계에서 아이들의 질문으로 채워지며, 그 질문들이 다음 단계인 '탐구의 방향성'을 형성하는 기반이 된다.

## 2단계: 질문 만들기

① 핵심 목적

1단계에서 아이는 탐구의 문을 두드렸다. 2단계는 그 문을 열고, 아이가 자신의 배움의 방향을 설정하는 단계이다.

이 시점에서 아이는 단순히 '보는 존재'에서 벗어나, "나는 무엇이 궁금한가?", "이 주제에서 무엇을 더 알고 싶은가?"를 고민하며 탐구를 이끄는 질문자가 된다. 이 과정은 아이가 자신이 배울 내용을 스스로 선택하고 주도적 사고를 시작하는 출발점이다.

질문 만들기는 단순히 '질문을 말하는 것' 그 이상이다. 아이는 자신의 생각을 언어화하고, 친구의 질문을 경청하며 비교하고, 그 안에서 새로운 호기심을 발견한다. 이처럼 질문은 개별 사고의 도구이자 공동 사고의 출발점이다.

② 교사의 역할

이 단계에서 교사의 역할은 '정답을 알려주는 사람'이 아닌, 아이의 질문을 끌어내고 확장시키는 촉진자로 작용하는 것이다. 아이는 처음에는 짧은 말이나 감각적 언어("왜 뜨거워?", "소리가 나!")로 질문을 표현한다. 교사는 아이의 언어 수준에 맞춰 다양한 표현 방법을 제공하고, 질문을 시각화하거나 공유할 수 있는 환경을 마련해 주어야 한다. 구체적인 역할은 다음과 같다

- **질문을 끌어올릴 수 있는 자료 제공:** 그림책, 사진, 영상, 이야기, 낱말 카드 등은 아이의 호기심을 자극하는 매개체가 된다. 이러한 자료를 통해 아이는 감정과 생각을 언어로 구체화하게 된다.
- **다양한 질문 방식 허용:** 말로 표현하는 것이 어려운 아이는 그림이나 몸짓, 그림 자극 말풍선 등을 활용해 질문을 표현할 수 있다. 교사는 아이의 질문 표현 방식을 다양하게 인정하고 받아들인다.

- **공유의 장 마련**: 아이들의 질문을 모아 전시하고, 친구들 앞에서 말할 수 있는 기회를 제공함으로써, 질문을 통한 상호작용이 활발히 일어나게 한다.

③ IB 핵심 개념
- **형태**(Form): "이건 어떤 모습을 가지고 있을까?", "무슨 색깔이야?"
  — 사물의 겉모습을 탐구하며 형태적 특성을 탐색하고 이를 언어로 표현한다.
- **기능**(Function): "이건 어떻게 움직일까?", "이건 뭐 하는 걸까?"
  — 사물이나 현상이 기능적으로 어떠한 역할을 가지는지 관찰하며 사고가 확장된다.
- **변화**(Change): "이전에는 어떤 모습이었을까?", "이건 시간이 지나면 어떻게 될까?"
  — 유아가 시간의 흐름, 변화의 개념에 대한 초기 사고를 확립한다.

④ 문해력 요소
- **듣기**: 친구의 질문을 경청하고, 그 안에서 새로운 궁금증을 발견하거나 연결점을 찾는다.
- **말하기**: 자신의 생각을 말로 정리하고 표현해 보는 과정을 통해, 논리력과 자기표현력을 기른다.
- **시각적 문해력**: 질문을 말풍선, 그림 카드, 상징물로 표현하면서 시각적으로 정리해 보는 능력을 발달시킨다. 이 과정을 통해 아이는 '질문도 하나의 표현'이라는 것을 이해하게 된다.

⑤ 디지털 요소 활용

디지털 도구는 아이가 자신의 질문을 좀 더 직관적이고 생생하게 표현할 수 있는 도구가 된다. 특히 말로 표현하는 것이 서툰 아이에게는 디지털이 중요한 매개가 될 수 있다.

⑥ 활용 방안 예시
- **디지털 화이트보드**: 아이가 그림을 그리거나 스티커를 붙이면서 질문을 구성할 수 있는 공간을 제공한다.
- **음성 녹음 기능**: 아이가 직접 질문을 녹음해 보고, 친구들과 함께 들어보는 방식은 말하기에 자신감을 준다.

- **AI 챗봇 활용**: 아이가 "이건 왜 그래요?", "이게 어떻게 생겼어요?"라고 질문을 던졌을 때, 챗봇을 통해 답을 받아보고, 그 내용을 친구들과 다시 토의하는 것도 흥미로운 방법이다.

⑦ 예시 활동

**활동 1**: 이야기 속 궁금증 찾기

그림책을 함께 읽고, 등장인물이나 상황에 대해 자유롭게 이야기 나누며 궁금한 점을 질문으로 적어본다.

㉵ "왜 이 친구는 혼자 길을 떠났을까?", "이 장면 다음엔 무슨 일이 생길까?"

**활동 2**: 질문 말풍선 만들기

아이들이 말풍선 도안 안에 자신의 질문을 그림이나 글로 표현한다. 완성된 말풍선은 교실 벽면에 붙여 '궁금이 전시장', 또는 '질문 주차장'으로 꾸며 다음 수업 단계로 자연스럽게 연결한다.

**활동 3**: 질문 스티커 놀이

서로의 질문을 듣고, 공감하는 질문에 스티커를 붙이는 방식으로, 관심의 공유와 확장을 경험한다.

질문은 아이의 배움을 스스로 이끌어가게 하는 '학습의 나침반'이다.
2단계는 단지 아이가 질문을 만드는 것에서 끝나는 것이 아니라, 질문을 통해 자신이 배움을 만들어갈 수 있다는 것을 스스로 느끼는 과정이다. 이 과정은 아이가 배움의 수동적 소비자에서 벗어나, 주도적 탐구자로 성장하도록 돕는다.

1단계에서 싹튼 호기심은 2단계를 통해 방향을 잡고, 3단계로 이어지는 본격적인 탐구의 기반이 된다. 따라서 이 단계는 '탐구 설계의 시작점'이자 '자기주도성의 씨앗'이 되는 결정적 순간이다.

## 3단계: 탐색하고 실험하기

① 핵심 목적

3단계는 아이의 질문에 '몸과 감각'으로 답해보는 실천적 탐구의 시간이다. 앞선 1단계에서 시작된 호기심이 2단계의 질문을 통해 방향을 잡았다면, 이제 아이는 직접 관찰하고, 조작하고, 실험하면서 질문에 대한 실마리를 찾아 간다.

이 단계의 목적은 지식을 가르치는 데 있는 것이 아니라, 아이가 스스로 '알아가는 과정'을 경험하는 데 있다. 유아는 놀이와 실험, 관찰을 통해 복잡한 개념도 자연스럽게 체득할 수 있다. 실험은 실패와 반복을 포함한 열림의 과정이며, 탐색은 아이가 자신의 방식으로 세상과 상호작용하는 능동적인 배움이다.

② 교사의 역할

3단계에서 교사는 '답을 제시하는 교사'가 아닌, 자료를 설계하고 환경을 준비하며 아이의 시도 자체를 존중하는 동행자가 된다. 아이의 실험이 완전하거나 정답에 도달하는 것이 중요한 것이 아니라, 탐색 자체가 가치 있는 과정임을 인식하고 이를 존중해 주는 자세가 중요하다.

- **교사의 구체적 역할**: 열린 탐색 환경 조성하기, 다양한 재료, 감각적 자극, 관찰할 수 있는 물체와 놀이 도구를 배치하여 아이가 자유롭게 접근하고 조작해 볼 수 있도록 준비한다.
- **과정 중심의 질문 던지기**: "어떻게 움직였니?", "다시 해보면 뭐가 달라질까?", "왜 그렇게 되었을까?"와 같은 질문을 통해 아이의 사고 확장을 유도한다.
- **시도 자체에 대한 인정**: 실험이 실패하거나 예상과 다르게 진행될 때도, 결과보다 아이의 시도를 의미 있게 바라보며 도전과 반복의 의미를 이해하도록 도와준다.

③ IB 핵심 개념

- **기능**(Function): "이건 어떻게 작동해?", "무엇 때문에 움직이는 걸까?"
  — 사물의 기능과 작용을 관찰하고 체험하면서 논리적 사고의 기초가 형성된다.
- **변화**(Change): "다시 했을 땐 왜 다르게 되었을까?", "이건 왜 바뀌었을까?"
  — 실험과 반복 속에서 변화의 원인과 결과를 느끼고 생각해보게 된다.

④ 문해력 요소

- **과정 언어화**: 실험하는 동안 친구나 교사와 함께 자신의 관찰, 발견, 궁금증을 이야기하면서, 과학적 사고와 문해력이 통합적으로 발달한다.
- **설명하기와 비교하기**: 관찰한 차이점, 느낀 점을 비교해보고 표현하면서 논리적 설명 능력이 자연스럽게 확장된다.

⑤ 디지털 요소 활용

디지털 도구는 아이의 탐색을 확장시키거나 시뮬레이션 환경을 제공하는 보조 수단으로 효과적이다. 특히 직접 할 수 없는 복잡한 구조나 과정을 가상 공간에서 체험함으로써 아이의 사고를 확장할 수 있다.

⑥ 활용 방안 예시

- 디지털 시뮬레이션 앱: 기계 조립, 날씨 변화, 물체 움직임 등 아이가 직접 실험할 수 없는 상황을 가상으로 체험하게 한다.
- AR 또는 3D 이미지: 사물의 내부 구조, 작동 원리를 실감 나게 보여주는 AR(증강현실) 기술로 관찰력을 높인다.
- AI 이미지 생성기: "내가 만든 기계가 이렇게 작동한다면?"과 같은 아이의 상상을 시각적으로 구체화하여 탐구 의욕을 자극한다.

⑦ 예시 활동

활동 1: 속도 비교 실험

다양한 재료(종이컵, 나무 블록, 플라스틱 바퀴 등)를 바닥에 굴려보고, 어떤 재료가 더 빠른지 관찰한다.

"왜 얘는 더 빠를까?", "같은 경사로인데 왜 결과가 다르지?"라는 질문이 자연스럽게 이어진다.

활동 2: 경사로 놀이

아이들이 직접 박스나 블록으로 경사로를 만들고, 물체를 굴려보며 각도와 속도의 관계를 몸으로 이해한다.

활동 3: 구조 관찰하기

작동하는 장난감이나 실물 모형을 분해하거나 내부 구조 그림을 보며 "이건 왜 필요할까?", "이게 없으면 어떻게 될까?"를 이야기한다.

3단계는 생성형 교수법의 핵심 단계로, 아이가 '앎'의 과정에 신체와 감각, 언어, 상상을 모두 동원하여 몰입하는 시간이다.

이 단계의 중심은 결과가 아니라 과정이며, 정답이 아니라 경험이다. 아이는 실패도 해보고, 비교도 해보며, 자신의 가설을 조정해가고, 때로는 친구의 방법을 따라해보면서 배움의 다리를 넓혀간다. 교사는 이 전 과정에서 아이의 시도를 지켜보며 '잘했어' 보다는 '어떤 점이 재미있었니?', '다르게 해보면 어떨까?'와 같은 열린 피드백을 통해 아이의 탐구력을 북돋아야 한다.

이 경험이 쌓이면 아이는 다음 단계에서 자신의 생각을 창의적으로 표현하고 구성할 수 있는 힘을 가지게 된다.

## 4단계: 창의적 표현과 통합 활동

① 핵심 목적

4단계는 유아가 이전 단계에서 관찰하고 탐색한 내용을 창의적 표현 활동을 통해 자신의 언어로 재구성하는 시기이다. 아이는 놀이, 미술, 음악, 신체 활동, 이야기 짓기 등 다양한 방식으로 탐구한 세계를 표현하면서, 학습 내용을 '나의 것'으로 내면화한다.

이 단계는 단순히 만들기나 꾸미기를 넘어, 표현을 통해 사고가 확장되고, 교과 간 통합적 배움이 실현되는 창조의 장이다. 아이는 자신만의 방식으로 해석하고, 상상하고, 구성하며, 탐구 내용을 삶과 연결하게 된다. 즉, 이 단계의 핵심은 "내가 탐구한 것을 어떻게 다시 세상에 이야기할까?"이다.

② 교사의 역할

교사는 유아가 표현을 자유롭게 할 수 있도록 다양한 표현의 재료, 방식, 분위기를 제공하는 창의 환경 설계자가 된다. 아이는 표현의 기술보다는 자기 안의 생각과 감정을 드러내는 방식에 더 집중하게 되므로, 교사는 유아의 개성과 선택을 존중해야 한다.

- **교사의 구체적 역할**: 재료와 매체의 다양성 제공, 미술 재료, 조형도구, 디지털 드로잉, 블록, 신체 표현 도구 등 표현의 수단을 풍성하게 마련한다.
- **유아의 표현 의도 존중하기**: 유아가 표현한 결과물은 정형화된 완성작이 아니라 개별적인 사고의 흔적이다. 표현의 방식이나 수준에 대한 평가보다는, 그 과정의 의미와 맥락을 함께 나누는 자세가 필요하다.
- **교과 간 연결 유도하기**: 표현 활동을 통해 수·조작, 언어, 과학, 미술, 음악, 신체 등 다양한 영역과 자연스럽게 연계될 수 있도록 활동을 설계한다.

③ IB 핵심 개념

- 형태(Form): "내가 만든 것은 어떤 모양일까?", "이걸 보면 어떤 느낌이 들까?"
  — 아이는 자신이 만든 형태를 통해 탐구 내용을 다시 정의한다.
- 기능(Function): "내 작품은 어떤 일을 해요?", "이건 무엇을 위한 것이에요?"
  — 표현한 대상의 역할과 의미를 이야기하면서 사고가 확장된다.
- 변화(Change): "만들다 보니 생각이 달라졌어요.", "이건 나중에 이렇게 바뀔 수 있어요."
  — 표현을 통해 배움의 과정이 유연하게 진화하고, 창의적 확장이 일어난다.

④ 문해력 요소

- 이야기 구성력: 표현 활동을 이야기로 확장하면서 스토리텔링 능력을 기른다.
- 말하고 듣기: 내가 만든 것을 친구에게 설명하고, 친구의 작품을 듣고 이해하며 상호 문해력을 발달시킨다.
- 시각적 문해력: 다양한 매체(그림, 상징, 장치 등)를 통해 시각적으로 의미를 구성하고 해석하는 능력이 강화된다.

⑤ 디지털 요소 활용

디지털 도구는 창의 표현의 매체를 넓혀주며, 아이가 자신의 상상을 더욱 자유롭고 다양하게 실현할 수 있도록 돕는다. 특히 디지털 표현은 현실에서 구현하기 어려운 아이디어를 시각화하거나, 창의적 이야기를 구성하는 데 유용한 매개체가 된다.

⑥ 활용 방안 예시

- AI 이미지 생성기: 아이가 상상한 장면이나 물체를 AI를 통해 이미지로 생성하고, 그 그림을 바탕으로 이야기를 구성한다.
- 디지털 드로잉 앱: 손으로 표현하기 어려운 세밀한 장면이나 움직임을 디지털 도구로 표현하게 함으로써 창의적 만족감을 높인다.
- 영상 녹화: 자신이 만든 작품을 설명하거나 역할극을 수행하는 모습을 영상으로 기록하고, 친구나 가족과 공유할 수 있다.
- 디지털 스토리북 만들기: 내가 만든 이야기나 활동 결과를 디지털 책 형식으로 편집해보는 것도 효과적인 창의 통합 활동이다.

⑦ 예시 활동

**활동 1:** 나만의 이야기 만들기

아이들이 탐색했던 현상이나 주제에서 아이디어를 얻어, 캐릭터와 상황을 설정해 이야기로 확장한다.

㉥ "내가 만든 자동차는 어디로 갈까?", "이 물고기는 바다를 떠나서…"

**활동 2:** 조형 표현

블록, 클레이, 종이, 재활용품 등을 이용해 주제와 관련된 조형물을 만들고, 이름과 기능, 이야기를 함께 구성한다.

**활동 3:** 신체 표현과 음악 연결

탐구 주제를 리듬, 소리, 움직임으로 표현하면서 언어 이외의 표현 방식을 경험한다.

㉥ "이건 바람이 불 때의 소리야.", "이렇게 움직이면 나는 하늘을 나는 기분이야."

4단계는 배움이 창의적 표현으로 전환되는 마법 같은 시점이다. 이 과정에서 아이는 단순히 '배운 것'을 보여주는 것이 아니라, 배운 것을 바탕으로 자신만의 해석과 이야기를 만들어낸다. 그 표현이 곧 자기주도적 사고와 통합적 배움의 정점이 되는 것이다.

창의적 표현은 문해력, 과학적 사고, 수학적 사고, 신체 발달, 사회적 소통 능력이 유기적으로 얽히는 진정한 통합 교육의 장이다. 아이는 이 표현을 통해 자신이 세계와 연결되어 있다는 것을 느끼고, '배움이란 내가 할 수 있는 일'이라는 깊은 확신을 얻게 된다.

## 5단계: 성찰과 실천, 확장하기

① 핵심 목적

4단계까지 아이는 호기심을 따라 질문하고, 탐색하고, 표현하는 과정에서 주제에 대한 이해를 깊게 해왔다. 이제 5단계에서는 그 배움을 자신의 삶, 친구의 삶, 그리고 더 넓은 세상과 연결해 보며, 배움의 의미와 가치를 되새기고 실천해 보는 시간이 된다.

이 단계는 단순한 지식의 적용이 아니라, 가치에 대한 성찰과 삶의 태도 형성이 중심이 된다.

아이들은 "이걸 알게 된 내가 이제 무엇을 할 수 있을까?", "세상을 더 좋게 만들기 위해 나는 어떤 선택을 할까?"를 고민하게 된다. 이것이 바로 배움에서 삶으로의 확장,

놀이에서 공동체로의 전환이다.

② 교사의 역할

교사는 이 시기에 아이가 자신이 배운 내용을 스스로 되돌아보고, 작은 실천이나 태도 변화로 이어질 수 있도록 돕는 안내자이다.

중요한 것은 아이에게 '정답'이나 '바른 행동'을 주입하는 것이 아니라, 스스로 생각하고 선택할 수 있도록 다양한 관점, 이야기, 상황을 열어주는 것이다.

- 의미 있는 질문 제시하기: "이걸 알게 된 우리는 앞으로 무엇을 할 수 있을까?", "이 상황에서 네가 주인공이라면 어떤 선택을 할까?"와 같은 가치 중심의 질문을 통해 사고를 이끌어낸다.
- 실천 가능한 방법 함께 찾기: 실천이 거창하거나 도덕적인 행동일 필요는 없다. "친구와 사이좋게 놀기", "환경을 생각해 물 아껴쓰기"처럼 작고 구체적인 변화를 아이 스스로 찾고 경험하도록 유도한다.
- 다양한 관점 열어주기: 동화, 뉴스, 영상, 그림책 등을 통해 다양한 사람들의 삶과 시각을 보여주며 공감 능력과 비판적 사고를 자극한다.

③ IB 핵심 개념

- 변화(Change): "내가 바뀌면, 무엇이 바뀔 수 있을까?", "우리의 행동이 세상에 어떤 영향을 줄까?"
  — 배운 내용을 삶과 공동체의 변화와 연결해 보며 책임감 있는 사고를 길러준다.
- 기능(Function): "이건 왜 필요할까?", "어떤 기능이 있으면 더 안전할까?"
  — 실천과 선택을 통해 배움의 기능적 측면을 되짚게 된다.

④ 문해력 요소

- 비판적 듣기와 말하기: 친구의 생각을 듣고 자신의 의견을 말하는 의견 교류 활동을 통해 사회적 문해력을 발달시킨다.
- 설득과 주장: "나는 이렇게 생각해.", "왜냐하면…"과 같은 주장의 구조를 갖추면서 논리적 사고를 키운다.
- 공감적 이야기 나누기: 이야기 속 인물이나 실제 사례를 통해 감정이입, 공감, 이해를 이끌어낸다.

⑤ 디지털 요소 활용

디지털 기술은 아이들이 다양한 사회적 맥락을 접하고, 자신의 생각을 확장하고 표현하는 데 큰 도움이 된다.

⑥ 활용 방안 예시

- **사회적 이슈 영상 보기:** 환경, 교통, 공동체, 친구 관계 등과 관련된 짧은 영상 자료를 함께 시청하고, 아이의 생각을 말로 표현하거나 그림으로 그려보게 한다.
- **디지털 포스터 만들기:** "우리가 지켜야 할 약속", "깨끗한 마을 만들기" 등 실천 주제를 중심으로 디지털 드로잉이나 포스터 도구를 이용해 표현해 본다.
- **나의 다짐 영상 촬영하기:** 내가 앞으로 하고 싶은 실천이나 친구와의 약속을 짧은 영상으로 녹화하여 친구나 가족과 공유한다.

⑦ 예시 활동

활동 1: "우리가 지켜야 할 약속" 나누기

탐구 주제를 바탕으로 우리가 함께 지켜야 할 규칙이나 태도를 이야기하고, 친구들과 '약속 카드'를 만들어 공유한다.

활동 2: "만약 나라면…" 이야기 나누기

문제 상황이 담긴 이야기(갈등, 환경 문제, 안전 문제 등)를 듣고, 아이가 주인공이라면 어떤 선택을 할지 말해보며 가치 판단 능력을 키운다.

활동 3: 작지만 진짜 실천하기

플라스틱 줄이기, 물티슈 아껴쓰기, 친구와 도와주기, 정리 정돈하기 등 일상에서 바로 실천할 수 있는 작은 변화를 아이 스스로 정해 실천한다.

5단계는 배움이 지식이나 놀이의 차원을 넘어, 아이의 삶과 태도, 사회적 관계로 확장되는 순간이다. 이 과정을 통해 아이는 "내 생각과 행동이 세상을 바꿀 수 있다."는 경험을 하며, 진정한 의미의 자기주도성과 시민성의 씨앗을 키운다. 생성형 수업의 궁극적인 목적은 스스로 질문하고, 탐색하며, 세상과 연결되어 살아가는 아이를 기르는 데 있다.

이 단계는 그 방향성을 가장 명확히 보여주는 실천의 장이며, 교사는 이 과정을 '지도'하는 것이 아니라, 곁에서 함께 걷는 동반자가 되어야 한다.

## 6단계: 배움의 결론 맺기

① 핵심 목적

6단계는 생성형 수업의 마무리이자, 아이가 경험한 배움의 흐름을 자신의 언어로 되돌아보고, 다른 사람과 나누며 의미를 되새기는 시간이다. 배움은 탐색과 실험으로만 완성되지 않는다. 내가 알고 느낀 것을 되짚고 정리하며, 다른 이에게 공유하는 과정을 거쳐야 진정한 이해와 자기화가 일어난다. 또한, 표현과 나눔은 또 다른 탐구의 시작점이 되기도 한다.

이 단계에서는 배움을 종결하는 동시에 확장할 수 있는 연결고리를 만들게 된다.

② 교사의 역할

교사는 아이들이 자신의 배움에 자부심을 느끼고, 서로의 성장을 인정하는 분위기를 조성해야 한다. 이때 중요한 것은 결과물의 완성도가 아니라, 과정에서의 변화와 배움의 흔적을 존중하는 자세이다.

- **되돌아보기 질문 제시**: "가장 기억에 남는 순간은?", "처음과 지금, 나는 어떻게 달라졌을까?"와 같은 질문으로 성찰을 유도한다.
- **다양한 방식의 공유 촉진**: 말하기, 글쓰기, 그림, 역할극, 디지털 발표 등 아이가 자신의 배움을 편안하게 표현할 수 있는 방식을 선택하도록 돕는다.
- **또 다른 배움으로 연결**: "이걸 해보니 또 궁금한 게 생겼어요."와 같이, 확장 가능한 질문이나 탐구 주제를 자연스럽게 이끌어 낸후 배움으로 이어지는 가능성을 열어둔다.

③ IB 핵심 개념

- **형태**(Form): 아이가 표현하고 공유하는 방식 자체가 자신의 사고 구조와 배움의 형태를 드러낸다.
- **변화**(Change): "전에는 몰랐는데 이제 알게 되었어요."
  — 학습 이전과 이후의 변화를 인식하며 성장의 경험을 구조화할 수 있다.

④ 문해력 요소

- **자기 표현력**: 자신이 느낀 점, 배운 점을 다양한 언어로 표현하면서 문해력이 확장된다.

- **요약과 정리 능력:** 배움의 흐름과 핵심을 스스로 되짚어보며 사고의 구조화 능력을 발달시킨다.
- **공유와 경청의 태도:** 다른 사람의 배움을 듣고, 나의 이야기를 나누며 사회적 소통 능력과 공감력이 함께 길러진다.

⑤ 디지털 요소 활용

디지털 기술은 아이의 배움을 기록하고, 구성하고, 시각화하여 나누는 데 유용한 도구가 된다. 아이들은 이를 통해 자신의 성장을 재확인하며 자신감을 가질 수 있다.

⑥ 활용 방안 예시

- **디지털 스토리북 만들기:** 자신이 만든 이야기나 탐구 과정을 정리하여 책 형태로 만들어 친구나 가족과 공유한다.
- **발표 영상 촬영 및 공유:** 자신이 만든 작품, 이야기, 실천 약속 등을 짧은 영상으로 촬영하여 친구들, 부모님과 나누며 배움의 흔적을 기록한다.
- **디지털 포트폴리오 구성:** 사진, 동영상, 그림, 질문 등을 한데 모아 하나의 '나만의 배움책'을 만들어 아이가 스스로 정리하고 되돌아볼 수 있게 한다.

⑦ 예시 활동

**활동 1:** 질문 주차장 돌아보기

2단계에서 만들었던 '질문 게시판'으로 돌아가, 해결된 궁금증은 어떤 것이 있었는지 확인하고, 남은 질문은 다음 배움으로 연결해본다.

**활동 2:** 배움 박람회 또는 전시

아이들이 만든 작품, 질문, 영상, 이야기, 포스터 등을 교실에 전시하고, 친구, 교사, 부모님에게 소개하는 시간으로 배움의 정리와 공유를 함께 한다.

**활동 3:** 기억에 남는 장면 발표하기

"가장 재미있었던 순간은?", "내가 제일 뿌듯했던 건?"과 같은 질문으로 자기 경험을 공유하며 성찰적 표현을 시도해 볼 수 있다.

6단계는 배움을 마무리하는 동시에, 다음 배움의 문을 여는 순환의 고리이다. 아이들은 배운 내용을 되짚고 정리하면서, 자신이 어떻게 성장했는지를 스스로 인식한다.

그리고 그 경험을 또래, 가족, 공동체와 나누며 배움의 가치를 사회적 관계 안에서 확인하게 된다. 이 단계는 단순한 '정리'나 '발표' 시간이 아니다. 아이의 배움이 삶과 연결되는 가장 감동적인 순간이자, 교실이 배움의 공동체가 되는 마무리의 장이다.

생성형 주제 6단계 교수법은 철학적 순환 구조로서의 깊은 의미이다. 현대 교육은 단순한 지식 전달을 넘어, 아이들이 스스로 생각하고 문제를 해결하는 힘을 기르는 데 집중하고 있다. 이러한 교육 철학의 핵심에는 '탐구'가 자리 잡고 있으며, '생성형 주제 6단계 교수법'은 바로 이 탐구 기반 교육의 본질을 구체적인 수업 과정으로 구현한 구조이다.

### 1. 배움의 시작은 '질문'이다

아이의 배움은 질문에서 출발한다. 이 질문은 그저 단순한 호기심이나 즉흥적인 궁금증에 머무르지 않고, 아이 스스로가 의미 있는 탐색을 시작할 수 있도록 하는 내적 동기이다. '왜?', '어떻게?', '무엇 때문에?'라는 질문은 아이들의 생각에 불씨를 당기고, 교육과정 전체를 견인하는 힘이 된다. 질문을 만드는 과정에서 아이들은 이미 자신이 가지고 있는 경험, 지식, 감각을 바탕으로 사고를 확장한다. 이때 교사는 아이의 질문에 귀 기울이고, 그 질문이 더욱 깊고 폭넓게 성장할 수 있도록 자연스럽게 도와야 한다. 즉, 교사는 단순한 정보 제공자가 아니라, 질문을 함께 키워 나가는 '촉진자'이자 '동반자'가 되는 것이다.

### 2. 직접 탐색하고 실험하며 배우는 '발견의 즐거움'이다.

질문이 생겨났다면 그 다음 단계는 답을 찾아 나서는 '탐색과 실험'이다. 아이들은 손으로 만지고, 눈으로 보고, 몸으로 움직이며 직접 경험하는 과정 속에서 배움의 의미를 온몸으로 느낀다. 이 과정은 아이들의 '자발적 참여'를 극대화하며, 실패와 성공의 경험을 통해 문제 해결력을 기른다. 이 단계는 지식을 암기하는 데서 벗어나, 아이가 스스로 '왜 그런지', '어떻게 작동하는지'를 고민하며 지식을 능동적으로 재구성하는 시간이다.

### 3. 창의적 표현으로 자신만의 배움을 완성하다.

탐색과 실험을 통해 얻은 경험과 지식은 아이마다 다르게 내면화된다. 아이들은 그림, 글, 노래, 연극, 만들기 등 다양한 창의적 방법으로 배움을 자신만의 언어로 표현한다.

이 창의적 표현은 단순한 결과물이 아닙니다. 아이가 그동안 경험한 것을 '새로운 관점에서 재해석하고 통합'하는 과정이며, 이를 통해 아이들은 자신만의 독특한 사고를 발전시킨다. 또한, 이런 표현 활동은 아이가 주도적 학습자임을 확인시키며 학습에 대한 자신감을 키우는 기회가 된다.

### 4. 공동체 속에서 나누고 공감하며 성장하다.

배움은 개인적 경험에만 머무르지 않고, 타인과 나누는 과정을 통해 더욱 풍성해진다. 아이들은 자신의 생각과 느낌을 친구, 교사, 가족과 공유하며 타인의 시각을 이해하고, 자신의 견해를 확장한다. 이러한 상호작용은 단순한 정보 교환을 넘어, '사회적 협력과 공감 능력'을 키우는 장이다. 아이들은 공동체 안에서 자신의 배움이 의미 있음을 확인하고, 책임감과 협력의 중요성을 체득한다. 이 단계는 아이가 사회적 존재로서 자아를 확립하는 데 중요한 역할을 한다.

### 5. 성찰과 정리를 통해 배움을 내 삶으로 연결하다.

아이들은 경험을 정리하고 되돌아보는 과정을 통해, 단편적인 지식이 아니라 '내 삶과 연결된 의미 있는 배움'으로 완성한다. 성찰은 배움을 깊이 있게 만드는 힘이며, 아이 스스로 자신의 성장 과정을 이해하고 자발적인 학습 태도를 형성하는 기반이 된다.

이 단계에서 아이들은 "처음에는 몰랐는데 지금은 알게 되었어요.", "내가 이렇게 생각이 바뀌었어요."라며 자기 변화를 인식하고 표현한다. 이 과정을 거쳐 아이는 자신만의 배움 이야기를 만들며, 궁극적으로 평생 학습자로 성장할 토대를 마련한다.

### 6. '지식 소비자'에서 '지식 창조자'로의 전환이다.

생성형 교수법 6단계는 아이를 단순한 '정보의 수용자'에 머무르게 하지 않는다. 오히려 아이가 적극적으로 질문을 만들고, 탐색하며, 창의적으로 표현하고, 공동체와 소통하는 과정 전반에 주체적으로 참여하도록 돕는다. 이런 과정 속에서 아이는 '지식 창조자'로 거듭난다. 즉, 배움의 주도권을 스스로 쥐고, 자신의 경험과 생각을 바탕으로 새로운 의미를 창출하는 존재로 성장하는 것이다. 이는 교육의 본질적 목표 중 하나인

'자율적이고 창의적인 인간 육성'과 맞닿아 있다.

### 7. 모든 주제에 적용 가능한 '배움의 순환 구조'이다.

이 6단계는 특정 주제나 교과에 한정되지 않고, 다양한 영역과 내용에 두루 적용할 수 있는 보편적인 배움의 틀이다. 과학, 사회, 예술, 언어, 신체 활동 등 주제가 무엇이든 아이들이 이 과정을 통해 자신의 배움을 주도하고 완성할 수 있다. 또한, 이 구조는 유아부터 초등 저학년까지 연령별 발달 수준에 맞게 유연하게 변형하여 적용할 수 있으며, 통합 교육의 원리를 자연스럽게 녹여내어 전인적 성장에 기여한다.

### 8. 교사의 역할 변화와 학습 공동체 형성이다.

생성형 교수법은 교사의 역할도 크게 바꾼다. 전통적인 '정보 전달자'에서 벗어나, 아이들의 질문을 존중하고, 탐색을 촉진하며, 창의적 표현과 나눔의 장을 마련하는 '학습 촉진자'이자 '공동체 조성자'가 된다. 이로써 교실은 서로 배우고 가르치는 '학습 공동체'로 자리매김하며, 아이들이 서로 영향을 주고받으며 성장하는 공간이 된다.

생성형 주제 6단계 교수법은 단순한 활동 나열이 아니라, 아이들이 스스로 생각하고 배우며 성장할 수 있도록 돕는 탐구 기반 교육의 철학적 순환 구조이다. 아이들은 이 순환 속에서 질문하고, 탐색하고, 표현하고, 나누고, 정리하면서 '지식 소비자'를 넘어 '지식 창조자'로서 자신의 배움을 주도하게 된다. 이 과정은 교육 현장에서 아이들의 삶을 변화시키고, 미래사회에 필요한 창의적이고 자율적인 인재를 키우는 밑거름이다.

# Chapter 7

# IB로 접근한 나의 꿈, 내가 되고 싶은 사람 프로젝트 교수방법

1. 예비단계
2. 탐구를 여는 질문
3. 질문만들기
4. 탐색하고 실험하기
5. 창의적 표현과 통합 활동
6. 성찰과 실천, 확장하기
7. 배움의 결론 맺기

## 1 예비단계(1단계)

아이들의 진로 관련 경험과 관심을 바탕으로 '나의 꿈' 프로젝트가 즐겁게 진행된다. 아이들은 자신의 꿈을 자유롭게 표현하고 친구들과 의견을 나누며 다양한 관점을 존중하는 태도를 익힌다. 이 과정에서 디지털 도구를 활용한 시각화 활동과 문해력 기반의 질문·기록·공유 경험이 이루어지며, 교사는 이를 반영한 예비 주제망을 구성하여 자기주도적 탐구를 지원한다. 또한 프로젝트는 단계별 탐구의 흐름 속에서 아이들의 꿈을 다층적으로 바라볼 수 있는 기회를 제공한다. 단순한 직업의 개념을 넘어서, 자신의 흥미와 강점, 사회적 역할, 미래사회의 변화까지 폭넓게 이해하도록 안내하며, 이를 통해 IB 학습자상이 강조하는 탐구 중심의 학습도 자연스럽게 이루어진다. 유아는 자신의 꿈과 관련된 질문을 스스로 만들어보고, 답을 찾기 위한 탐색 활동에 참여하면서 지식의 능동적 구성자로서 성장하게 된다.

프로젝트를 보다 체계적으로 운영하기 위해 연구자와 교사들은 '나의 꿈' 프로젝트 주제에 관한 전반적인 연구를 사전에 수행하였다. 이를 위해 유아의 발달 수준에 적합한 유아 자료, 진로 관련 동화책 및 그림책, 주제 관련 학술자료, 2022 개정 누리과정 문서 등을 폭넓게 수집하여 교육적 타당성과 탐구 방향성을 검토하였다. 특히 본 프로젝트가 기반하고 있는 책에서 제시하는 7단계 프로젝트 접근법에 따라 각 단계의 목적과 활동 요구 요소를 분석하고, 단계별로 어떤 탐구 활동이 적합한지, 어떤 문해 활동과 창의적 표현이 통합되어야 하는지 등을 구조적으로 연구하였다.

예비 주제망에는 문해력, 창의력, IB 교육 철학, 디지털 자료 활용 등의 요소가 반영되었다. 문해력 요소는 질문 생성·경험 기록·정보 수집 활동으로 구성하였으며, 창의력 요소는 자신의 꿈을 다양한 형태로 표현하는 활동과 새로운 직업을 상상해 보는 활동을 중심으로 설계하였다. 디지털 자료는 다양한 직업 영상, 사진, 전문가 인터뷰 자료 등 실제감 있는 매체를 활용하여 유아의 탐구 경험을 확장하도록 지원하였다. 이러한 주제망 구성 과정은 매주 이루어지는 교사 협의를 통해 지속적으로 조정·보완되었다. 협의에서는 활동 난이도, 자료의 적합성, 유아의 흥미 반영, 개별 유아의 발달 특성 고려 등 프로젝트의 질을 높이기 위한 전문적 논의가 이루어졌다. 또한 매월 진행되는 숲 체험 활동과 통합하여 "자연 속에서 이루어지는 직업은 무엇일까?", "환경을 지키는 직업은 어떤 모습일까?"와 같은 융합적 탐구도 가능하도록 구성하였다. 그뿐만 아니라 푸드 아트, 미술 창작, 역할놀이 등 다양한 교과 간 통합 활동을 포함하여 유아가 주제와 관련된 경험을 폭넓게 확장할 수 있도록 하였다.

주제망은 예비단계에서 교사가 구성하나, 실제 프로젝트가 진행되는 과정에서는 유아의 흥미와 관심, 활동 반응, 단계별 탐구 흐름에 따라 내용이 유연하게 달라질 수 있다. 이는 프로젝트 접근법의 핵심인 '유아 주도성'을 반영한 것으로, 자연스럽고 의미 있는 배움이 이루어지도록 도와주는 중요한 원리이다.

이와 같이 '나의 꿈' 프로젝트는 유아가 자신의 가능성을 탐색하고 미래를 긍정적으로 상상하며, 탐구력·문해력·창의력·디지털 리터러시·세계 시민적 관점을 균형 있게 발달시키는 교육적으로 가치 있는 프로젝트로 자리매김하고 있다.

## 나의 꿈 통합 예상 주제망

**꿈**

**나의 꿈은 어디에서 시작될까? (용기 · 탐구)**

- '꿈' 동화책을 읽어요
- 내가 좋아하는 것은 무엇일까요?
- 꿈꾸는 질문 나무
- 꿈하면 무엇이 떠오르나요?
- 내가 할 수 있는 것 토론하기

**어떤 꿈이 재미있을까? (탐구 · 용기)**

- 어떤 꿈이 재미있을까요?
- Chat GPT가 그려준 다양한 직업
- 내가 되고 싶은 직업이 있어요

**꿈을 친구들에게 소개해요! (소통 · 용기)**

- 나의 꿈을 발표해요
- 나의 꿈 전시하기
- 나의 꿈을 담은 열기구
- AI와 함께하는 꿈 인터뷰

**꿈을 이루기 위해 무엇을 할 수 있을까? (지식 · 사고)**

- 꿈 직업 수 그래프
- 나의 꿈을 이뤄요
- 직업에 필요한 어떤 것들이 있나요?
- 내가 미래에 일하는 모습 그려보기
- 해양경찰관이 되어 도움을 주어요 (직업 체험)

**지금 내가 할 수 있는 것은? (사고 · 배려)**

- 나를 대표하는 미덕
- 꿈을 이룬 나에게 편지쓰기
- 내 꿈 상자 만들기
- 내 꿈을 향한 작은 실천은?
- 우리의 꿈을 응원해!

**꿈을 표현하고 나타내요 (소통 · 균형)**

- AI로 만든 꿈을 이룬 내 모습은 어떨가요?
- 나는 꿈이 있어요
- 블록으로 만든 나의 회사는?
- 미래의 꿈 사진관에 왔어요
- 내가 되고 싶은 직업이 있어요
- 나의 꿈 소원은 무엇인가요?
- 망원경으로 본 내 미래 모습은?
- 내가 꿈꾸는 직업은?

* 본 예상 주제망은 유아의 흥미에 따라 다음 진행 예정 주제와 융합되어 구성될 수 있습니다.

## 2 탐구를 여는 질문

### '꿈' 동화책을 읽어요

**IB학습자상** 열린 마음을 지닌 사람, 지식이 풍부한 사람

**다중지능** 언어적 지능

**IB단계** 2단계: 나의 꿈은 어디에서 시작될까?

**문해력 요소** 읽기: 동화책 읽기

말하기: 비교하기

쓰기: 그림이나 글로 표현하기

**디지털 확장** AI로 생성한 '다양한 직업' 이미지 활용하기

**목 표** 내가 좋아하는 것, 잘하는 것을 떠올리며 동화책을 읽는다.

**활동 예시**

➲ 내가 좋아하는 것과 잘하는 것에 대해 이야기 나눈다.

- 나는 무엇을 잘 하나요?
- 나는 무엇을 좋아하나요?
- 친구들에게 나에 대해 소개하고 싶은 점이 있나요?

➲ 꿈에 관련된 동화책을 읽는다.

- 이 동화책의 제목은 무엇인가요?
- 동화책 속에 어떤 내용이 있나요?
- 내가 되고 싶은 꿈은 무엇인가요

| 꿈에 관련된 동화책들

| 동화책을 읽는 모습

## 내가 좋아하는 것은 무엇일까요?

**IB학습자상** 탐구하는 사람, 소통하는 사람

**다중지능** 자연탐구적 지능, 언어적 지능, 대인관계적 지능

**IB단계** 2단계: 나에 대해 알아보며 탐구해요

**문해력 요소** 읽기: 사진 자료 관찰하기

말하기: 비교하기

쓰기: 그림이나 글로 표현하기

**디지털 확장** Chat GPT에 '가장 많이 좋아하는 것'을 질문을 입력하고 비교해보기

**목 표** 내가 좋아하는 것에 대해 생각하고 친구들과 비교하며 공통점과 차이를 발견한다.

**활동 예시**

➲ 다양한 사진 자료(장난감, 음식, 놀이, 장소 등)를 함께 살펴보며 관심사 이야기 나눈다.

- 어떤 걸 가장 좋아해요?
- 우리가 모두 좋아하는 것은 무엇이 있을까요?
- 내가 좋아하는 것을 친구와 함께할 수 있을까요?

➲ "나는 이것을 좋아해요!" 말하며 스티커 붙인다.

- 나와 친구는 같은 것을 좋아할까요?

➲ 친구들과 좋아하는 것을 비교해 공통점 찾는다.

- 어떤 것이 가장 높을까요?, 낮을까요?, 몇 개 차이가 있을까요?

| 내가 좋아하는 것에 대해 스티커를 붙이는 모습

| 수 그래프 속 많고 적음을 비교하는 모습

## 꿈꾸는 질문 나무

**IB학습자상** 성찰하는 사람, 탐구하는 사람

**다중지능** 개인 이해적 지능, 언어적 지능, 자연탐구적 지능

**IB단계** 2단계: 나의 꿈을 생각해보며 탐구해요

**문해력 요소** 읽기: 질문지 읽어보기

말하기: 말로 표현하기

쓰기: 꿈을 글과 그림으로 표현하기

**디지털 확장** 유아용 직업 영상 자료 시청 후 이야기 나누기

**목 표** 다양한 질문을 통해 나의 꿈에 대해 탐색하고 친구들과 상상력을 확장한다.

**활동 예시**

➲ 내 꿈을 이루기 위해 무엇을 해야 할까요?
- 만약 마법을 쓸 수 있다면 어떤 일을 해볼까요?
- 꿈나라에 가면 어떤 내가 있을까요?
- 미래에 나는 어디에서 살고 있을까요?

➲ 다양한 직업 사진이나 영상 시청후 이야기 나눈다.
- 실내·실외에서 하는 일은 무엇이 있을까요?

➲ 성찰 후 행동으로 실천한다.
- 꿈을 위해 친구들과 함께할 수 있는 무엇이 있을까요?
- 꿈이 바뀐다면 어떤 꿈을 꿔보고 싶을까요?
- 내 꿈을 이루면 누구에게 제일 먼저 말하고 싶을까요?

| 꿈에 대한 여러 가지 궁금증 질문을 적는 모습

| 궁금증 나무를 완성 후 읽어보며 발표하는 모습

## 꿈하면 무엇이 떠오르나요?

**IB학습자상** 사고하는 사람

**다중지능** 논리-수학적 지능, 공간적 지능

**IB단계** 2단계: 내가 되고 싶은 꿈은?

**문해력 요소** 말하기: 나의 생각 발표하기
추론하기: 소근육을 활용하여 글자쓰기

**디지털 확장** AI가 생각하는 꿈은?

**목 표** '꿈'하면 떠오르는 것을 자유롭게 이야기하고 친구들의 생각을 경청한다.

**활동 예시**

➲ 꿈은 무엇일까요?
- 잠을 자는 꿈과 이루고 싶은 꿈은 무엇이 다를까요?
- 어른이 된다는 것은 무엇일까요?
- 어린이의 꿈은 무엇일까요?

➲ 어른이 되면 어떤 직업을 갖고 싶나요?
- 직업이란 무엇일까요?
- 어떤 직업이 있을까요?
- 어떤 일을 하고 싶나요?

➲ '나의 꿈'은 무엇인가요?
- 친구의 꿈은 무엇일까요?
- 내가 되고 싶은 꿈은 몇 개인가요?

| 글자를 따라 쓰고 있는 모습

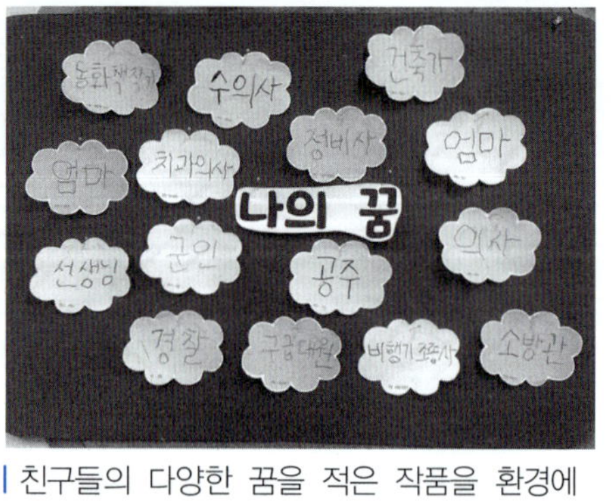


| 친구들의 다양한 꿈을 적은 작품을 환경에 구성한 모습

## 내가 할 수 있는 것 토론하기

**IB학습자상** 성찰하는 사람, 소통하는 사람

**다중지능** 개인 이해적 지능, 언어적 지능, 대인관계적 지능

**IB단계** 2단계: 나의 꿈을 탐구해요

**문해력 요소** 읽기: 질문지 읽기
말하기: 서로의 생각 나누기
쓰기: 생각 정리하고 적기

**디지털 확장** Chat GPT에 '내가 할 수 있는 것은 무엇이 있을까?' 질문해 보며 탐색하기

**목 표** 내가 할 수 있는 일에 대해 돌아보고, 서로의 생각을 나누며 자신감을 기른다.

**활동 예시**

➲ 내가 어떤 일을 잘 할 수 있을까요?
- 자신의 생각을 색종이에 적어 보아요.
- 친구들은 나에게 어떤 일을 잘한다고 말할까요?
- 내가 하고 싶은 일과 잘하는 일이 같을까요?

➲ 친구들의 생각과 나의 생각을 비교하며 이야기 나눈다.
- 친구가 잘하는 일과 내가 잘하는 일이 같을까요?

➲ 내가 할 수 있는 일을 오늘 바로 실천한다면?
- 지금부터 실천을 잘하려면 어떤 약속을 만들까요?
- 나중에 어른이 되어서도 실천할 수 있을까요?

| 모둠끼리 내가 할 수 있는 것 그려보는 모습

| 토론 후 내가 할 수 있는 것 소개하는 모습

## 3 질문만들기

### 어떤 꿈이 재미있을까요?

**IB학습자상** 탐구하는 사람, 소통하는 사람

**다중지능** 언어적 지능, 대인관계적 지능

**IB단계** 3단계: 어떤 꿈이 재미있을까?

**문해력 요소** 말하기: 자신의 생각 발표하기

추론하기: 의미 생각하기

**디지털 확장** AI에게 꿈에 대해 궁금한 점 질문하기

**목 표** 꿈에 대한 생각을 친구들과 나누며 AI에게 궁금한 점을 질문한다.

**활동 예시**

➲ 꿈이 무엇인가요?

– 꿈에 대해 궁금한 점이 있나요?

– 꿈에 대해 궁금한 점을 누구에게 물어보면 좋을까요?

➲ AI에게 꿈에 대해 물어보고 싶은 점이 있나요?

– AI에게 꿈에 대한 어떤 걸 물어보고 싶나요?

– 꿈을 이루기 위해 무엇을 해야 하나요?

➲ 꿈에 대해 궁금한 점을 토의해요.

– 친구와 꿈에 대해 궁금한 점이 같나요?

– 서로 다른 질문은 무엇인가요?

| 꿈에 대해 궁금한 점을 토의하는 모습

| 지니에게 궁금한 점을 물어보는 모습

## Chat GPT가 그려준 다양한 직업

**IB학습자상** 탐구하는 사람, 도전하는 사람

**다중지능** 언어적 지능

**IB단계** 3단계: 어떤 꿈이 재미있을까?

**문해력 요소** 말하기와 듣기: 친구의 질문에 귀 기울이고 함께 이야기 나누기
표현력: 말로 하거나 그림으로 질문 구성해 보기

**디지털 확장** AI에게 질문을 하여 이미지로 만들기

**목 표** 아이들이 어떤 질문을 할 것인지 생각하고 토의하여 질문하도록 한다.

**활동 예시**

➲ Chat GPT에게 다양한 직업에 대해 질문한다.

- Chat GPT에게 어떤 직업이 있는지 물어보면 대답을 해줄까요?
- AI에게 다양한 직업을 소개해 달라고 해볼까요?
- 여러 가지 직업이 입는 옷은 왜 다를까요?

➲ Chat GPT가 그려준 그림을 보며 활동해 본다.

- Chat GPT가 그려준 다양한 직업은 어떤 모습일까요?
- AI에게 내가 원하는 직업을 그려달라고 해볼까요?
- AI가 그려준 내 직업 그림을 어떻게 전시하면 좋을까요?
- 친구들의 그림과 비교했을 때 어떤 점이 다를까요?

| AI에게 물어본 이미지 꾸미는 모습

| 완성한 나만의 직업 가랜드 만들기

## 내가 되고 싶은 직업이 있어요

**IB학습자상** 성찰하는 사람, 소통하는 사람

**다중지능** 개인 이해적 지능, 공간적 지능

**IB단계** 3단계: 어떤 꿈이 재미있을까?

**문해력 요소** 말하기: 주제에 맞는 경험 말하기

쓰기: 주제에 연관된 단어 쓰기

**디지털 확장** 디지털 직업 시뮬레이션

**목 표** 꿈에 대해 스스로 생각하고 친구들과 다양한 꿈에 대해 이야기 나누며 다양한 방법으로 주제망을 구성한다.

**활동 예시**

➲ 꿈하면 어떤 것이 떠오르니요?

- 커서 되고 싶은 사람이 있나요?
- 꿈을 이루려면 어떤 것이 필요할까요?
- 이 직업은 어떤 일을 하나요?
- 이 직업을 가질려면 나에게 어떤 능력이 필요할까요?

➲ 친구들과 이야기한 내용을 바탕으로 주제망을 구성한다.

- 질문과 관련된 내용을 그림이나 상징그리기

| 꿈하면 생각나는 단어 글자와 그림으로 표현

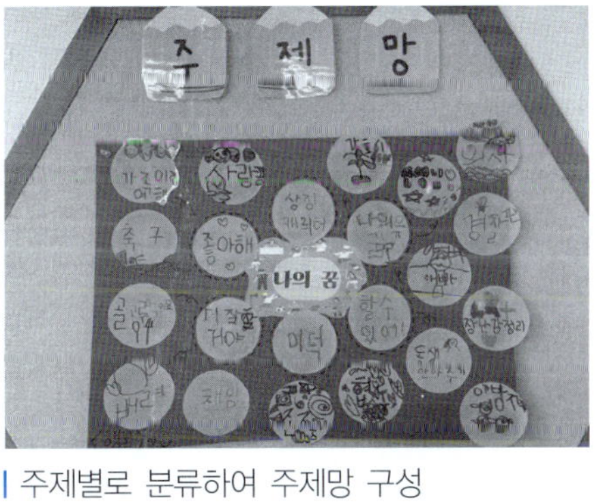


| 주제별로 분류하여 주제망 구성

## 4 탐색하고 실험하기

### 꿈 직업 수 그래프

**IB학습자상** 탐구하는 사람, 사고하는 사람

**다중지능** 논리-수학적 지능, 언어적 지능

**IB단계** 4단계: 꿈을 이루기 위해 무엇을 할 수 있을까?

**문해력 요소** 쓰기: 직업에 대한 생각 글로 표현하기

**디지털 확장** 디지털 화이트보드나 태블릿을 이용해 그래프 만들기

**목 표** 친구들이 꿈꾸는 직업을 함께 조사하고 수 그래프로 나타내며 수 개념을 익히고 직업에 대한 다양함을 안다.

**활동 예시**

➲ 내가 되고 싶은 꿈을 말해본다.
- 친구들은 어떤 직업을 꿈꾸고 있나요?

➲ 친구들의 꿈을 모아 표로 만들고 수 그래프를 만든다.
- 친구들이 선택한 직업 그림을 한 칸씩 붙여보기
- 같은 직업은 한 줄에 모아 수를 세어보기
- 어떤 직업이 많고, 어떤 직업이 적은지 관찰해보기

➲ 수 그래프를 보며 함께 이야기 나눈다.
- 내가 하고 싶은 직업을 선택한 친구는 몇 명이었나요?

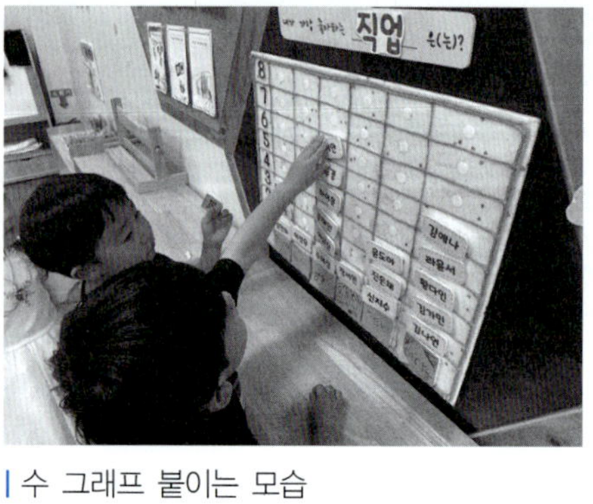
| 수 그래프 붙이는 모습

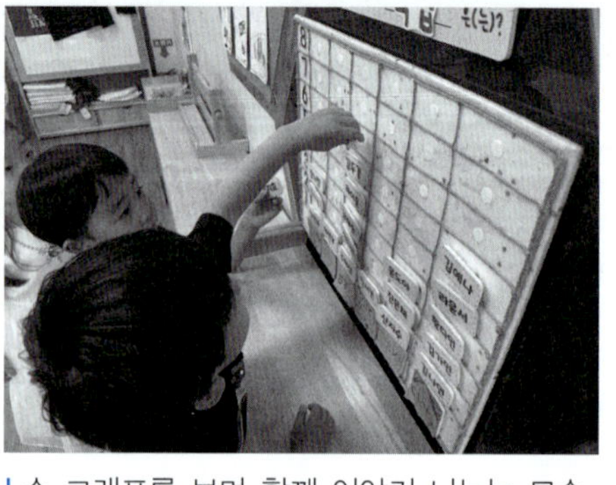
| 수 그래프를 보며 함께 이야기 나누는 모습

## 나의 꿈을 이뤄요

**IB학습자상** 원칙을 지키는 사람, 배려하는 사람

**다중지능** 신체-운동적 지능, 대인관계적 지능

**IB단계** 4단계: 꿈을 이루기 위해 무엇을 할 수 있을까?

**문해력 요소** 표현하기: 직업의 특징을 말이나 행동으로 표현하기
상황 이해하기: 놀이 속 상황에 맞는 역할 수행하기

**디지털 확장** 꿈꾸는 직업 활동 사진이나 영상보기

**목 표** 자신이 되고 싶은 직업에 맞는 의상을 입고 역할놀이를 하며 꿈에 대한 관심과 이해를 넓히고 자신감을 기른다.

**활동 예시**

➲ 내가 되고 싶은 직업을 정하고 그 역할을 생각해본다.

- 나는 커서 어떤 사람이 되고 싶나요?
- 그 사람은 어떤 일을 하나요?
- 어떤 말과 행동을 할까요?

➲ 직업 옷을 입고 역할놀이를 해본다.

- 소방관, 의사, 선생님, 요리사 등 다양한 직업 옷 입어보기
- 역할에 맞게 도구를 사용하며 말과 행동으로 표현해보기
- 친구들과 함께 병원놀이, 요리놀이, 인터뷰놀이 등 상황극 해보기

| 직업 옷을 입고 역할을 나누는 모습

| 친구와 함께 역할놀이를 하는 모습

## 직업에 필요한 어떤 것들이 있나요?

**IB학습자상** 소통하는 사람

**다중지능** 언어적 지능, 개인 이해적 지능

**IB단계** 4단계: 꿈을 이루기 위해 무엇을 할 수 있을까?

**문해력 요소** 말하기: 나의 꿈 발표하기
추론하기: 어떤 도구가 필요할까?

**디지털 확장** AI가 만든 영상 속에서 직업에 필요한 도구를 찾아보아요

**목 표** 다양한 직업에 대해 알고, 관련 직업도구에 관심을 가진다.

**활동 예시**

➲ 내가(잘하는 것) 하고 싶은 직업은?
- 직업이란 무엇일까요?
- 우리 엄마아빠의 직업은 무엇일까요?
- 유치원에서 어떤 직업을 찾을 수 있을까요?

➲ 직업도구란 무엇일까요?
- 직업도구는 왜 필요할까요?
- 우리반에서 찾을 수 있는 직업도구가 있나요?
- 다양한 직업도구로 무엇을 할 수 있을까요?

➲ 꿈나무는 무엇일까요?
- 어떤 직업도구들이 있나요?
- 꿈을 이루기 위해서는 어떤 노력을 할 수 있을까요?
- 꿈나무에 직업도구를 붙이며 어떤 소원을 빌고 싶나요?

| 직업에 필요한 도구들을 꾸미고 있는 모습

| 내가 꾸민 직업도구들을 꿈나무에 붙이는 모습

## 내가 미래에 일하는 모습 그려보기

**IB학습자상** 배려하는 사람, 탐구하는 사람

**다중지능** 자연탐구적 지능, 논리-수학적 지능, 공간적 지능

**IB단계** 4단계: 꿈을 이루기 위해 무엇을 할 수 있을까?

**문해력 요소** 읽기: 다양한 직업 그림이나 책, 영상 자료 보기
말하기: 내가 하고 싶은 일에 대해 친구들과 이야기 나누기
쓰기: 내가 되고 싶은 직업에 대해 쓰기

**디지털 확장** 디지털 드로잉 도구로 직업 그림 그리기

**목 표** 나의 흥미와 꿈을 탐색하고, 미래의 직업에 대해 상상하고 표현할 수 있다.

**활동 예시**

➲ 미래에 나의 모습은 어떨 것 같나요?
- 어떤 일을 하는 사람이 되고 싶나요?
- 그 일을 하려면 무엇이 필요할까요?
- 그 일을 할 때 어떤 옷을 입고 있을까요?

➲ 미래의 나의 모습을 어떻게 그려볼 수 있을까요?
- 첫 번째 그림에는 어떤 장면을 그리고 싶나요?
- 두 번째 그림에서는 무엇이 바뀌었나요?
- 내가 그린 그림 속에는 내가 좋아하는 것이 있나요?

➲ 친구들이 그림 1차, 2차 직업 표상을 관찰해 본다.

| 미래 자신의 직업 모습을 비교하는 모습

| 친구들의 작품을 관찰하는 모습

## 해양경찰관이 되어 도움을 주어요(직업 체험)

**IB학습자상** 배려하는 사람, 탐구하는 사람

**다중지능** 자연탐구적 지능, 논리-수학적 지능, 공간적 지능

**IB단계** 4단계: 꿈을 이루기 위해 무엇을 할 수 있을까?

**문해력 요소** 읽기: 그림책이나 설명 자료 읽기

말하기: 구조상황을 설명하기

쓰기: 해양안전 수칙을 그림과 함께 쓰기

**디지털 확장** 디지털 그림 도구로 안전 포스터 만들기

**목 표** 다양한 직업 중 해양 안전과 관련된 활동을 통해 표현력을 기른다.

**활동 예시**

➲ 해양경찰관은 어떤 일을 할까요?

- 바다에서 누군가가 위험에 처했다면 어떻게 도와줄 수 있을까요?
- 어떤 상황을 연기해 보고 싶나요?
- 바다에서 안전하게 놀기 위해 지켜야 할 규칙은 무엇일까요?
- 해양경찰이 되어 구조작전을 해본다면 어떤 느낌이 들 것 같나요?

➲ 심폐소생술을 배워본다.

- 쓰러진 사람을 두드리며 의식 확인한다.
- 주변에 있는 사람을 지목 한 후 119에 신고한다.
- 심폐소생술을 실시한다.

➲ 안전하게 구명조끼를 착용하는 법을 체험해 본다.

| 심폐소생술을 해보는 모습

| 구명조끼를 착용하는 법을 체험하는 모습

## 5 창의적 표현과 통합 활동

### AI로 만든 꿈을 이룬 내 모습은 어떨까요?

**IB학습자상** 사고하는 사람

**다중지능** 언어적 지능, 개인 이해적 지능, 공간적 지능

**IB단계** 5단계: 꿈을 표현하고 나타내요

**문해력 요소** 말하기: 나의 꿈 발표하기
추론하기: AI가 만든 모습 보며 내 미래 상상하기

**디지털 확장** 생성형 AI로 나의 미래 직업 상상화 만들기

**목 표** 나의 꿈에 대해 생각하고, AI 도구를 활용해 꿈을 이룬 내 모습을 표현한다.

**활동 예시**

➲ 커서 어떤 사람이 되고 싶나요?
- 그 꿈을 이루면 어떤 모습일까요?
- 왜 그 직업이 되고 싶은가요?

➲ 내가 하고 싶은 일을 AI에게 어떻게 알려줄 수 있을까요?
- 커서 어떤 모습인지 이야기 해주면 AI가 나의 모습을 그려준대요.
- AI는 내 이야기를 듣고 어떻게 표현해 주었을까요?

➲ AI가 표현한 미래의 나는 어떤 모습인가요?
- AI가 만든 내 미래 모습 중 어떤 점이 가장 마음에 드나요?
- AI가 그려준 내 미래 모습이 움직인다면 어떤 모습일까요?
- 미래의 나는 다른 사람에게 어떤 도움을 줄 수 있을까요?
- 어떤 표정을 지을 것 같나요?
- 내 마음 속의 꿈과 더 가까워진 것 같은 기분이 드나요?

| 생성형 AI로 미래 상상화 만드는 모습

| 유아의 표정을 붙여 작품을 완성한 모습

## 나는 꿈이 있어요

**IB학습자상** 균형잡힌 사람, 소통하는 사람

**다중지능** 개인 이해적 지능, 공간적 지능

**IB단계** 5단계: 꿈을 표현하고 나타내요

**문해력 요소** 표현하기: 내가 되고 싶은 직업을 말하고 그림으로 표현하기
생각 나누기: 내가 색칠한 그림을 친구들과 공유하며 이야기 나누기

**디지털 확장** Chat GPT로 자신이 이루고 싶은 미래 꿈의 모습을 그리기

**목 표** 자신이 되고 싶은 꿈을 떠올리고 AI 도구를 활용해 나만의 그림을 만들어 직업에 대한 관심과 자아표현 능력을 기른다.

**활동 예시**

➲ 내가 되고 싶은 꿈을 생각해 본다.

- 나는 커서 어떤 사람이 되고 싶나요?
- 그 직업은 어떤 말을 하나요?
- 왜 그 직업을 선택했나요?

➲ Chat GPT로 내가 되고 싶은 꿈을 그리고 나의 꿈을 친구들과 이야기 나눈다.

- 내가 선택한 꿈을 친구들에게 소개해요.
- 친구는 어떤 꿈을 이루고 싶은지 들어보고 함께 이야기 나눠요.

| 내가 되고 싶은 직업 색칠하는 모습

## 블록으로 만든 나의 회사는?

**IB학습자상** 사고하는 사람, 균형잡힌 사람

**다중지능** 논리-수학적 지능, 공간적 지능

**IB단계** 5단계: 꿈을 표현하고 나타내요

**문해력 요소** 말하기: 자신의 생각 발표하기
추론하기: 의미 생각하기

**디지털 확장** 디지털 미디어를 통해 직업과 관련된 다양한 장소 탐색하기

**목 표** 직업에 대한 생각을 친구들과 나누며 나의 회사를 블록으로 상상하여 만들어본다.

**활동 예시**

➲ AI를 이용하여 어떤 장소에 가보고 싶나요?
- 이 장소는 무엇을 하는 장소인가요?
- 누가 일하나요?
- 회사는 무엇을 하는 곳인가요?

➲ 나만의 회사를 만든다면 어떨까요?
- 어떤 회사에서 일을 하고 싶나요?
- 내가 만든 회사는 무엇이 필요할까요?
- 내가 만든 회사는 어떻게 만들어지나요?

➲ 내가 블록으로 만든 회사를 만들고 친구들에게 소개해요.
- 내가 만든 회사의 구조는?
- 내가 만든 회사에는 누가 있나요?
- 친구의 회사와 내 회사를 비교하면 어떤 점이 비슷한가요?

| 나만의 회사를 블록으로 만드는 모습

## 미래의 꿈 사진관에 왔어요

**IB학습자상** 사고하는 사람, 균형잡힌 사람

**다중지능** 대인관계적 지능, 언어적 지능

**IB단계** 5단계: 꿈을 표현하고 나타내요

**문해력 요소** 말하기: 자신의 생각 발표하기

추론하기: 의미 생각하기

**디지털 확장** AI를 활용하여 내가 선택한 직업의 이미지 탐색하기

**목 표** 미래 나의 모습을 상상하고 그림으로 표현하여 친구에게 설명한다.

**활동 예시**

➲ 미래의 나는 어떤 모습일까요?

- 어른이 되었을 때 나는 어떤 모습일까요?
- 나는 어떤 일을 하고 있을까요?
- 어디에서 일을 하고 있을까요?

➲ 미래 꿈 사진관에 간다면 어떨까요?

- 사진관에 있는 내 모습은 어떤 모습일까요?
- 어떤 꿈을 이루었을까요?
- 어떤 옷을 입고 있을까요?
- 어떤 도구가 필요할까요?

➲ 꿈 사진관에서 사진을 관찰해요.

- 사진관에 있는 나의 모습은 어떤가요?
- 친구의 모습은 어떻게 보이나요?

| 미래 나의 모습을 그리는 모습

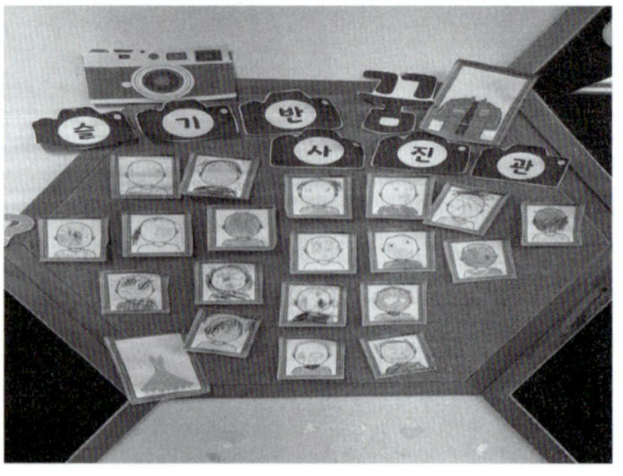


| 꿈 사진관 모습

## 내가 되고 싶은 직업이 있어요

**IB학습자상** 성찰하는 사람, 소통하는 사람

**다중지능** 언어적 지능, 공간적 지능

**IB단계** 5단계: 꿈을 표현하고 나타내요

**문해력 요소** 말하기: 자신의 생각 발표하기
추론하기: 의미 생각하기

**디지털 확장** 꿈이의 세상을 GPT에게 듣는다.

**목 표** 꿈에 대해 스스로 생각하고 친구들과 다양한 꿈에 대해 이야기 나누며 다양한 방법으로 주제망을 구성한다.

**활동 예시**

➲ 꿈속(내가 이루고 싶은 꿈)에서 나를 상상해본다.
- 내가 되고 싶은 직업이 있나요?
- 이 다음에는 어떤 일을 하고 싶나요?
- 왜 직업을 갖고 싶은가요?

➲ 꿈을 이룬 나의 미래의 모습을 상상하며 그림, 글로 표현해 볼 수 있을까요?
- 내가 되고 싶은 직업의 옷은 어떻게 생겼을까요?
- 꿈을 이룬 나의 모습 주변 배경은 어떨까요?
- 말풍선 속 내 꿈과 이유를 글로 표현해 볼까요?

| GPT 인공지능으로 『꿈이의 세상』 동화듣기

| 나의 꿈 글자와 그림으로 표현하는 모습

## 나의 꿈 소원은 무엇인가요?

**IB학습자상** 사고하는 사람, 소통하는 사람

**다중지능** 언어적 지능, 공간적 지능

**IB단계** 5단계: 꿈을 표현하고 나타내요

**문해력 요소** 말하기: 내 꿈 소원 발표

쓰기: 내 소원 그림그리기

**디지털 확장** AI 앱을 활용한 내 꿈 시각화하기

**목 표** 나의 꿈에 대해 알고 내 꿈 소원을 그려 친구들과 이야기 나누어 본다.

**활동 예시**

➲ 나의 꿈은 무엇인가요?

- 미래는 어떤 곳일까요?
- 미래에 나는 어떤 사람이 되고 싶나요?
- 그 꿈을 이루면 어떤 기분이 들까요?
- 그 꿈을 왜 이루고 싶나요?
- 만약 내 소원이 이루어진다면 어떨 것 같나요?

➲ 꿈 소원을 그림으로 표현해 볼까요? (미술)

- 내 소원은 어떤 특징이 있나요?
- 내 소원을 이루기 위해서 어떤 것들이 필요할까요?

➲ 친구와 함께 내 꿈 소원에 대해 토의해 볼까요? (미술)

- 친구들의 꿈과 소원은 어떤 것이 있나요?
- 친구들은 어떤 그림을 그렸나요.

| 달에게 내 소원을 그려보는 모습

| 친구들의 소원과 내 소원을 보며 이야기 나누는 모습

## 망원경으로 본 내 미래 모습은?

**IB학습자상** 탐구하는 사람, 소통하는 사람

**다중지능** 공간적 지능, 언어적 지능, 논리-수학적 지능

**IB단계** 5단계: 꿈을 표현하고 나타내요

**문해력 요소** 표현력: 나의 미래 모습을 그림으로 표현

**디지털 확장** 내가 상상한 미래 모습을 디지털 사진 또는 영상으로 설명

**목 표** 미래의 내 모습을 상상하고 표현함으로써 꿈에 대해 생각할 수 있다.

**활동 예시**

➲ 미래의 나는 어떤 모습일까요?
- 미래에 나는 어디에 있고 무엇을 하고 있을까요?
- 미레에 나는 어떤 일을 하고 있을까요?
- 왜 그 일을 하고 있을까요?

➲ 미래의 꿈을 이루기 위해 무엇을 할 수 있을까요?
- 내 꿈을 이루기 위해 우리는 어떤 것을 할 수 있을까요?
- 내 꿈을 이루기 위해 지금부터 해야 할 것은 무엇인가요?
- 내가 꿈꾸는 미래는 기분이 어떤가요?

➲ 친구들의 미래 모습은 어떤가요?
- 미래의 나를 어떻게 표현 할까요? (종이컵 망원경에 내 미래 모습 꾸며보기)
- 내 미래 모습과 친구들은 어떻게 달랐나요?

| 내 모습을 생각하며 색칠하는 모습

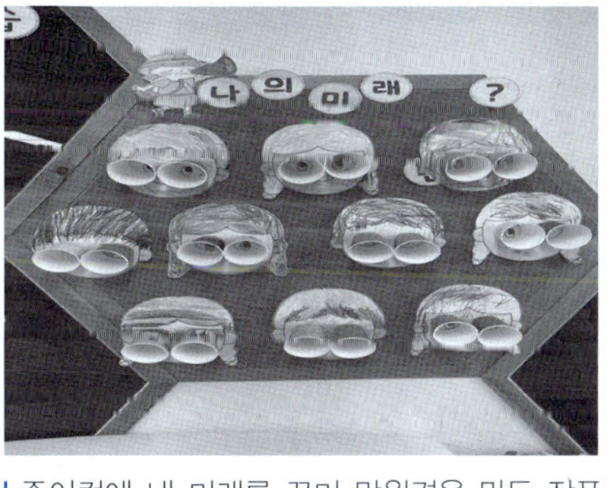


| 종이컵에 내 미래를 꾸며 망원경을 만든 작품

## 내가 꿈꾸는 직업은?

**IB학습자상** 원칙을 지키는 사람, 균형잡힌 사람

**다중지능** 개인 이해적 지능, 신체-운동적 지능

**IB단계** 5단계: 꿈을 표현하고 나타내요

**문해력 요소** 읽기: 직업 관련 책, 전단, 또는 포스터 읽기

말하기: 내가 꿈꾸는 직업에 대해 설명하고 친구들과 이야기 나누기

쓰기: 그림에 적은 직업 관련 생각이나 필요한 능력 쓰기

**디지털 확장** 디지털 도구로 직업 인터뷰 영상 시청

**목 표** 나의 꿈을 다양한 방법으로 표현하며 생각을 통합적으로 드러낼 수 있다.

**활동 예시**

➲ 내가 꿈꾸는 직업은 무엇인가요?

- 내가 잘하는 것은 무엇인가요?
- 왜 그 직업이 되고 싶나요?
- 그 직업을 가지기 위해 어떤 노력이 필요할까요?
- 그 직업을 가지면 기분이 어떨 것 같나요?

➲ 그림 속에 어떤 생각들을 담고 싶나요?

- 직업을 상징하는 그림이나 단어는 어떤 것이 있을까요?
- 어떤 내용을 쓰고 싶은가요?
- 친구의 꿈과 나의 꿈에는 어떤 공통점과 차이점이 있나요?

➲ 머릿속에 내가 꿈꾸는 직업과 관련된 글자를 적어 본다.

| 미래 내 직업과 관련된 글자를 적는 모습

| 자신의 작품을 전시하며 관찰하는 모습

## 6 성찰과 실천, 확장하기

### 나를 대표하는 미덕

**IB학습자상** 열린 마음을 지닌 사람, 소통하는 사람

**다중지능** 개인 이해적 지능, 언어적 지능

**IB단계** 6단계: 지금 내가 할 수 있는 것은?

**문해력 요소** 읽기: 친구가 쓴 미덕 읽기
말하기: 토의 및 발표로 나의 미덕 이야기 나누기
쓰기: 나를 대표하는 미덕 단어 적기
듣기: 친구의 미덕 이야기 경청하기

**디지털 확장** 패드나 스마트보드를 활용하여 '미덕 단어 클라우드' 만들기

**목 표** 미덕에 대해 배운 내용을 자신과 주변, 사회에 실제 행동으로 연결한다.

**활동 예시**

➲ 어떤 미덕이 있는지 토의해본 후, 나를 대표하는 미덕에 대해 이야기 나눈다.

- 여러 가지 미덕 중에 내가 알고 싶은 미덕은 어떤 것일까요?
- 나를 대표하는 미덕은 어떤 것이 있을까요?
- 친구의 모습을 보고 친구는 미덕을 가지고 있을까요?

➲ 나를 대표하는 미덕을 친구들 앞에서 발표해본다.

- 나의 일상에서 미덕이 일어날 수 있는 순간은?
- 내가 유치원에서 미덕을 발휘한 순간을 발표해보면?
- 자신이 가지고 싶은 미덕은?
- 나만의 미덕으로 친구들을 도와줄 수 있는 방법은 어떤게 있을까요?

| 나를 대표하는 미덕 발표하는 모습

| 친구들이 나에 대해 질문하는 모습

## 꿈을 이룬 나에게 편지쓰기

**IB학습자상** 성찰하는 사람

**다중지능** 개인 이해적 지능, 언어적 지능

**IB단계** 6단계: 내 꿈을 이루기 위해 할 수 있는 일은?

**문해력 요소** 읽기: 편지 읽기

말하기: 꿈과 마음 나누기

쓰기: 편지 적기

**디지털 확장** Chat GPT에게 내 꿈을 이루기 위해서 어떻게 해야 하는지 질문하기

**목 표** 이루고 싶은 꿈을 돌아보고, 그 꿈을 이룬 나에게 편지를 쓰며 성찰하는 시간을 갖는다

**활동 예시**

➲ 나의 꿈을 다시 떠올려 보아요.

- 나의 꿈은 무엇이었나요?
- 그 꿈을 이루기 위해서 어떤 노력을 해야 하나요?

➲ 미래의 나에게 편지쓰기를 해봐요.

- 꿈을 이룬 나에게 어떤 말을 해주고 싶나요?
- 미래의 나에게 편지를 써 볼까요?

➲ 나의 꿈 편지를 친구와 나눠요.

- 미래의 나에게 쓴 편지를 친구들에게 소개해 볼까요?
- 어떤 말을 해주었나요?

| 미래의 나에게 편지쓰는 모습

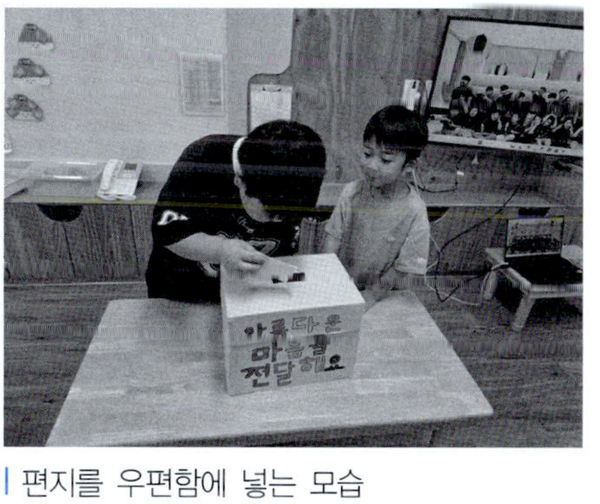

| 편지를 우편함에 넣는 모습

## 내 꿈 상자 만들기

**IB학습자상** 소통하는 사람

**다중지능** 언어적 지능, 대인관계적 지능

**IB단계** 6단계: 지금 내가 할 수 있는 것은?

**문해력 요소** 읽기: 쓴 글 읽기

말하기: 내 꿈 상자 소개하기

쓰기: 하고 싶은 말 적기

**디지털 확장** Chat GPT에게 '이런 꿈을 이루려면 어떻게 해야 하나요?' 질문하기

**목 표** 자신의 꿈과 관심사를 창의적으로 표현하고, 친구들에게 소개하며 공감 능력을 기른다.

**활동 예시**

➲ 꿈 상자 활동지에는 무엇이 들어갈까요?
- 나의 꿈은 무엇인가요?

➲ 꿈 상자를 만들어 봐요.
- 내 꿈을 표현해 봐요.
- 내 꿈을 이루기 위해서 어떤 노력을 해야 하나요?

➲ 이름, 좋아하는 놀이, 음식, 내 꿈을 이루기 위한 것 등을 활동지에 표기하고 발표한다.
- 내 꿈을 다른 친구들에게 발표해 봐요.
- 내 꿈을 표현 했어요.

| 나의 꿈 상자를 만드는 모습

| 나의 꿈 상자를 친구들에게 발표하는 모습

## 내 꿈을 향한 작은 실천은?

**IB학습자상** 탐구하는 사람, 성찰하는 사람

**다중지능** 개인 이해적 지능, 대인관계적 지능

**IB단계** 6단계: 지금 내가 무엇을 해야하나요?

**문해력 요소** 말하기: 친구의 의견에 대답하기

듣기: 다양한 발표 듣기

**디지털 확장** Chat GPT에게 질문하기(구글), 로봇에게 질문하기

**목 표** 내가 되고 싶은 꿈에 대해 스스로 생각해보고 그 꿈을 이루기 위해서는 어떤 도구들이 있는지 표현한다.

**활동 예시**

➲ 내 꿈을 이루기 위해서는?

- 왜 그 꿈을 이루고 싶나요?
- 내가 되고 싶은 꿈의 직업에 필요한 도구들이 있나요?
- 직업에 필요한 도구가 없으면 어떤 일이 생길까요?

➲ 하트 속 꿈을 이루고 꼭 필요한 물건을 그림으로 그려 표현해 볼까요?

- 하트 속 꿈을 이루고 필요한 물건을 친구들과 토의해 볼까요?
- 친구가 그린 물건 중 나와 비슷한 것이 있었나요?
- 꿈을 이루기 위해 준비할 수 있는게 또 있을까요?

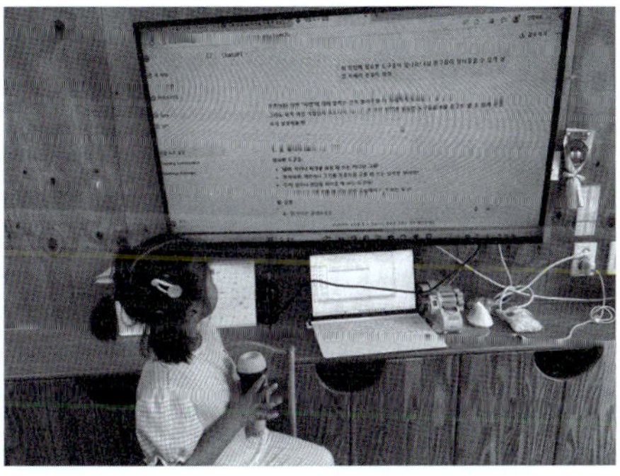

| Chat GPT에게 직업에 대해 직접 질문하는 모습

| 직업에 필요한 도구를 그리는 모습

## 우리의 꿈을 응원해!

**IB학습자상** 배려하는 사람

**다중지능** 개인 이해적 지능, 대인관계적 지능

**IB단계** 6단계: 지금 내가 할 수 있는 것은?

**문해력 요소** 말하기: 감정, 생각 나누기
듣기: 친구의 의견 경청하기

**디지털 확장** Chat GPT에게 드림캐쳐 관련 질문하기

**목 표** 꿈을 지켜줄 드림캐쳐를 만들어 나의 목표를 구체화한다.

**활동 예시**

- 어떤 꿈을 이루고 싶나요?
  - 꿈을 이루면 기분이 어떨 것 같아요?
  - 친구의 꿈을 들으니 어떤 생각이 드나요??
- 어떤 방법으로 친구의 꿈을 응원해주고 싶나요?
  - 어떤 말로 응원해주고 싶나요?
  - 어떤 마음으로 응원해주고 싶나요?
- 친구들의 꿈을 소중히 간직하기 위해 어떤 방법이 있을까요?
  - 드림캐쳐 가운데 그물은 무엇인 것 같나요? (좋은 꿈은 간직하고 나쁜 꿈은 걸러주는 그물)
  - Chat GPT에게 드림캐쳐에 대해 물어보고 싶은 점이 있나요?
- 우리는 어떻게 드림캐쳐를 만들 수 있을까요?
  - 소중한 꿈하면 생각나는 색이 있나요? 줄들을 연결해볼까요?
  - 어느 곳에 두면 우리의 꿈을 잘 지켜줄 수 있을까요?

| 드림캐쳐를 만드는 모습

| 꿈을 지키는 드림캐쳐를 완성한 모습

## 7 배움의 결론 맺기

### 나의 꿈을 발표해요

**IB학습자상** 소통하는 사람

**다중지능** 언어적 지능, 개인 이해적 지능

**IB단계** 7단계: 꿈을 친구들에게 소개해요!

**문해력 요소** 말하기: 자신의 경험, 생각 말하기
이해하기: 친구의 말, 발표 내용 이해하기

**디지털 확장** 영상으로 꿈 이룬 사람의 모습 관찰하기
디지털기기를 활용하여 친구의 모습 찍기

**목 표** 나와 친구들의 꿈을 공유하며 서로의 꿈을 존중하고 응원한다.

**활동 예시**

➲ 나는 어떤 사람이 되고 싶나요?
- 어떤 일을 해보고 싶나요?
- 하고 싶은 이유는 무엇인가요?

➲ 친구들에게 어떤 방법으로 꿈을 소개할 수 있을까요?
- 어떤 목소리로 하면 친구들에게 잘 전달될까요?
- 친구가 자신의 꿈을 소개할 때 어떻게 들으면 좋을까요?

➲ 그 꿈을 이루려면 무엇이 필요할까요?
- 어떤 것을 해야 할까요?
- 어떤 것을 할 수 있어야 할까요?

➲ 나는 어떤 걸 할 수 있을까요?
- 내 집, 내가 다니는 곳에서 무엇을 할 수 있을까요?
- 어떻게 나의 멋진 모습을 남길 수 있을까요?

| 나의 꿈을 발표하는 모습

| 서로의 꿈들을 모은 책을 보는 모습

## 나의 꿈 전시하기

**IB학습자상** 소통하는 사람, 성찰하는 사람

**다중지능** 언어적 지능, 대인관계적 지능, 개인 이해적 지능, 신체-운동적 지능

**IB단계** 7단계: 꿈을 친구들에게 소개해요!

**문해력 요소** 읽기: 직업 정보나 친구들의 전시 글 읽기
말하기: 나의 꿈을 친구들과 설명하고 이야기 나누기
쓰기: 그림에 적은 직업 관련 생각이나 필요한 능력 쓰기

**디지털 확장** 태블릿을 활용한 전시 소개 영상 만들기

**목 표** 자신의 꿈을 시각적으로 표현하고, 친구들과 나누며 자신의 생각을 말과 글로 정리하고 공유하는 경험을 통해 성찰의 기회를 가진다.

**활동 예시**

➲ 내가 전시할 꿈은 어떤 직업인가요?
- 그 직업을 선택한 이유는 무엇인가요?
- 나의 꿈을 이루기 위해 어떤 노력을 해야 할까요?
- 내가 상상한 직업의 하루는 어떤 모습인가요?
- 전시 작품을 본 친구들에게 어떤 마음을 전하고 싶나요?

➲ 내 작품을 보니 어떤 느낌이 드나요?
- 내가 그린 그림에서 가장 마음에 드는 부분은 어디인가요?
- 친구의 꿈 중 내 꿈과 비슷한 점이나 다른 점은 무엇이었나요?
- 다른 사람에게 소개한다면 어떤 말을 하고 싶나요?

➲ 나의 꿈 액자를 전시하고 친구들에게 소개해 본다.

| 나의 꿈이 담긴 액자를 그려보는 모습

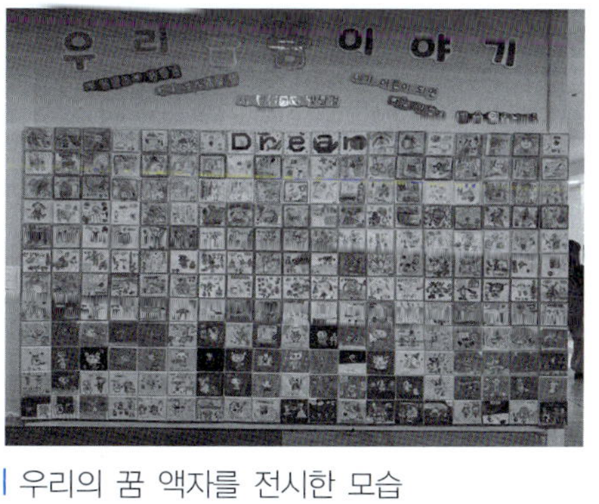

| 우리의 꿈 액자를 전시한 모습

## 나의 꿈을 담은 열기구

**IB학습자상** 사고하는 사람, 열린 마음을 지닌 사람

**다중지능** 언어적 지능, 실존 지능

**IB단계** 7단계: 꿈을 친구들에게 소개해요!

**문해력 요소** 읽기: 쓴 글 읽기
말하기: 내 꿈 상자 소개하기
쓰기: 하고 싶은 말 적기

**디지털 확장** 패드에 나의 꿈 열기구 그려보기
Chat GPT에게 '내 꿈을 이루려면 어떻게 해야 할까?' 질문하고 내 생각과 비교하기

**목 표** 내가 꿈꾸는 미래를 정리하고, 친구들과 나누며 의미있는 마무리를 한다.

**활동 예시**

➲ 나의 꿈과 소원에 대해 이야기 나눈다.
- 내 꿈은 무엇인가요?
- 내가 이루고 싶은 소원은 무엇인가요?
- 나의 꿈과 소원을 어떻게 표현하면 좋을까요?

➲ 열기구에 나의 소원과 꿈을 표현한다.
- 나의 미래의 꿈과 소원은 무엇인가요?
- 열기구에 어떻게 표현하면 좋을까요?
- 친구들에게 나의 꿈과 소원을 소개해 볼까요?

| 나의 꿈과 소원을 적은 모습

| 친구들의 꿈 열기구

## AI와 함께하는 꿈 인터뷰

**IB학습자상** 도전하는 사람

**다중지능** 신체-운동적 지능, 개인 이해적 지능

**IB단계** 7단계: 내 꿈을 친구들에게 소개해요!

**문해력 요소** 읽기: 질문 예시 읽기
말하기: 나의 꿈과 이유 설명하기
쓰기: 질문 정리하기

**디지털 확장** Chat GPT에게 나의 꿈을 이야기하고 듣기

**목 표** AI와 대화하며 나의 꿈에 대해 성찰하고, 그 꿈을 이루고 싶은 이유를 표현해 본다.

**활동 예시**

➲ 인터뷰 질문 만든다.
- 내가 AI에게 묻고 싶은 꿈 질문은 어떤 것이 있나요?
- 어떤 질문을 물어보면 좋을까요?

➲ AI에게 인터뷰 해본다.
- AI의 대답을 듣고 내 느낌은 어땠나요?
- 꿈을 이루기 위해서 어떤 노력을 해야 하나요?

➲ 나의 인터뷰 발표한다.
- 친구들 앞에서 AI와 함께 나눈 인터뷰 내용을 소개해 볼까요?
- 친구들은 어떤 꿈을 가지고 있나요?

| 나의 꿈을 AI에게 물어본 모습

| 나의 꿈을 친구들 앞에서 발표하는 모습

# Chapter 8

# IB로 접근한 생성형 자동차 프로젝트 교수방법

1. 예비단계
2. 탐구를 여는 질문
3. 질문만들기
4. 탐색하고 실험하기
5. 창의적 표현과 통합 활동
6. 성찰과 실천, 확장하기
7. 배움의 결론 맺기

## 1 예비단계(1단계)

유아들은 자동차의 경험과 감정은 자연스러운 호기심을 불러일으켜 “자동차는 왜 필요할까?”, “미래 자동차는?”과 같은 질문을 중심으로 한 탐구 활동으로 이어진다. 교사는 디지털 도구 활용과 문해력 발달을 고려해 예비 주제망을 구성하고, 미래 교통·자율주행 등 확장된 관점 탐구를 지원하여 IB ‘탐구자’로의 성장을 돕는다.

본 프로젝트를 더욱 체계적으로 운영하기 위해 연구자와 교사들은 프로젝트 주제에 관한 전반적인 사전 연구를 수행하였다. 이 과정에서 유아의 발달 수준에 맞는 유아 자료, 자동차 관련 동화책 및 그림책, 주제와 관련된 학술 연구자료, 2022 개정 누리과정 등 다양한 자료를 폭넓게 수집하였다. 수집된 자료는 교육적 타당성을 검토하는 데 활용되었으며, 특히 본 프로젝트의 기반이 되는 책에서 제시하는 7단계 프로젝트 접근법에 근거하여 단계별 요구 요소와 탐구 활동의 흐름을 분석하였다. 이를 통해 각 단계에서 문해력·창의력·탐구 능력·디지털 리터러시가 자연스럽게 통합되는 방향을 설정하였다.

예비 주제망에는 문해력, 창의력, IB 교육 철학, 디지털 자료 활용 등 다양한 교육적 요소가 포함되었다. 문해력은 탐구 질문 생성, 기록 활동, 정보 탐색을 중심으로 구성되었고, 창의력은 새로운 자동차의 기능을 상상하거나 문제 해결을 위한 아이디어를 제안하는 활동을 중심으로 설계되었다. 디지털 자료는 실제 자동차 사진, 영상, 3D 모델, 시뮬레이션 등 다양한 형태로 제공하여 유아가 보다 실제감 있는 경험을 할 수 있도록 하였다. 이와 같은 주제망 구성 과정에서 매주 정기적으로 이루어지는 교사 협의는 중요한 역할을 하였다. 협의에서는 수집된 자료의 교육적 가치 평가, 활동 난이도 조정, 유아 흥미 반영 방식, 주제망 보완점 등을 논의함으로써 프로젝트의 완성도를 높였다.

또한 프로젝트의 심화 탐구를 위하여 매달 프로젝트 주제에 적합한 현장 견학을 계획하였다. 자동차를 실제로 관찰하거나 체험할 수 있는 기관, 차량 제작 또는 연구 현장, 교통 관련 전시 등을 조사하여 유아들이 실제 환경에서 학습을 확장할 수 있도록 하였다. 더불어 매월 진행되는 숲 체험 활동과도 연계하여 “자연 속에서 자동차가 할 수 있는 일은 무엇일까?”, “친환경 자동차는 왜 필요할까?”와 같은 융합적 탐구가 가능하도록 구성하였다. 또한 푸드 아트, 미술 창작, 역할놀이 등 다양한 교과 간 통합 활동을 함께 설계하여 유아의 전인적 배움을 촉진하였다.

주제망은 예비단계에서 교사가 구성하되, 실제 프로젝트 진행 과정에서는 유아의 흥미와 관심, 프로젝트의 흐름과 단계에 따라 활동 내용이 유연하게 변경될 수 있다. 이는 프로젝트 접근법의 특성을 반영한 것으로, 유아의 자발적 탐구와 학습자 중심의 수업 흐름을 보장하는 중요한 요소이다.

이와 같이 다각적 연구, 철저한 자료 수집, 지속적인 교사 협의, 체험 중심의 현장 활동을 기반으로 구성된 자동차 프로젝트는 단순한 흥미 활동을 넘어서, 유아의 탐구력·문해력·창의력·디지털 리터러시·세계 시민적 시각을 통합적으로 발달시키는 의미 있는 교육 경험으로 자리매김하게 되었다.

## 자동차 통합 예상 주제망(만 3세)

# 자동차

### 자동차는? (사고 · 소통)

- 자동차는 무엇일까요?
- 자동차는 무엇을 할 수 있을까요?
- 자동차는 어떤 모양일까요?
- 자동차는 어떻게 움직일까요?

### 자동차에 대해 궁금한 점은? (생각 · 열린)

- 나는 자동차가 궁금해요!
- 자동차에 대한 생각망을 구성해요
- 자동차에게 물어보고 싶은 점은?

### 즐거웠던 자동차 놀이 (성찰 · 균형)

- 자동차에 대해 새로 알게 된 점은 무엇인가요?
- 자동차 전시회에서 내가 좋아하는 자동차를 찾아요

### 자동차를 탐색해볼까요? (탐구 · 지식)

- 어떤 자동차들이 있을까요?
- 자동차에는 무엇이 있을까요?(구조)
- 내가 자동차 정비사라면?
- 바퀴 자동차가 앞으로 가려면 무엇이 필요할까요?
- 자동차의 핸들은 왜 필요할까요?
- 우리 가족 자동차 번호판에는 무엇이 적혀 있을까요?
- 삐오 정비사와 함께 부품을 찾으러 가볼까요?
- 자동차를 볼 수 있는 곳은 어디일까요?

### 멋쟁이 자동차 (열린 · 원칙)

- 자동차가 다니는 곳에서는 어떻게 해야 할까요?
- 자동차를 안전하게 타려면 어떻게 해야 할까요?
- 자동차와 함께하는 안전한 세상
- 미래에는 어떤 자동차가 필요할까요?
- 나의 멋진 미래 자동차는 어떻게 생겼을까요?
- 나의 미래 자동차 이름은 무엇일까요?
- 내가 만든 미래 자동차는 재미있어요

### 창의적으로 표현한 자동차 (도전 · 배려)

- 어떤 자동차를 가지고 싶나요?
- 나는 어떤 자동차를 만들 수 있을까요?
- 휴지 속심으로 내 자동차를 만들어요
- 내 자동차는 어디로 갈까요?
- 자동차에서는 어떤 소리가 날까요?
- 자동차가 너무 많으면 어떤 일이 생길까요?

* 본 예상 주제망은 유아의 흥미에 따라 다음 진행 예정 주제와 융합되어 구성될 수 있습니다.

## 2 탐구를 여는 질문

### 자동차는 무엇일까요?

**IB학습자상** 탐구하는 사람, 소통하는 사람

**다중지능** 언어적 지능, 대인관계적 지능

**IB단계** 2단계: 자동차는?

**문해력 요소** 말하기: 자신의 생각 발표하기

추론하기: 의미 생각하기

**디지털 확장** AI에게 자동차에 대해 궁금한 점 질문하기

**목 표** 자동차에 대한 생각을 친구들과 나누며 AI에게 궁금한 점을 질문한다.

**활동 예시**

➲ 자동차에 대해 무엇을 알고 있나요?

- 자동차를 본 적이 있나요?
- 어디서 자동차를 보았나요?
- 어떤 자동차를 타보았나요?
- 자동차를 타고 무엇을 해보았나요?

➲ AI에게 자동차에 대해 물어보고 궁금한 점이 있나요?

- AI에게 자동차에 대한 어떤 걸 물어보고 싶나요?
- 자동차는 무엇을 할 수 있나요?

➲ 자동차는 무엇일까요?

- 자동차에 대해 어떻게 생각하나요?
- 자동차는 무엇일까요?

| 자동차에 대한 생각을 그리는 모습

| 자동차 생각모으기

## 자동차는 무엇을 할 수 있을까요?

**IB학습자상** 탐구하는 사람, 지식이 풍부한 사람

**다중지능** 언어적 지능, 공간적 지능, 자연탐구적 지능, 논리-수학적 지능

**IB단계** 2단계: 탐구를 여는 질문

**문해력 요소** 말하기: 질문에 대해 말하기, 이야기 나누기
추론하기: 상상 및 창의적 표현

**디지털 확장** 디지털 시뮬레이션 영상으로 자동차 체험하기

**목 표** 자동차를 타 본 경험에 대해 이야기 나누고 내가 타고 싶은 자동차를 그려본다.

**활동 예시**

➲ 자동차는 무엇을 할 수 있을 것 같나요?
- 자동차와 무엇을 했었나요?
- 자동차는 어떻게 생겼나요?
- 자동차는 어떻게 움직일까요?
- 만약 자동차가 없다면 어떻게 될까요?

➲ 자동차하면 떠오르는 것은 무엇인가요? (이전 경험 이야기)
- 자동차를 생각하면 어떤 것이 가장 먼저 생각나나요?
- 자동차를 타 본 경험이 있나요?

➲ 내가 타고 싶은 자동차는 어떤 자동차일까요? (미술)
- 어떤 모양의 자동차를 타고 싶나요?
- 어떻게 움직이는 자동차였으면 좋겠나요?

| 내가 타고 싶은 자동차를 그리는 모습

| 자동차 하면 생각나는 것을 적어보는 모습

## 자동차는 어떤 모양일까요?

**IB학습자상** 탐구하는 사람

**다중지능** 공간적 지능, 언어적 지능, 논리-수학적 지능

**IB단계** 2단계: 탐구를 여는 질문

**문해력 요소** 말하기: 관찰한 것을 말로 표현하기, 비교와 설명하기

**디지털 확장** 다양한 자동차 사진이나 동영상 자료 탐색

**목 표** 여러 종류의 자동차를 관찰하고 자동차의 다양한 모양과 특징을 알아 본다.

**활동 예시**

➲ 자동차는 어떤 모양이 있을까요?
- 어떤 모양의 자동차를 보았나요?
- 자동차는 왜 그런 모양일까요?
- 자동차의 앞과 뒤는 어떻게 다른가요?

➲ 자동차는 왜 모양이 있을까요?
- 자동차의 앞부분, 뒷부분, 옆모습은 어떻게 다를까요?
- 자동차의 모양이 움직임에 어떤 영향을 줄까요?
- 자동차를 형태별로 나누어 볼 수 있을까요? (승용차, 트럭)

➲ 미래의 자동차는 어떤 모양일까요? (이야기 나누기)
- 미래에는 어떤 모양의 자동차가 있을까요?
- 나만의 자동차를 만들면 어떤 모양의 자동차를 만들고 싶나요?

| 블록으로 자동차를 만드는 모습

| 다양한 모양의 색종이로 자동차를 꾸미는 모습

## 자동차는 어떻게 움직일까요?

**IB학습자상** 지식이 풍부한 사람

**다중지능** 공간적 지능, 신체-운동적 지능, 논리-수학적 지능

**IB단계** 2단계: 탐구를 여는 질문

**문해력 요소** 말하기: 이유와 원인 설명하기

추론하기: 자신의 생각을 추론하여 말하기

**디지털 확장** 디지털 영상이나 애니메이션을 통해 자동차의 움직임 관찰하기

**목 표** 자동차가 움직이는 원리를 탐색하고, 움직임과 관련된 요소를 알아본다.

**활동 예시**

➲ 자동차는 어떻게 움직일까요?

- 자동차가 움직이려면 무엇이 필요할까요?
- 바퀴가 없으면 자동차가 움직일 수 있을까요?
- 자동차는 어떤 힘으로 움직이나요?
- 자동차는 누가 움직이게 할까요?
- 자동차는 앞으로만 가나요?
- 자동차는 어떻게 멈출까요?
- 자동차는 다 똑같이 움직일까요?

➲ 나만의 자동차는 어떻게 움직일까요?

- 바람을 이용한 자동차는 어떻게 생겼을까요?
- 자동차의 종류에 따라 자동차는 다르게 움직일까요?
- 자동차의 바퀴는 왜 둥글게 생겼을까요?
- 자동차의 속도는 어떻게 조절하는 걸까요?

| 자동차의 원리를 파악하여 이동하는 모습

| 자동차가 움직일 수 있는 이유에 대해 알아 보는 모습

## 3 질문만들기

### 나는 자동차가 궁금해요!

**IB학습자상** 지식이 풍부한 사람, 열린 마음을 지닌 사람

**다중지능** 언어적 지능, 대인관계적 지능

**IB단계** 3단계: 자동차에 대해 궁금한 점은?

**문해력 요소** 듣고 말하기: 친구의 질문을 듣고 자신의 생각 표현하기

**디지털 확장** AI에게 자동차에 대해 궁금한 점 질문하기

**목 표** 자동차에 대해 스스로 궁금한 점을 찾아보고 질문한다.

**활동 예시**

➲ 자동차에 대해 궁금한 점이 있나요?

- 자동차에 대해 무엇이 궁금하나요?
- 자동차는 무엇을 할 수 있나요?
- 자동차 바퀴는 몇 개일까요?
- 자동차는 누가 만드나요?

➲ AI에게 자동차에 대해 물어보고 궁금한 점이 있나요?

- 자동차에게 어떤 것을 물어보고 싶나요?
- 자동차는 왜 바퀴가 있을까요?
- 자동차는 어떻게 움직일까요?

➲ 자동차에 대해 궁금한 점을 토의해요.

- 자동차에 대해 궁금한 점이 친구와 같나요?
- 서로 다른 질문은 무엇인가요?

| 자동차에 대해 궁금한 점 토의하는 모습

| 자동차의 궁금한 점을 친구들에게 발표하는 모습

## 자동차에 대한 생각망을 구성해요

**IB학습자상** 사고하는 사람

**다중지능** 논리-수학적 지능, 공간적 지능

**IB단계** 3단계: 자동차에 대해 궁금한 점은?

**문해력 요소** 말하기: 자동차 생각 발표하기

듣기: 친구의 의견 경청하기

**디지털 확장** AI에게 자동차에 대해 궁금한 점 질문하기

**목 표** 자동차에 대한 다양한 생각을 친구들과 공유하며 관심을 가진다.

**활동 예시**

➲ 자동차하면 어떤 생각이 떠오르나요?

- 자동차는 어디서 볼 수 있을까요?
- 자동차에는 무엇이 있을까요?
- 어떤 자동차들이 있을까요?
- 만약 핸들이 자동차에 없다면 어떻게 될까요?

➲ 자동차를 타 본 경험이 있나요?

- 누구와 함께 탔나요?
- 자동차를 안전하게 탈 수 있는 방법은 무엇일까요?

➲ 자동차는 어떻게 움직일까요?

- 자동차를 움직이게 하는 건 무엇일까요?
- 어떤 연료가 있을까요?

| 자동차에 필요한 물건을 그리는 모습

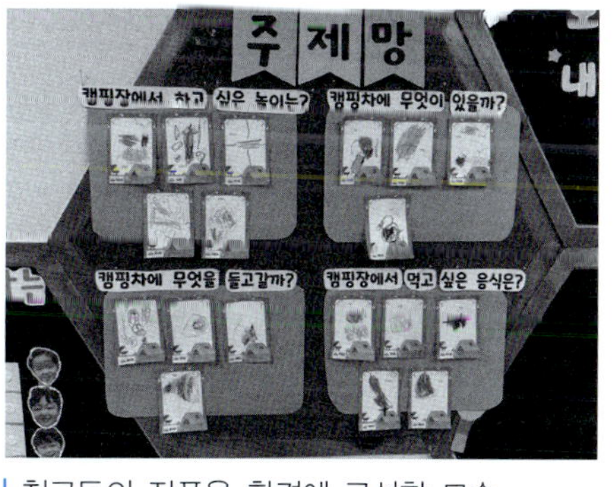


| 친구들의 작품을 환경에 구성한 모습

## 자동차에게 물어보고 싶은 점은?

**IB학습자상** 열린 마음을 지닌 사람

**다중지능** 대인관계적 지능, 언어적 지능

**IB단계** 3단계: 자동차에 대해 궁금한 점은?

**문해력 요소** 말하기: 자신의 생각 발표하기

추론하기: 내 질문에 대한 답을 추론하기

**디지털 확장** 로봇이 만든 자동차의 모습 탐색하기

**목 표** 자동차에게 궁금한 점을 모둠별로 토의하며 나와 친구들의 생각을 비교하고 공유해본다.

**활동 예시**

➲ 자동차는 어떻게 움직일까요?

- 기름은 어디에 넣을까요?
- 자동차는 왜 '부릉'하는 소리가 날까요?
- 전기 자동차는 무엇인가요?

➲ 자동차에는 누가 탈까요?

- 어린이도 운전을 할 수 있을까요?
- 운전하는 사람은 어디에 앉아야 할까요?

➲ 질문 나무는 무엇일까요?

- 나무 잎사귀에 무엇이 있나요?
- 또 어떤 점이 궁금한가요?
- 질문 나무에 무엇을 달 수 있을까요?

| 로봇에게 궁금한 점을 질문하는 모습

| 친구들과 생각을 공유하는 모습

## 4 탐색하고 실험하기

### 어떤 자동차들이 있을까요?

**IB학습자상** 사고하는 사람

**다중지능** 언어적 지능, 논리-수학적 지능

**IB단계** 4단계: 탐색하고 실험하기

**문해력 요소** 말하기: 자신의 생각 발표하기

추론하기: 내 질문에 대한 답을 추론하기

**디지털 확장** 다양한 자동차의 종류를 담은 사진이나 영상 자료 살펴보기

**목 표** 여러 종류의 자동차를 관찰하고, 각각의 특징과 쓰임을 이해해본다.

**활동 예시**

➲ 어떤 자동차들이 있을까요?

- 왜 자동차마다 생김새가 다를까요?
- 자동차는 어디에서 어떤 일을 할까요?
- 승용차, 트럭, 버스, 소방차, 구급차는 어떤 점이 다를까요?
- 우리가 자주 보는 자동차는 무엇인가요?
- 자동차마다 색이 다른 이유는 무엇일까요?

➲ 왜 다양한 자동차들이 있을까요?

하늘이나 물 위를 달리는 자동차도 있을까요?

- 짐을 나르는 자동차와 사람을 태우는 자동차는 어떻게 다를까요?

➲ 내가 타고 싶은 자동차는?

- 어떤 자동차를 타보고 싶나요?
- 특별한 기능이 있다면 어떤 것이 있었으면 좋을까요?

| 다양한 자동차의 종류를 구경하는 모습

| 자동차 종류 카드를 보며 이야기 나누는 모습

## 자동차에는 무엇이 있을까요?(구조)

**IB학습자상** 탐구하는 사람

**다중지능** 언어적 지능, 논리-수학적 지능, 실존 지능

**IB단계** 4단계: 탐색하고 실험하기

**문해력 요소** 말하기: 자동차에 대한 다양한 구조 발표하기
듣기: 친구의 의견 경청하기

**디지털 확장** 다양한 자동차의 내부 구조를 담은 사진이나 영상 자료 살펴보기

**목 표** 자동차 내부에 있는 구성 요소를 관찰하고, 각각의 기능과 쓰임을 이해해 본다.

**활동 예시**

➲ 자동차에는 무엇이 있을까요?

- 자동차 안에는 무엇이 들어 있을까요?
- 자동차는 몇 개의 바퀴가 있을까요?
- 자동차 안에는 의자가 왜 있을까요?
- 자동차마다 안에 있을 것들이 다를까요?
- 핸들은 왜 필요한 것일까요?
- 자동차를 만들 때 필요한 것들은 어떻게 쓰일까요?

➲ 자동차를 탔을 때 보았던 것들은 무엇이 있나요?

- 자동차 안에서 본 것 중 가장 신기했던 것은 무엇이었나요?
- 자동차에서 나는 소리나 냄새는 어땠나요?
- 자동차 안에 무엇이 있었으면 좋겠다고 생각했나요?

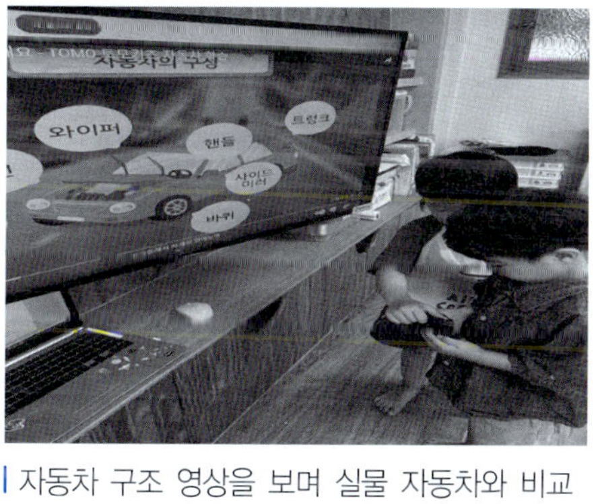

| 자동차 구조 영상을 보며 실물 자동차와 비교

| 자동차의 구조에 대해 알아보기 위한 자료

## 내가 자동차 정비사라면?

**IB학습자상** 배려하는 사람

**다중지능** 언어적 지능, 대인관계적 지능

**IB단계** 4단계: 탐색하고 실험하기

**문해력 요소** 표현하기: 상상한 내용을 말로 표현하기
이야기하기: 역할과 책임 설명하기

**디지털 확장** 자동차 정비 과정을 담은 영상 시청

**목 표** 자동차 정비사의 역할에 대해 알아보고 이해해 본다.

**활동 예시**

➲ 자동차가 고장 나면 어떻게 할까요?

- 자동차가 갑자기 멈춘다면 어떻게 해야 할까요?
- 어떤 이유로 자동차가 고장 날 수 있을까요?
- 자동차가 고장 났을 때 어떤 소리를 낼까요?
- 자동차가 고장 나면 누가 도와줄까요?

➲ 자동차 정비사는 어떤 일을 할까요?

- 정비사는 어떤 도구를 사용할까요?
- 자동차를 고치려면 무엇을 먼저 해야 할까요?
- 정비사는 자동차의 어떤 부분을 살펴볼까요?

➲ 내가 정비사라면 어떤 일을 하고 싶을까요? (역할놀이)

- 도구를 사용해 자동차를 고쳐볼까요?
- 나만의 정비소를 만들어보고 자동차를 고쳐볼까요?

| 블록으로 자동차 정비하며 놀이하는 모습

| 자동차 부품을 조립하는 모습

## 바퀴 자동차가 앞으로 가려면 무엇이 필요할까요?

**IB학습자상** 탐구하는 사람, 지식이 풍부한 사람

**다중지능** 논리-수학적 지능, 공간적 지능

**IB단계** 4단계: 자동차를 탐색해 볼까요?

**문해력 요소** 듣고 말하기: 친구의 질문을 듣고 자신의 생각 표현하기

**디지털 확장** 경사로에 따른 자동차 속도 비교 영상을 미디어 자료로 확인

**목 표** 경사로를 이용하여 자동차가 더 빨라지는 이유에 대해 알아본다.

**활동 예시**

➲ 자동차가 앞으로 가려면 무엇이 필요할까요?
- 자동차는 어떻게 앞으로 가나요?
- 자동차가 움직이기 위해서 무엇이 필요하나요?

➲ 자동차는 어디에서 움직이나요?
- 자동차는 어디에서 움직일 수 있나요?
- 자동차는 어떤 도로에서 잘 움직일 수 있을까요?

➲ 경사로에 따라 자동차의 속도가 어떻게 변화할까요?
- 어느 경사로에서 자동차가 가장 빨랐을까요?
- 경사로에 따라 자동차의 속도는 어떻게 변화했나요?
- 경사로에서는 왜 자동차의 속도가 더 빨라지나요?

| 경사로에서 자동차를 굴리는 모습

| 경사로에 따른 자동차 속도를 비교하는 모습

## 자동차의 핸들은 왜 필요할까요?

**IB학습자상** 탐구하는 사람

**다중지능** 언어적 지능, 공간적 지능

**IB단계** 4단계: 자동차를 탐색해 볼까요?

**문해력 요소** 말하기: 자신의 생각 발표하기

추론하기: 의미 생각하기

**디지털 확장** 디지털 시뮬레이션 영상으로 운전 체험하기

**목 표** 핸들의 기능과 필요성에 대해 알고 그에 따른 차 움직임을 표현한다.

**활동 예시**

➲ 자동차에서 핸들은 왜 필요하다고 생각하나요?

- 핸들은 어떻게 생겼나요?
- 핸들은 어떻게 움직일까요?
- 핸들을 오른쪽, 왼쪽으로 움직이면 차는 어떻게 움직일까요?
- 만약 핸들이 자동차에 없다면 어떻게 될까요?

➲ 내 핸들을 어떻게 만들 수 있을까요? (미술)

- 핸들을 어떤 모양으로 만들고 싶나요?
- 내 핸들에 자동차의 새로운 움직임을 만들어주고 싶은 버튼이 있나요?

➲ 핸들로 어떻게 자동차를 움직여볼까요? (신체)

- 핸들을 움직이면 차는 어떻게 움직이나요?
- 핸들에 새로운 버튼을 누르면 차가 어떻게 움직이나요?

| 핸들을 완성한 모습

| 디지털 시뮬레이션으로 운전하는 모습

## 우리 가족 자동차 번호판에는 무엇이 적혀있을까요?

**IB학습자상** 탐구하는 사람, 지식이 풍부한 사람

**다중지능** 논리-수학적 지능, 대인관계적 지능

**IB단계** 4단계: 자동차를 탐색해 볼까요?

**문해력 요소** 말하기: 우리 가족 자동차 번호판 소개하기

쓰기: 자동차 번호판 숫자 적기

**디지털 확장** 자동차 번호판의 필요성을 AI에게 질문하기

**목 표** 자동차 번호판의 필요성을 알고 우리 가족 자동차 번호판에 대하여 내가 발표했어요.

**활동 예시**

➲ 자동차에는 무엇이 있을까요?
- 자동차에는 무엇이 있나요?
- 자동차 번호판은 왜 있을까요?

➲ 자동차 번호판은 어떻게 생겼을까요?
- 자동차 번호판에는 무엇이 있나요?
- 자동차 번호판에는 어떤 숫자가 있나요?
- 자동차 번호판의 색은 무엇인가요?

➲ 우리 가족 자동차 번호판에는 무엇이 적혀있을까요?
- 우리 가족 자동차 번호판은 어떻게 생겼나요?
- 자동차마다 번호판이 어떻게 다를까요?
- 친구네 자동차 번호판과 우리 가족 자동차 번호판은 어떻게 다르나요?

| 우리 가족 자동차 번호판을 소개하는 모습

| 친구의 자동차 번호판과 비교하는 모습

## 삐오 정비사와 함께 부품을 찾으러 가볼까요?

**IB학습자상** 사고하는 사람

**다중지능** 논리-수학적 지능, 공간적 지능

**IB단계** 4단계: 자동차를 탐색해 볼까요?

**문해력 요소** 듣고 말하기: 로봇 방향 함께 계획하기

이해하기: 구성 요소, 역할 알기

**디지털 확장** 삐오 로봇(코딩)을 활용하여 이동시키며 부품 찾기

**목 표** 로봇(코딩)을 조작하여 자동차의 부품을 찾아 자동차를 완성한다.

**활동 예시**

➲ 자동차에는 무엇이 필요할까요?
- 만약 자동차 부품이 고장나면 어떻게 될까요?
- 고장난 자동차는 어느 곳을 가야 할까요?
- 정비소에 가면 무엇을 볼 수 있을까요? (정비사, 부품 등)

➲ 삐오 정비사는 어떤 일을 할 수 있을까요?
- 자동차를 고쳐줄 삐오 정비사는 어떻게 움직일까요?
- 삐오 정비사가 이곳까지 가려면 어떻게 움직여야 할까요?

➲ 삐오 정비사가 찾은 이 부품은 자동차의 어떤 부분일까요?
- 이 부품은 어디에 쓰이는 걸까요?
- 수리한 자동차는 이제 어떤 모습이 된 것 같나요?

| 자동차 구조 회상하는 모습

| 부모님, 삐오와 함께 부품 찾는 모습

## 자동차를 볼 수 있는 곳은 어디일까요?

**IB학습자상** 탐구하는 사람, 소통하는 사람

**다중지능** 공간적 지능, 개인 이해적 지능

**IB단계** 4단계: 자동차를 탐색해 볼까요?

**문해력 요소** 어휘 확장: 관련 낱말 습득
말하기: 관찰 및 경험 발표하기

**디지털 확장** 구글 스트릿뷰로 자동차가 있는 장소 관찰하기

**목 표** 자동차를 볼 수 있는 곳을 AI를 통해 관찰하며 경험과 연결지어 그림으로 표현한다.

**활동 예시**

➲ 자동차를 본 적이 있나요?
- 어디서 자동차를 보았나요?
- 내가 자동차를 본 장소에는 무엇을 볼 수 있었나요?
- 자동차가 그곳에서 무엇을 하고 있었나요?
- 나는 그곳에서 무엇을 하였나요?

➲ 어떻게 여기서 자동차가 있는 곳을 볼 수 있을까요?
- 어떤 장소일까요?
- 무엇이 보이나요?
- 실제로 가본 적이 있나요?

➲ 내가 직접 본 모습은 어땠나요?
- 자동차에게 왜 이 장소가 필요한가요?
- 나는 자동차에게 어떤 장소를 만들어 주고 싶나요? (쉬는 곳 등)

| 구글 스트릿뷰로 장소 관찰하는 모습

| 자동차를 본 장소를 소개하는 모습

## 5 창의적 표현과 통합 활동

### 어떤 자동차를 가지고 싶나요?

**IB학습자상** 배려하는 사람

**다중지능** 대인관계적 지능, 개인 이해적 지능

**IB단계** 5단계: 창의적으로 표현한 자동차

**문해력 요소** 말하기: 내가 갖고 싶은 자동차 발표하기
추론하기: 우리반에 가장 인기있는 자동차는?

**디지털 확장** 자동차가 하는 일을 다양한 디지털 영상 자료로 관찰하기

**목 표** 자동차의 여러 종류에 대해 알아보고 우리 반이 좋아하는 자동차 종류를 순위별로 구상해본다.

**활동 예시**

➲ 어떤 자동차가 있을까요?
- 우리를 도와주는 자동차는 무엇이 있을까요?
- 주차장에서 어떤 자동차를 보았나요?
- 어떤 자동차를 타보았나요?

➲ 내가 갖고 싶은 자동차는?
- 운전해보고 싶은 자동차가 있나요?
- 친구들은 어떤 자동차를 갖고 싶어할까요?

➲ 우리반 친구들이 가장 좋아하는 자동차는 무엇인가요?
- 왜 경찰차를 가장 좋아하나요?
- 몇 명이 좋아하나요?
- 경찰차를 타면 어떤 일을 하고 싶나요?

| 내가 갖고 싶은 자동차를 선택하는 모습

| 우리반의 가장 인기있는 자동차를 소개하는 모습

## 나는 어떤 자동차를 만들 수 있을까요?

**IB학습자상** 도전하는 사람

**다중지능** 신체-운동적 지능, 개인 이해적 지능

**IB단계** 5단계: 창의적으로 표현한 자동차

**문해력 요소** 말하기: 내가 좋아하는 자동차를 발표해요.
듣기: 친구의 의견 경청하기

**디지털 확장** 아이들이 만든 블록을 AI를 활용해 움직이는 이미지로 만들어보기

**목 표** 다양한 블록을 조합하여 친구들과 협동해 자동차를 만들어본다.

**활동 예시**

➲ 블록방에는 어떤 블록이 있을까요?
- 어떤 모양의 블록이 있을까요?
- 블록으로 어떤 자동차를 만들 수 있을까요?
- 자동차의 바퀴를 어떻게 만들 수 있을까요?

➲ 자동차에는 무엇이 필요할까요?
- 자동차가 움직이는 도로에는 무엇이 있을까요?
- 자동차에는 어떤 부품이 필요할까요?

➲ 다 함께 만들어본 도로에서 어떤 놀이를 할 수 있을까요?
- 도로에서 자동차 이외에 볼 수 있는 교통기관은 무엇일까요?
- 어떤 직업을 가진 사람들이 있을까요?
- 신호등은 어떤 역할을 할까요?

| 도로와 신호등을 구성해 협동놀이하는 모습

| 도로와 이층버스를 만든 모습

## 휴지 속심으로 내 자동차를 만들어요

**IB학습자상** 도전하는 사람

**다중지능** 신체-운동적 지능, 개인 이해적 지능

**IB단계** 5단계: 창의적으로 표현한 자동차

**문해력 요소** 추론하기: 어떤 재료를 사용할 수 있을까?

말하기: 내 자동차 소개하기

**디지털 확장** 재활용품을 활용한 다양한 자동차 작품을 AI에게 물어보기

**목 표** 재활용품을 사용해서 나만의 자동차를 꾸며본다.

**활동 예시**

➲ 어떤 자동차를 만들고 싶나요?
- 어떤 색깔일까요?
- 누구와 함께 타고 싶나요?
- 자동차를 타고 어디로 가고 싶나요?

➲ 자동차에는 무엇이 있나요?
- 자동차의 바퀴는 어떤 모양인가요?
- 자동차의 헤드라이트는 어떻게 만들까요?

➲ 재활용이란 무엇일까요?
- 플라스틱 혹은 종이를 왜 다시 써야할까요?
- 다시 쓸 수 있는 것과 쓸 수 없는 것은 무엇일까요?
- 쓰레기를 줄일 수 있는 방법은 무엇이 있을까요?
- 우리 주변에서 재활용할 수 있는 것은 무엇이 있을까요?

| 플라스틱 뚜껑에 자동차 바퀴를 그리는 모습

| 반짝이는 보석으로 자동차의 사이렌을 표현하는 모습

## 내 자동차는 어디로 갈까요?

**IB학습자상** 도전하는 사람

**다중지능** 언어적 지능, 공간적 지능

**IB단계** 5단계: 창의적 표현과 통합 활동

**문해력 요소** 이야기 구성하기: 자동차가 어디에 갈 수 있는지 이야기 구성해보기

**디지털 확장** 지도 영상, gps 앱 또는 자동차 이동 영상 촬영

**목 표** 자동차가 이동할 수 있는 다양한 장소에 대해 상상하고, 그 장소와 이유를 이야기로 표현해 본다.

**활동 예시**

➲ 자동차는 어디로 갈 수 있을까요?

- 자동차는 어디를 다닐 수 있나요?
- 자동차는 도로 위에서만 달릴 수 있을까요?
- 자동차가 갈 수 없는 곳은 어디일까요?
- 자동차가 목적지까지 가려면 어떤 길을 지나야 할까요?

➲ 내가 탄 자동차는 어디로 갔으면 좋을까요?

- 자동차를 타고 가고 싶은 상상의 장소가 있나요?
- 자동차가 하늘을 날 수 있다면 어디까지 가고 싶나요?
- 나만의 자동차가 갈 수 있는 특별한 장소가 있다면 어디일까요?

➲ 내 자동차가 다닐 수 있는 도로를 만들어볼까요?

- 나의 자동차는 어디로 떠날까요?
- 자동차가 가는 길을 만들어 움직여볼까요?

| 자동차 도로를 구성하여 자동차로 놀이하는 모습

| 자동차 도로를 반 친구와 구성해 놀이하는 모습

## 자동차에서는 어떤 소리가 날까요?

**IB학습자상** 탐구하는 사람

**다중지능** 언어적 지능, 음악적 지능

**IB단계** 5단계: 창의적으로 표현한 자동차

**문해력 요소** 말하기: 자신의 생각 발표하기
비교하기: 소리의 차이 이해하기

**디지털 확장** 실제 자동차 소리 탐색하기, AI와 악기를 활용하여 자동차 소리 만들기

**목 표** 자동차에서 나는 다양한 소리와 그 의미를 탐색하고 AI를 통해 만든다.

**활동 예시**

➲ 자동차도 우리처럼 소리를 낼 수 있을까요?
- 자동차는 어떤 소리를 낼까요?
- 어떤 때 소리를 내나요?
- 왜 자동차는 소리를 낼까요?

➲ 자동차의 어떤 소리일까요?
- 내가 알고 있는 자동차 소리는 무엇이 있을까요?
- 자동차 소리를 들었을 때 어떤 기분이 들었나요?

➲ 자동차 소리를 어떻게 만들 수 있을까요?
- 자동차가 무엇을 하며 소리를 내고 있는 것 같나요?
- 이 소리를 들으니 어떤 느낌이 드나요?

| 디지털 어플로 자동차 소리 만드는 모습

| 디지털 어플, 다양한 악기로 자동차 소리 만드는 모습

## 자동차가 너무 많으면 어떤 일이 생길까요?

**IB학습자상** 사고하는 사람, 균형잡힌 사람

**다중지능** 논리-수학적 지능, 공간적 지능

**IB단계** 5단계: 즐거웠던 자동차 놀이

**문해력 요소** 말하기: 교통 표지판의 중요성 말하기

읽기: 표지판의 글자 인식하기

**디지털 확장** 실제 교통 표지판의 종류를 미디어 자료로 알아보기

**목 표** 자동차 표지판의 필요성과 쓰임에 대해 알아본다.

**활동 예시**

➲ 자동차가 너무 많으면 어떤 일이 생길까요?

- 자동자는 어디에서 많이 볼 수 있나요?
- 자동차가 너무 많으면 어떤 일이 생길까요?
- 자동차가 부딪히지 않기 위해서는 무엇이 필요할까요?

➲ 표지판은 어떤 역할을 하나요?

- 표지판이 무엇일까요?
- 표지판은 어디에서 볼 수 있을까요?
- 표지판이 왜 필요할까요?

➲ 표지판은 어떻게 생겼을까요?

- 표지판의 모양과 색은 왜 다를까요?

| 교통 표지판을 관찰하는 모습

| 교통 표지판을 완성한 사진

## 6 성찰과 실천, 확장하기

### 자동차가 다니는 곳에서는 어떻게 해야 할까요?

**IB학습자상** 원칙을 지키는 사람

**다중지능** 개인 이해적 지능, 언어적 지능, 공간적 지능

**IB단계** 6단계: 멋쟁이 자동차

**문해력 요소** 추론하기: 어떻게 안전하게 건널까?

말하기: 내가 아는 사전지식을 말해요

**디지털 확장** 『횡단보도에서 지켜야 할 규칙은?』 창의력 동화 감상하기

**목 표** 횡단보도를 안전하게 건너는 방법에 대해 알고 전문가 선생님과 함께 실천해본다.

**활동 예시**

➲ 횡단보도에는 무엇이 있을까요?

- 신호등에는 어떤 색깔이 있나요?
- 빨간불일때는 어디서 기다릴까요?
- 차는 어디에 있을까요?

➲ 횡단보도를 안전하게 건너는 방법을 알아봐요.

- 누구와 함께 건너야 할까요?
- 자동차는 어디에 있을까요?
- 무엇을 조심해야 할까요?

➲ 횡단보도 활동을 해봐요.

- 횡단보도에서는 왜 걸어야 할까요?
- 횡단보도를 건너기 전에 왜 멈춰야 할까요?
- 어린이들은 왜 손을 들고 걸어야 할까요?

| 손을 들고 횡단보도를 건너는 모습

| 전문가 선생님과 교통규칙에 대해 이야기 나누는 모습

## 자동차를 안전하게 타려면 어떻게 해야 할까요?

**IB학습자상** 원칙을 지키는 사람, 열린 마음을 지닌 사람

**다중지능** 논리-수학적 지능, 신체-운동적 지능

**IB단계** 6단계: 멋쟁이 자동차

**문해력 요소** 말하기: 안전벨트의 중요성 말하기
추론하기: 안전벨트 하는 방법 생각하기

**디지털 확장** 디지털 자료로 안전벨트의 중요성과 하는 방법 알아보기

**목 표** 안전벨트를 왜 해야 하는지와 안전벨트 사용법에 대해 알아본다.

**활동 예시**

➲ 안전하게 자동차를 타기 위해 무엇이 필요할까요?

- 자동차를 탈 때 무엇을 해야 할까요?
- 자동차를 안전하게 이용할 수 있는 방법이 무엇일까요?

➲ 안전벨트는 왜 해야 할까요?

- 안전벨트가 무엇일까요?
- 안전벨트는 왜 해야 할까요?
- 안전벨트를 하지 않으면 어떻게 될까요?

➲ 안전벨트는 어떻게 해야 하나요?

- 어떻게 하면 올바르게 안전벨트를 할 수 있을까요?
- 안전벨트를 하면 어떤 점이 좋을까요?

| 안전벨트의 중요성을 알아보는 모습

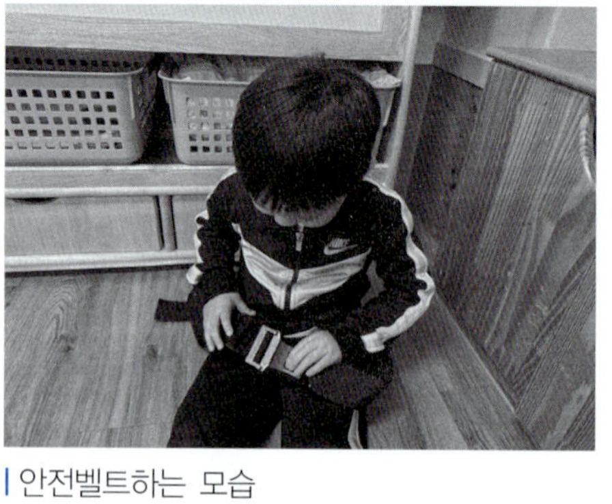

| 안전벨트하는 모습

## 자동차와 함께하는 안전한 세상

**IB학습자상** 원칙을 지키는 사람

**다중지능** 신체-운동적 지능, 공간적 지능

**IB단계** 6단계: 멋쟁이 자동차

**문해력 요소** 이해하기: 규칙과 순서 파악하기

말하기: 상황에 맞게 표현하기

**디지털 확장** 가상 교통안전 영상 및 시뮬레이션 활동하기

**목 표** 교통안전 수칙을 이해하고, 견학을 통해 안전약속을 실천한다.

**활동 예시**

➲ 내가 가장 잘 지킬 수 있는 교통안전은 무엇인가요?

- 왜 교통안전을 지켜야 할까요?

➲ 어린이교통공원에 가면 무엇을 볼 수 있을까요?

- 신호등에는 어떤 색이 있나요? 색마다 어떤 의미를 가지고 있을까요?
- 차가 다니는 길과 우리가 놀 수 있는 길은 어떻게 다를까요?
- 안전하게 길을 건너는 방법은 무엇이 있을까요?
- 내가 오늘 가장 잘 지킨 교통안전은 무엇이였나요?

➲ 다른 사람들에게 알려주고 싶은 교통약속이 있나요?

- 신호등의 색은 무슨 뜻이였나요? (색깔은 약속이에요.)
- 초록불로 바뀌었을 때 어떻게 길을 건넜나요?

| 시뮬레이션 활용 교통안전 실천하는 모습

| 가상 교통안전 영상 시청하는 모습

## 미래에는 어떤 자동차가 필요할까요?

**IB학습자상** 열린 마음을 지닌 사람

**다중지능** 언어적 지능, 개인 이해적 지능

**IB단계** 6단계: 멋쟁이 자동차

**문해력 요소** 말하기: 나의 미래 자동차 소개하기
추론하기: 친구의 자동차 이름 추론하기

**디지털 확장** AI가 만들어준 미래 자동차 이미지를 영상화하기

**목 표** 미래 자동차에 대해 친구들과 의견을 나누고 상상하며 이야기할 수 있다.

**활동 예시**

➲ 나만의 미래 자동차를 만들어 봐요.

- 자동차에 무엇이 생기면 더 편리할까요?
- 바퀴가 많은 자동차가 왜 필요할까요?
- 자동차에 로봇이 왜 필요할까요?

➲ AI에게 어떻게 질문할 수 있을까요?

- 바퀴의 개수는 몇 개일까요?
- 창문의 개수는 몇 개일까요?
- 날개는 무슨 색깔인가요?

➲ 나의 미래 자동차가 가진 특별한 점은 무엇이 있을까요?

- 일반 자동차와 무엇이 다를까요?
- 친구의 자동차는 어떤 일을 할 수 있을까요?
- 나만의 자동차 이름은 무엇인가요?

| AI가 만들어준 미래 자동차를 감상하는 모습

| 엄마와 함께 'BING'으로 만든 미래 자동차를 소개하는 모습

## 나의 멋진 미래 자동차는 어떻게 생겼을까요?

**IB학습자상** 탐구하는 사람

**다중지능** 언어적 지능, 공간적 지능

**IB단계** 6단계: 멋쟁이 자동차

**문해력 요소** 말하기: 창의적으로 상상하고 말하기
설명하기: 자신의 생각을 구체적으로 설명하기

**디지털 확장** AI 앱을 이용한 나만의 자동차 만들어보기
미래 자동차의 모습을 담은 영상이나 사진 자료 살펴보기

**목 표** 나만의 미래 자동차를 상상하여 만들어본다.

**활동 예시**

➲ 나의 멋진 미래 자동차는 어떤 모습일까요?

- 미래에는 어떤 자동차가 있을까요?
- 내가 자동차를 만들 수 있다면 어떤 자동차를 만들고 싶나요?
- 지금 자동차랑 미래 자동차는 어떤 모습이 다를까요?
- 미래 자동차 안의 모습은 지금 자동차와 어떻게 다를까요?

➲ AI 앱으로 내 미래 자동차를 만들면 어떻게 만들까요?

- 어떻게 만들어 달라고 해야할까요?
- 내가 원하는 자동차 모양이 나왔나요?
- 내가 만든 자동차가 미래에 나올 수 있을까요?

➲ 내가 만든 도로에 나만의 로봇 자동차를 움직여볼까요?

- 로봇을 어떻게 꾸며 미래 자동차를 만들 수 있을까요?
- 내가 만든 자동차를 움직이려면 어떻게 해야할까요?

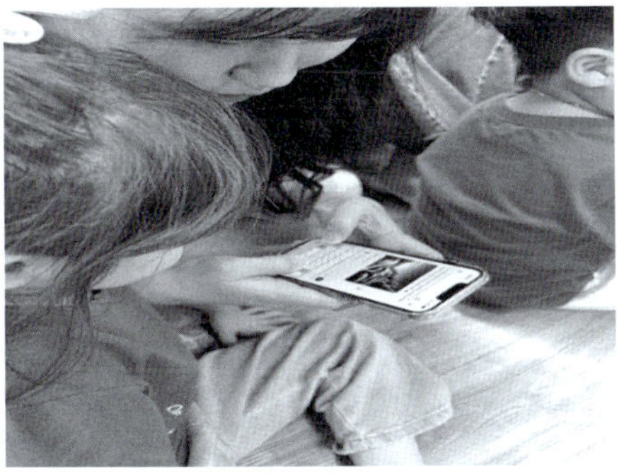

| 스마트 앱을 이용하여 미래 자동차 만들기

| 도로를 그려 미니보츠 앱으로 조종하는 모습

## 나의 미래 자동차 이름은 무엇일까요?

**IB학습자상** 열린 마음을 지닌 사람

**다중지능** 언어적 지능, 공간적 지능

**IB단계** 6단계: 멋쟁이 자동차

**문해력 요소** 말하기: 자신의 생각 설명하기

쓰기: 자신이 만든 자동차 이름 따라 적기

**디지털 확장** 생성형 AI(BING)을 통해 만든 미래 자동차 기능 더하기

**목 표** AI를 통해 생성된 미래 자동차에 창의력을 더하여 형태와 이름을 만든다.

**활동 예시**

➲ AI와 함께 만든 이 자동차는 어떻게 생겼나요?
- 이 자동차는 무엇을 할 수 있을 것 같나요?
- 누구를 위한 자동차일까요?

➲ 새롭게 만들어 주고 싶은 부분이 있나요?
- 무슨 모양으로 변화를 주고 싶나요?
- 이 자동차는 어떤 일을 하나요?
- 어떤 소리가 날 것 같나요?
- 이 자동차는 어느 곳을 다닐 것 같나요?

➲ 내가 만든 미래 자동차에게 어떤 이름을 지어줄까요?
- 왜 그 이름을 지어주었나요?
- 다른 사람에게 알릴 수 있다면 어떤 차라고 소개하고 싶나요?

| 새롭게 만들고 싶은 부분 더하는 모습

| 미래 자동차 이름표 완성한 모습

## 내가 만든 미래 자동차는 재미있어요

**IB학습자상** 열린 마음을 지닌 사람, 원칙을 지키는 사람

**다중지능** 공간적 지능, 대인관계적 지능

**IB단계** 6단계: 멋쟁이 자동차

**문해력 요소** 말하기: 미래 자동차 마을 설명하기
추론하기: 미래 자동차 마을 예측하기

**디지털 확장** AI를 이용하여 미래 자동차에 대해 질문하기

**목 표** 미래 자동차 마을에 대해 상상하고 예측하여 친구에게 설명한다.

**활동 예시**

➲ 미래에는 어떤 자동차가 탄생하나요?
- 미래 자동차는 어떻게 생겼을까요?
- 미래 마을에는 어떤 자동차가 왜 필요할까요?

➲ 내가 만든 미래 자동차는 뭐가 필요할까요?
- 내가 만든 미래 자동차는 무엇을 할 수 있을까요?
- 미래 자동차가 움직이려면 어떤 도로가 필요할까요?
- 미래 자동차는 어떻게 움직이나요?

➲ 내가 만든 미래 자동차 마을을 상상해요.
- 미래 자동차 마을은 어떻게 생겼을까요?
- 미래 자동차는 자동차 마을을 위해서 무엇을 하나요?

| 미래 자동차를 그리는 모습

| 미래 자동차 마을을 만드는 모습

## 7 배움의 결론 맺기

### 자동차에 대해 새로 알게 된 점은 무엇인가요?

**IB학습자상** 성찰 하는 사람

**다중지능** 개인 이해적 지능, 언어적 지능

**IB단계** 7단계: 즐거웠던 자동차 놀이

**문해력 요소** 쓰기: 배운 점 글과 그림으로 정리하기
말하기: 자신의 생각 발표하기

**디지털 확장** 자동차 프로젝트 활동 사진 및 영상 자료로 돌아보기

**목 표** 자신이 새롭게 알게 된 점을 친구와 공유하며, 배움책을 구성한다.

**활동 예시**

- 자동차 프로젝트를 하며 어떤 점이 새로웠나요?
  - 자동차의 어떤 기능을 새로 알게 되었나요?
  - 자동차의 구조 중 기억에 남는 것이 있나요?
  - 이 외에도 새로 알게 된 점이 있나요?

- 가장 기억에 남는 활동은 무엇이 있었나요?
  - 무엇을 하였나요?
  - 어떤 기분이 들었나요?

- 우리가 알게 된 것 중에 다른 사람에게 알려주고 싶은 것이 있나요?
  - 어떤 방법으로 알려줄 수 있을까요?
  - 어떤 제목을 붙이면 좋을까요?
  - 완성된 책을 다른 반 친구들에게 어떻게 소개할까요?

| 자동차의 종류에 대해 그린 모습

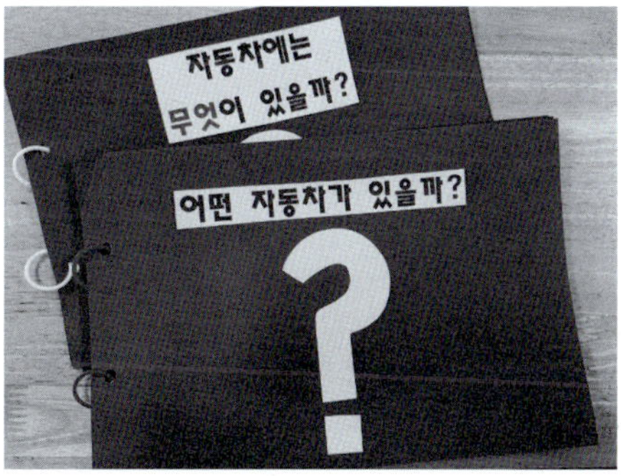


| 완성한 자동차 책 모습

## 자동차 전시회에서 내가 좋아하는 자동차를 찾아요

**IB학습자상** 도전하는 사람, 배려하는 사람

**다중지능** 언어적 지능, 대인관계적 지능

**IB단계** 7단계: 즐거웠던 자동차 놀이

**문해력 요소** 말하기: 기억에 남는 자동차 말하기
추론하기: 자동차를 통해 알게 된 점 생각하기

**디지털 확장** 디지털 미디어를 활용하여 다양한 자동차 살펴보기

**목 표** 내가 좋아하는 자동차에 대해 설명한다.

**활동 예시**

➲ 자동차 전시회를 살펴본다.
- 어떤 자동차를 가장 좋아했나요?
- 어떤 자동차들이 있었나요?
- 자동차 전시회에서 무엇을 보았나요?
- 전시회에 있는 자동차 중 어떤 자동차가 가장 좋아요?

➲ 자동차에 대해 무엇을 알게 되었나요?
- 자동차에 대한 어떤 궁금증이 해결되었나요?
- 자동차의 어떤 점이 좋았나요?
- 자동차를 통해 무엇을 배웠나요?

➲ 내가 가장 기억에 남는 자동차는 무엇인가요?
- 기억에 남는 자동차는 무엇인가요?
- 왜 그 자동차가 가장 기억에 남나요?

| 자동차 전시회를 구경하는 모습

| 내가 좋아하는 자동차에 대해 발표하는 모습

# Chapter 9

# IB로 접근한 생성형 드론 프로젝트 교수방법

1. 예비단계
2. 탐구를 여는 질문
3. 질문만들기
4. 탐색하고 실험하기
5. 창의적 표현과 통합 활동
6. 성찰과 실천, 확장하기
7. 배움의 결론 맺기

## 1 예비단계(1단계)

'드론 이야기 나누기'는 유아가 드론의 기능과 활용 가능성에 대해 호기심을 가지고 탐구할 수 있도록 돕는 중요한 도입단계이다. 이 과정에서는 "드론이 어떻게 하늘을 날 수 있을까?", "물속에도 드론이 갈 수 있을까?", "드론이 사람을 도와줄 수 있을까?"와 같은 개방형 질문을 중심으로 토론이 이루어진다. 이러한 탐구적 질문들은 유아 스스로 사고의 폭을 넓히고, 드론이 가진 다양한 가능성을 상상하며 토론하도록 이끌어 준다. 특히 디지털 도구 활용 역량과 문해력을 고려하여 예비 주제망을 구성함으로써 이후 단계의 활동과 자연스럽게 연결되는 기초를 마련하게 된다.

주제를 심도 있게 선정하기 위해 연구자와 교사들은 프로젝트와 관련된 포괄적인 사전 연구를 진행하였다. 우선 유아의 발달 특성에 적합한 유아용 자료, 드론 관련 동화책, 학술적 연구자료, 그리고 2022 개정 누리과정의 방향성을 기반으로 주제의 교육적 타당성을 검토하였다. 더불어 이 책에서 강조하는 7단계 과정에 따라 주제 연구를 구조화하고, 각 단계에서 요구되는 탐구 활동과 문해 능력·창의적 표현 능력을 자연스럽게 통합할 수 있는 방안을 마련하였다.

특히 이번 프로젝트에서는 단순한 주제망을 넘어, 문해력·창의력·IB(국제 바칼로레아) 교육 철학·디지털 자료 활용이 모두 반영된 확장된 형태의 주제망을 구성하였다. 문해력 요소는 탐구 질문을 생성하고 기록하는 활동을 중심으로, 창의력 요소는 드론의 새로운 기능을 상상해보는 활동으로, IB 교육 배경은 탐구 기반 학습과 학습자 주도성을 강화하는 방향으로 설계하였다. 또한 디지털 자료, 영상, 실물 사진 등 다양한 디지털 매체를 활용할 수 있도록 하여 유아들이 보다 실제감 있는 학습 경험을 할 수 있도록 계획하였다.

프로젝트의 적절성과 실행 가능성은 교사들이 매주 정기적인 협의 시간을 통해 지속적으로 검토하였다. 교사 협의에서는 수집된 자료의 교육적 가치 분석, 활동의 난이도 조절, 유아의 흥미 반영 방법, 주제망의 보완점 등을 논의하였다. 이러한 협력적 협의 과정은 프로젝트의 질을 높이는 데 중요한 역할을 하였으며, 실제 수업 흐름에서의 문제점을 미리 점검하는 데 도움을 주었다.

또한 프로젝트의 심화 탐구를 위해 현장 견학 계획을 프로젝트 주제에 맞추어 월별로 구성하였다. 드론을 실제로 관찰하거나 체험할 수 있는 공간, 드론을 활용하는 기관 등을 조사하여 견학 일정을 세우고, 유아가 직접 보고 듣고 경험하며 배움을 확장하도록 하였다. 더불어 매달 진행되는 숲 체험 활동과도 연계하여 "숲 속에서 드론이 무엇을 할 수 있을까?" 등 주제와 자연 환경을 융합한 탐구도 이루어질 수 있도록 구성하였다. 푸드아트 관련 활동, 창작 활동 등도 주제와 연계하여 다양한 교과 간 통합적 경험을 제공하고자 하였다.

이와 같은 다각적인 준비와 협력적 노력은 드론 프로젝트가 단순한 재미 중심 활동이 아니라, 탐구력·문해력·창의력·디지털 리터러시·세계 시민적 시각을 융합적으로 발달시키는 교육적 의미 있는 프로젝트로 자리잡도록 하는 데 큰 기반이 되었다.

주제망은 예비단계로 교사가 구성하므로, 유아의 흥미와 관심, 프로젝트 진행 상황과 단계에 따라 활동 내용이 달라질 수 있다.

## 드론 통합 예상 주제망(만 4세)

### 드론

**드론이란?**
**(사고)**

- 드론에 대한 생각 공유 및 토론(이전 경험)
- 드론이 궁금해요
- 드론에 대해 토론해요
- 드론의 기능, 구조에 대한 기초 이해

**드론이 하는 일은?**
**(탐구)**

- AI Chat GPT 를 활용해 드론에 대해 질문하기
- AI 지니 로봇과 함께 드론에 대해 토의해요
- Chat GPT 드론 코너
- 드론은 왜 하늘을 날 수 있을까?
- 드론 사용분야 카테고리 정하기
- 주제 개념 도입(주제망)

**드론으로 할 수 있어요**
**(소통·열린)**

- 드론에 대해 배웠던 점을 노래로 표현해요
- 내가 기자가 되었어요
- 디지털 패드 드론 전시회

**드론의 역할**
**(지식)**

- 나만의 드론 디자인하기
- 드론 AI 체험하기(코딩)
- AI 수중드론을 체험해요
- 우리를 도와주는 드론
- 드론의 역사 탐색하기

**드론으로 놀아요!**
**(도전·소통)**

- 내가 드론이라면?(발표)
- 내가 하늘 높이 나는 꿈을 꾼다면?
- 재활용품으로 내가 만든 드론 캠페인
- 드론으로 내가 가고 싶은 곳은?
- 드론으로 할 수 있는 것이 있어요

**우리를 도와줘요**
**(열린)**

- 협동하여 AI 드론을 만들어요
- AI 기반 앱으로 드론 캐릭터 디자인하기
- 나만의 드론 이름표를 만들어요
- 내가 사는 마을에 드론이 나타났다면?
- 오감을 이용해 드론 만들기
- 드론 착륙장 만들기
- 색종이로 표현한 나만의 드론

* 본 예상 주제망은 유아의 흥미에 따라 다음 진행 예정 주제와 융합되어 구성될 수 있습니다.

## 2 탐구를 여는 질문

### 드론에 대한 생각 공유 및 토론(이전 경험)

**IB학습자상** 성찰하는 사람, 열린 마음을 가진 사람

**다중지능** 개인 이해적 지능, 대인관계적 지능

**IB단계** 2단계: 드론이란?

**문해력 요소** 말하기와 듣기: 드론에 대해 알고 있거나 경험한 것을 떠올려 친구들과 이야기 나누기

질문하기: 궁금한 점에 대해 질문을 만들어보고 서로 의견 주고 받기

**디지털 확장** 드론을 본 경험이나 생각을 그림이나 말풍선으로 표현해보기

**목 표** 드론에 대한 이전 경험을 떠올려 보고 친구들과 생각을 나누며 드론에 대한 이해를 넓힌다.

**활동 예시**

➲ 드론에 대한 경험이나 생각을 이야기 나눈다.

- 드론을 본 적이 있나요?
- 어디에서, 언제 보았나요?

➲ 드론에 대해 궁금한 점을 질문으로 표현해 본다.

- 드론에 대해 궁금한 점이 있나요?
- 궁금한 점은 어떻게 질문으로 만들 수 있을까요?
- 친구는 어떤 점이 궁금한가요?
- 친구의 이야기를 듣고 새롭게 궁금해진 질문이 있나요?

| 드론에 대해 서로의 생각을 공유하는 모습

| 드론에 대해 토론하는 모습

## 드론이 궁금해요

**IB학습자상** 탐구하는 사람, 열린 마음을 지닌 사람

**다중지능** 자연탐구적 지능, 공간적 지능

**IB단계** 2단계: 드론이란?

**문해력 요소** 관찰하기: 드론 모형을 유심히 살펴보고 특징을 말로 표현하기

질문하기: 관찰 후 생긴 궁금증을 질문으로 나타내기

**디지털 확장** 드론의 실제 모습 영상이나 사진을 함께 보며 비교 관찰하기

**목 표** 드론 모형을 직접 관찰하며 생긴 궁금증을 질문으로 표현하고 드론에 대한 호기심을 키운다.

**활동 예시**

➲ 드론 모형을 자세히 관찰해본다.

- 드론은 어떤 모양인가요?
- 무엇으로 만들어졌나요?
- 날개는 몇 개 있나요?
- 특별한 부분이나 눈에 띄는 점이 있나요?

➲ 관찰하며 생긴 궁금증을 이야기 나눈다.

- 드론은 어떻게 하늘을 날 수 있을까요?
- 드론 안에는 무엇이 들어 있을까요?
- 드론은 어떤 일을 할 수 있을까요?
- 드론을 조종하려면 무엇이 필요할까요?

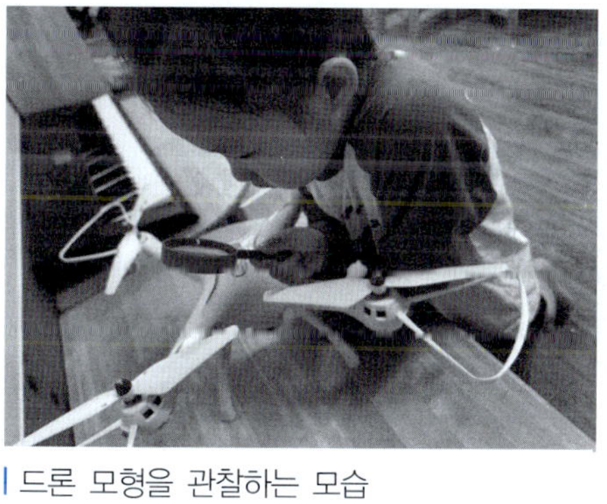

| 드론 모형을 관찰하는 모습

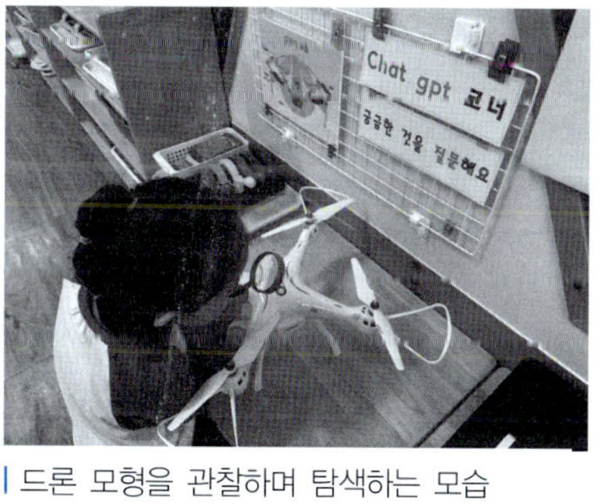


| 드론 모형을 관찰하며 탐색하는 모습

## 드론에 대해 토론해요

**IB학습자상** 소통하는 사람, 열린 마음을 가진 사람

**다중지능** 언어적 지능, 대인관계적 지능

**IB단계** 2단계: 드론이란?

**문해력 요소** 말하기와 듣기: 자신의 생각을 말하고 친구와 이야기를 경청하며 반응하기
토의하기: 서로 다른 의견을 비교하며 공통점과 차이점 알아보기

**디지털 확장** 드론 주제를 그림카드나 사진 자료를 제시하고 의견 나누기

**목 표** 드론에 대한 다양한 생각을 친구들과 나누고, 서로의 의견을 비교하며 생각을 확장한다.

**활동 예시**

➲ 드론에 대해 자신의 생각을 말해본다.
- 드론은 어떤 점이 좋은가요?
- 드론이 있으면 어떤 일에 도움이 될까요?
- 드론이 많으면 어떤 점이 좋을까요?

➲ 친구의 생각을 듣고 서로의 의견을 비교한다.
- 친구의 의견 중 새롭게 알게 된 점은 무엇인가요?
- 나와 친구의 생각이 같은가요? 다른가요?
- 서로 다른 생각을 들었을 때 어떤 느낌이 들었나요?

| 드론에 대한 자신의 생각을 공유하는 모습

| 드론에 대한 서로의 의견을 공유하는 모습

## 드론의 기능, 구조에 대한 기초 이해

**IB학습자상** 탐구하는 사람, 지식이 풍부한 사람

**다중지능** 논리-수학적 지능

**IB단계** 2단계: 드론이란?

**문해력 요소** 정보 찾기: 사진과 영상을 보며 드론의 구조와 기능에 대한 정보를 파악하기

질문하기: 드론에 대해 궁금한 점을 스스로 질문하고 공유하기

설명하기: 드론의 특징과 기능을 말로 표현하며 친구들과 이야기 나누기

**디지털 확장** 드론의 구조와 기능을 보여주는 영상·사진 자료 제시

**목 표** 드론의 기능과 구조에 대해 호기심을 느끼고, 다양한 질문을 유도한다.

**활동 예시**

➲ 드론의 구조에 대해 궁금한 점을 토의한다.

- 드론은 왜 다리가 4개 일까요?
- 드론의 눈은 어디에 달려있을까요?
- 드론의 몸은 어떤 것으로 만들어졌을까요?

➲ 드론의 기능에 대해 사진과 영상을 살펴보며 토의한다.

- 드론의 날개는 어떻게 돌아가는 걸까요?
- 드론이 하는 일 중에 우리를 즐겁게 해주는 일은 어떤 것이 있을까요?
- 다양한 드론들은 어떤 기능들을 가지고 있을까요?
- 기능을 이야기 해본 것 중에 나에게 필요한 기능은 무엇일까요?

| 드론의 기능 보드에 그려보기

| 드론의 기능과 구조 알아보기

# 3 질문만들기

## AI Chat GPT를 활용해 드론에 대해 질문하기

**IB학습자상** 열린 마음을 지닌 사람, 지식이 풍부한 사람

**다중지능** 언어적 지능, 대인관계적 지능

**IB단계** 3단계: 드론이 하는 일은?

**문해력 요소** 질문하기: 궁금한 점을 Chat GPT에 질문하기
말하기와 듣기: 친구의 질문에 귀 기울이고 함께 이야기 나누기

**디지털 확장** Chat GPT로 알게 된 점을 글로 적어보기

**목 표** 드론에 대해 궁금한 점을 Chat GPT에 질문하고, 느낀 점을 이야기한다.

**활동 예시**

➲ 드론에 대해 궁금한 점이 있는지 이야기 나눈다.
- 드론에 대해 궁금한 점이 있나요?
- 왜 궁금했나요?
- 궁금한 점을 어떻게 알 수 있을까요?

➲ AI Chat GPT를 소개한 후 궁금한 점을 질문한다.
- Chat GPT가 무엇인지 알고 있나요?
- Chat GPT에 질문하고 싶은 것이 있나요?
- 드론은 물에서도 다닐 수 있을까요?

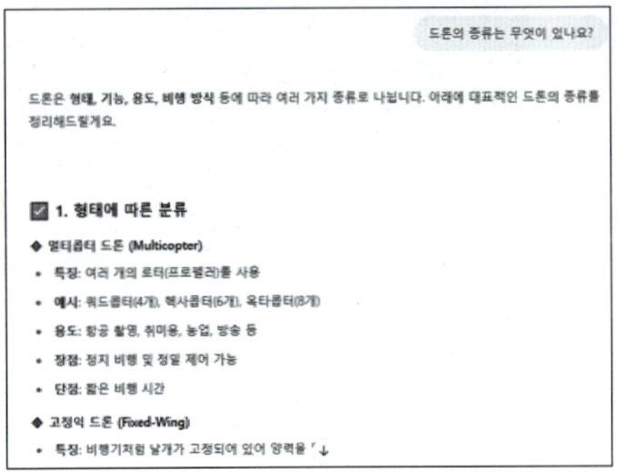


| Chat GPT에게 궁금한 점을 물어보는 모습

| 드론에 대해 알게 된 점을 그림으로 표현하는 모습

## AI 지니 로봇과 함께 드론에 대해 토의해요

**IB학습자상** 소통하는 사람, 성찰하는 사람

**다중지능** 대인관계적 지능, 언어적 지능

**IB단계** 3단계: 드론이 하는 일은?

**문해력 요소** 질문하기: 궁금한 점을 지니 로봇에게 질문하기

말하기와 듣기: 친구의 질문에 귀 기울이고 함께 이야기 나누기

**디지털 확장** 지니 로봇으로 알게 된 점을 그림으로 표현하기

**목 표** 드론에 대한 생각을 아이들 스스로 생각하고 토의해 보도록 한다.

**활동 예시**

➲ 드론에 대한 궁금한 점에 대해 질문 목록을 작성한다.

드론에 대해 궁금한 점이 있나요?

- 궁금한 점을 어떻게 표현하면 좋을까요?
- 질문 목록을 작성해 볼까요?

➲ 지니 로봇에게 궁금한 점을 질문한 후 토의한다.

- 지니 로봇을 본 적이 있나요?
- 지니 로봇에게 질문해 볼 목록 중 어떤 것이 궁금한가요?
- 친구들과 함께 어떤 점을 토의하고 싶나요?
- 토의해본 후 알게 된 점은 무엇인가요?

| 지니 로봇에게 궁금한 점을 물어보는 모습

| 지니 로봇으로 사진을 찍는 모습

## Chat GPT 드론 코너

**IB학습자상** 지식이 풍부한 사람, 균형잡힌 사람

**다중지능** 언어적 지능

**IB단계** 3단계: 드론이 하는 일은?

**문해력 요소** 질문하기: 궁금한 점을 Chat GPT에 질문하기
글 적기: 글로 적어 표현하기

**디지털 확장** Chat GPT에 궁금한 점 질문하기

**목 표** 드론에 대해 궁금한 점을 생각하고 질문할 수 있다.

**활동 예시**

➲ 드론에 대한 궁금한 점을 질문지에 적는다.

- 궁금한 점을 어떻게 표현하면 좋을까요?
- 질문지에 궁금한 점을 적어볼까요?

➲ 질문지에 적은 질문을 Chat GPT에 물어보고 이야기 나눈다.

- Chat GPT가 무엇인지 알고 있나요?
- 궁금한 점 중 어떤 질문을 물어보면 좋을까요?
- 궁금한 점을 질문하니 어땠나요?

| Chat GPT 코너에서 놀이하는 모습

| 드론에 관련된 책을 보는 모습

## 드론은 왜 하늘을 날 수 있을까?

**IB학습자상** 열린 마음을 지닌 사람, 사고 하는 사람

**다중지능** 언어적 지능

**IB단계** 3단계: 드론이 하는 일은?

**문해력 요소** 말하기와 듣기: 친구의 질문에 귀 기울이고 함께 이야기 나누기

**디지털 확장** 드론으로 드론쇼, 레이싱 경험하기

**목 표** 드론 비행 영상을 감상하며 느낀점을 친구들과 이야기 나눈다.

**활동 예시**

➲ 드론이 왜 하늘을 날 수 있을지 질문한다.

- 드론은 왜 하늘을 날까요?
- 어떻게 움직이는 길까요?

➲ 드론 시범 비행 영상을 감상한다.

- 드론이 어떻게 비행하고 있나요?
- 어떤 모양이 되었나요?
- 어떻게 비행 하는 걸까요?

➲ 느낀점을 이야기 나누고, 질문하며 말로 표현한다.

- 드론쇼를 본 후 어떤 느낌이 들었나요?
- 친구들에게 이야기 해 줄 친구가 있나요?

| 드론쇼를 감상하는 모습

| 직접 보았던 드론쇼를 친구들에게 소개하는 모습

## 드론 사용분야 카테고리 정하기

**IB학습자상** 탐구하는 사람, 소통하는 사람

**다중지능** 언어적 지능

**IB단계** 3단계: 드론이 하는 일은?

**문해력 요소** 질문하기: 궁금한 점을 찾아 질문하기
추론하기: 다양한 의견을 듣고 질문하기

**디지털 확장** AI 음성 도우미 활동(구글, 애플Siri, 빅스비)

**목 표** 드론의 사용 목적과 다양한 분야를 아이들이 스스로 생각하고 토의할 수 있도록 돕는다.

**활동 예시**

➲ 드론에 대한 궁금한 점은 어떤 것이 있을까요?
- 드론은 어디에 사용할 수 있을까요?
- 드론이 있으면 편리한 점은 무엇일까요?
- 드론을 안전하게 사용하려면 어떻게 해야 할까요?

➲ 드론의 사용분야를 토론해 보고 알게 된 점은 무엇인가요?
- 드론은 농업, 소방, 촬영, 택배 등 다양한 곳에서 사용되고 있어요.
- 우리가 알고 있는 드론의 활용 예시는 무엇이 있을까요?
- 가장 흥미로운 드론의 사용분야는 어디인가요?

| 드론의 종류에 대해 알아보는 모습

| 가장 흥미로운 드론에 대해 토의하는 모습

## 주제 개념 도입(주제망)

**IB학습자상** 탐구하는 사람, 지식이 풍부한 사람

**다중지능** 언어적 지능, 논리-수학적 지능

**IB단계** 3단계: 드론이 하는 일은?

**문해력 요소** 질문하기: 드론에 대해 궁금한 점 질문하기

듣기: 주제 관련 생각과 경험 이해

**디지털 확장** AI 음성 도우미 활동(구글, 애플Siri, 빅스비) 질문하기

**목 표** 유아들이 스스로 주제의 개념을 탐색하고, 관련된 생각을 시각적으로 표현한다.

**활동 예시**

➲ 드론에 대해 알고 있는 것은 무엇인가요?

- 드론이라는 주제를 들었을 때 어떤 생각이 떠오르나요?
- 드론과 관련된 경험이 있나요?
- 드론에 대해 어떤 걸 알고 있었나요?
- 드론에 대해 궁금한 점은 어떤 것이 있나요?

➲ 토의한 내용을 토대로 주제망을 어떻게 그려볼 수 있을까요?

- 중심에 주제를 쓰고, 관련된 단어를 어떤 방법으로 배열할 수 있을까요?
- 단어들을 어떤 기준으로 묶을 수 있을까요?
- 주제망을 통해 새롭게 알게 된 단어나 생각은 있나요?
- 드론의 주제에 대해 더 궁금해진 점이 생겼나요?

| 드론하면 떠오르는 단어를 배열하는 모습

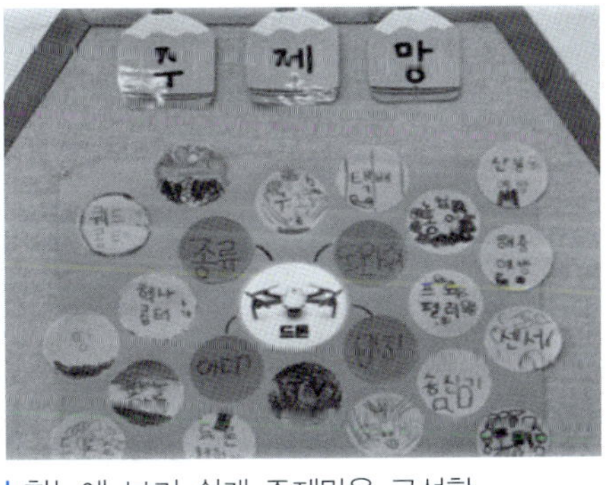


| 한눈에 보기 쉽게 주제망을 구성함

## 4 탐색하고 실험하기

### 나만의 드론 디자인하기

**IB학습자상** 지식이 풍부한 사람, 성찰하는 사람

**다중지능** 공간적 지능, 개인 이해적 지능

**IB단계** 4단계: 드론의 역할

**문해력 요소** 생각 그리기: 상상한 드론을 그림으로 표현하기

설명하기: 내가 만든 드론의 특징과 기능을 말로 표현하기

**디지털 확장** 실제 드론 디자인 영상이나 이미지 참고 자료 보기

**목 표** 상상력을 발휘해 자신만의 드론을 종이에 디자인해 보고 그 기능과 쓰임에 대해 생각해 본다.

**활동 예시**

➲ 나만의 드론을 상상해 본다.

- 어떤 일을 하는 드론을 만들고 싶나요?
- 특별한 기능이 있으면 어떤게 좋을까요?
- 내가 만든 드론은 누가 사용하면 좋을까요?

➲ 종이에 드론을 자유롭게 디자인하고 친구들에게 설명한다.

- 드론에 특별한 장치나 역할이 있나요?

| 드론 디자인 하고 있는 모습

| 친구들에게 디자인한 드론 설명해 주는 모습

## 드론 AI 체험하기(코딩)

**IB학습자상** 탐구하는 사람, 원칙을 지키는 사람

**다중지능** 논리-수학적 지능, 신체-운동적 지능

**IB단계** 4단계: 드론의 역할

**문해력 요소** 지시 따르기: 간단한 방향과 순서를 이해하고 따라하기
표현하기: 드론이 어떻게 움직였는지 말해보기

**디지털 확장** 태블릿이나 간단한 블록 코딩 앱(비봇, 엔트리 주니어 등)을 사용하여 드론 움직임을 지정해보기

**목 표** 간단한 코딩 명령(앞으로, 옆으로 등)을 배워 드론을 움직여보고 드론이 움직이는 모습을 관찰하며 문제를 해결하는 경험을 한다.

**활동 예시**

➲ 드론을 움직일 수 있는 방법을 배워본다.

- 드론이 앞으로 움직이게 하려면 어떻게 할까요?
- 오른쪽으로 움직이게 하려면 어떻게 할까요?
- 순서를 잘 정하면 드론이 목표까지 갈 수 있어요!

➲ 내가 구성한 순서대로 드론을 움직여본다.

- 내가 넣은 코딩대로 드론이 움직였나요?
- 원하는 곳까지 잘 도착했나요?
- 친구와 함께 코딩을 바꿔가며 다시 해볼까요?

| 방향을 바꿔가며 조종하는 모습

| 방향을 토의하며 조종하는 모습

## AI 수중드론을 체험해요

**IB학습자상** 탐구하는 사람, 도전하는 사람

**다중지능** 자연탐구적 지능, 실존 지능

**IB단계** 4단계: 드론의 역할

**문해력 요소** 관찰하기: 수중드론의 구조와 움직임을 세밀하게 관찰하기
질문하기: 수중드론의 원리와 기능에 대해 스스로 질문을 만들고 탐구하기
설명하기: 실험과 조종 경험을 바탕으로 자신의 생각을 말과 그림으로 표현하기
기록하기: 수중드론 실험 결과를 그림이나 간단한 글로 기록하기

**디지털 확장** 수중드론 실제 시연 영상 시청 후 비교하기

**목 표** 아이들이 드론 조종 원리와 기능을 실험과 관찰을 하여 이해를 확장한다.

**활동 예시**

➲ 수중드론의 생김새를 관찰하고 조종하는 방법을 실험한다.

- 수중드론의 날개는 왜 위에 달려 있을까요?
- 수중드론 조종기는 어떻게 사용하면 움직일까요?
- 수중드론과 조종기를 페어링 하려면 어떻게 해야 할까요?

➲ 수중드론을 다양하게 조종하며 탐색한다.

- 수중드론의 날개는 어떻게 돌아가는 걸까요?
- 수중드론이 앞으로 가려면 날개는 어떻게 움직일까요?
- 다양한 수중드론은 어떻게 생겼을까요?
- 수중드론으로 어떤 일을 할 수 있을까요?

| 수중드론과 조종기 페어링 하기

| 수중드론과 화면을 보며 조종해보기

## 우리를 도와주는 드론

**IB학습자상** 지식이 풍부한 사람, 열린 마음을 지닌 사람

**다중지능** 언어적 지능, 실존 지능

**IB단계** 4단계: 드론의 역할

**문해력 요소** 읽기: 사진 자료 관찰하기
말하기: 비교하기
쓰기: 그림이나 글로 표현하기

**디지털 확장** 우리를 도와주는 드론에 대한 영상보고 직접 만들어보기

**목 표** 아이들이 드론이 우리에게 어떤 도움을 주는지 기능을 관찰하며 이해를 확장한다.

**활동 예시**

➲ 여러 가지 기능을 가진 드론을 보며 토의한다.
- 하늘을 나는 드론을 우리에게 어떤 도움을 줄 수 있을까요?
- 바다 속을 다니는 드론으로 물고기를 잡을 수 있을까요?
- 드론으로 게임을 한다면 어떤 게임을 할 수 있을까요?

➲ 다양한 기능을 가진 드론을 탐구하고 어떤 도움을 주는지 토의한다.
- 하늘을 날며 택배를 우리 집까지 올려주면 어떨까요?
- 물 속을 다니며 같이 수영을 하면 얼마나 빨리 갈 수 있을까요?
- 드론으로 축구를 하면 축구공은 어떤 모양일까요?
- 산에 불이 났을 때 드론이 도와 줄 수 있는 일은 무엇이 있을까요?

| 다양한 드론에 대해 토의하는 모습

| 드론이 어떤 도움을 주는지 활동하는 모습

## 드론의 역사 탐색하기

**IB학습자상** 탐구하는 사람, 지식이 풍부한 사람

**다중지능** 논리-수학적 지능

**IB단계** 4단계: 드론의 변형

**문해력 요소** 듣기: 설명 듣고 특징 이해하기
추론하기: 시대적 상황과 연결해 짐작하기

**디지털 확장** AI 이미지 생성기로 드론 역사 이미지 생성하기

**목 표** 드론의 어떤 과정을 거쳐 변화해 왔는지 탐색하고, 시대별 특징을 비교하며 이해를 확장하도록 한다.

**활동 예시**

➲ 드론의 역사에서 어떤 점이 궁금한가요?

- 옛날 드론은 어떤 모습이었나요?
- 시대별로 드론은 어떻게 변해왔을까요?
- 어떤 모양의 드론이 가장 기억에 남나요?

➲ 드론의 변화를 어떻게 정리해볼 수 있을까요?

- 드론의 변화를 순서대로 어떻게 표현할 수 있을까요?
- 각 시대의 드론이 어떤 특징이 있는지 정리해 볼까요?
- 친구들과 서로 다른 시대의 드론을 비교해 볼까요?
- 시대별 드론을 보며 어떤 생각이 들었나요?

| 드론의 역사를 그림으로 표현하는 모습

| 드론의 역사를 순서에 맞게 나열함

## 5 창의적 표현과 통합 활동

### 협동하여 AI 드론을 만들어요

**IB학습자상** 소통하는 사람, 탐구하는 사람

**다중지능** 대인관계적 지능, 공간적 지능

**IB단계** 5단계: 우리를 도와줘요

**문해력 요소** 함께 만들기: 친구와 역할을 나누어 협동하며 만들기
표현하기: 만든 드론의 이름과 기능을 말로 표현하기

**디지털 확장** 실제 드론 영상이나 그림을 참고하여 만들기, 아이디어 얻기

**목 표** 친구들과 협력이나 나만의 AI 드론을 만들고 드론이 어떤 일을 하는지 창의적으로 표현해 본다.

**활동 예시**

➲ 친구들과 함께 어떤 드론을 만들지 이야기 나눈다.

- 어떤 드론을 만들고 싶나요? (예 물건 배달, 사람 구하기, 쓰레기 줍기 등)
- 드론은 어떤 색깔이고, 어떤 모양일까요?
- 드론의 특별한 기능이 있다면 무엇인가요?

➲ 역할을 나누어 함께 AI 드론을 만든다.

- 친구들과 힘을 모아 만들어 봐요.

➲ 완성한 드론을 발표하며 기능을 설명한다.

- 어떤 드론인가요?
- 누가 사용하면 좋을까요?

| 어떤 AI 드론을 만들지 토의하는 모습

| 역할을 나누어 AI 드론을 만드는 모습

## AI 기반 앱으로 드론 캐릭터 디자인하기

**IB학습자상** 열린 마음을 지닌 사람, 균형잡힌 사람

**다중지능** 언어적 지능

**IB단계** 5단계: 우리를 도와줘요

**문해력 요소** 표현하기: AI를 통해 만든 캐릭터를 나만의 방법으로 표현하기

**디지털 확장** AI로 만들어낸 캐릭터를 실제 이미지로 그려보기

**목 표** 드론에 대한 생각을 아이들 스스로 생각하고 토의해 보도록 한다.

**활동 예시**

➲ 나만의 캐릭터를 AI를 통해 생성형 이미지로 만들어본다.

- 나만의 캐릭터는 어떻게 만들면 좋을까요?
- 어떤 색깔, 모양, 성격, 이름일까요?
- 만들어보니 어떤 느낌이 드나요?

➲ 나만의 캐릭터를 그림으로 표현한다.

- 나만의 캐릭터를 어떻게 표현하면 좋을까요?
- 어떤 드론을 개발했나요?
- 나만의 드론은 어떤 역할을 하나요?

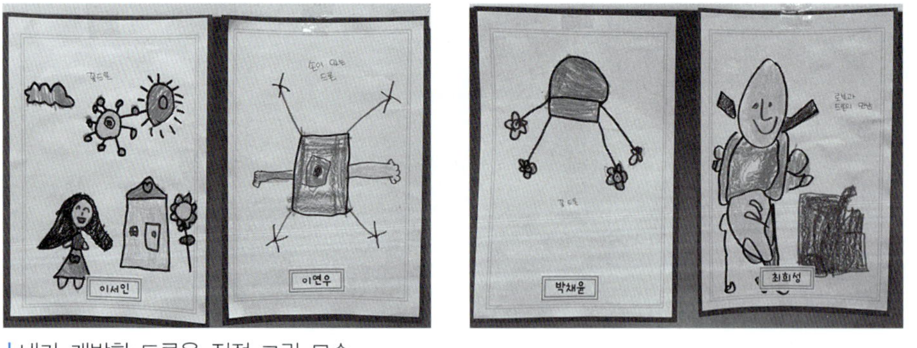


| 내가 개발한 드론을 직접 그린 모습

## 나만의 드론 이름표를 만들어요

**IB학습자상** 도전하는 사람, 탐구하는 사람

**다중지능** 언어적 지능, 실존 지능

**IB단계** 5단계: 우리를 도와줘요

**문해력 요소** 읽기: 사진 자료 관찰하기
말하기: 비교하기
쓰기: 그림이나 글로 표현하기

**디지털 확장** 태블릿의 드로잉 애플리케이션을 활용해 나만의 이름표 구성하기

**목 표** 드론 생김새를 관찰하였던 것을 회상하며 나만의 이름표를 구성하여 표현한다.

**활동 예시**

➲ 나만의 창의적인 드론 이름표를 어떻게 만들지 토의한다.
- 내가 좋아하는 드론은 어떻게 생겼을까요?
- 드론은 어떤 곳을 날고 있을까요?
- 나만의 드론을 어떤 색을 표현할까요?

➲ 친구들과 함께 토의해보며 나만의 이름표를 완성시켜본다.
- 나만의 드론 이름표에는 어떤 것을 그리면 좋을까요?
- 친구의 이름표와 나의 이름표는 어떻게 다를까요?
- 이름표를 붙이고 어디를 가면 좋을까요?
- 이름표를 누구에게 선물해주고 싶은가요?

| 나만의 드론 이름표를 만드는 모습

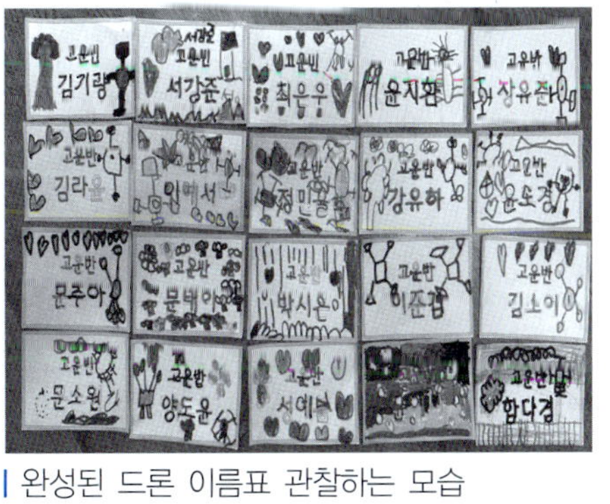
| 완성된 드론 이름표 관찰하는 모습

## 내가 사는 마을에 드론이 나타났다면?

**IB학습자상** 열린 마음을 지닌 사람, 균형잡힌 사람

**다중지능** 실존 지능

**IB단계** 5단계: 우리를 도와줘요

**문해력 요소** 이야기 짓기: 다양한 드론의 형태를 이야기 형태로 그림그리기

**디지털 확장** 디지털 스토리북 만들기: 내가 그린 드론 마을 그림을 사진으로 찍어 디지털 책으로 제작

**목 표** 드론에 대한 배움을 자신만의 방식으로 재구성하여 표현한다.

**활동 예시**

➲ 드론의 다양한 형태(종류)에 대해 이야기 나눈다.

- 드론에는 어떤 형태가 있나요?
- 그 중 내가 좋아하는 드론은 무엇인가요?

➲ 드론 마을을 구성한 후 그림으로 표현해 본다.

- 다양한 드론들을 한 군데 모아서 드론 마을이 되면 어떨까요?
- 어떻게 만들면 좋을까요?
- 큰 도화지에 그리면 어떻게 될까요?
- 마을에 길은 어떻게 표현할까요?
- 또 어떤 것을 그릴까요?

| 코딩 로봇으로 조종해보는 모습

| 내가 상상한 드론을 그리는 모습

## 오감을 이용해 드론 만들기

**IB학습자상** 균형잡힌 사람, 성찰하는 사람

**다중지능** 개인 이해적 지능

**IB단계** 5단계: 우리를 도와줘요

**문해력 요소** 읽기: 사진 자료 관찰하기
말하기: 비교하기
쓰기: 그림이나 글로 표현하기

**디지털 확장** 디지털 뉴스: 드론을 활용하는 새로운 기술 뉴스나 동영상을 찾아보고, 그 내용을 바탕으로 자신만의 뉴스 기사를 작성하거나 발표하는 활동하기

**목 표** 드론에 대한 배움을 오감을 사용하여 자신만의 방식으로 재구성하며 표현한다.

**활동 예시**

➲ 우리 반만의 창의적인 드론을 만들기 위해 함께 토의한다.
- 우리 반만의 드론은 어떻게 생기면 좋을까요?
- 드론에 어떤 기능이 있으면 좋을까요?
- 우리 반 드론을 어떻게 꾸며보면 좋을까요?

➲ 오감을 활용하여 창의적으로 드론을 꾸며본다.
- 우리 반 친구들의 손바닥으로 드론을 꾸미려면 어떤 재료가 필요할까요?
- 물감을 사용할 때 친구들과 색을 어떻게 정하면 좋을까요?
- 손바닥으로 드론 위를 꾸미면 어떤 모양이 될까요?
- 친구의 손과 내 손을 합치면 어떤 색이 될까요?

| 오감으로 드론을 표현하는 모습

| 완성된 드론을 전시한 모습

## 드론 착륙장 만들기

**IB학습자상** 소통하는 사람, 도전하는 사람

**다중지능** 언어적 지능, 대인관계적 지능

**IB단계** 5단계: 우리를 도와줘요

**문해력 요소** 말하기: 이유 설명하기
추론하기: 가능성 예측하기

**디지털 확장** 디지털 그림앱

**목 표** 드론이 착륙할 수 있는 공간을 직접 설계하고 표현하며, 협동의 중요성과 창의적 구성 능력을 기른다.

**활동 예시**

➲ 어떤 착륙장이 드론에게 적절하나요?
- 드론이 착륙하려면 어떤 조건이 필요할까요?
- 드론을 안전하게 내리려면 어떤 것이 있어야 할까요?
- 실제 착륙장은 어떻게 어디에 있을까요?
- 어떤 색이나 표시를 하면 드론이 쉽게 착륙할 수 있을까요?

➲ 드론 착륙장을 만들어볼까요?
- 친구들과 역할을 나누려면 어떻게 해야 할까요?
- 서로 다른 생각이 있을 때는 어떻게 정하면 좋을까요?
- 완성된 착륙장을 함께 보며 느낀 점은 무엇인가요?

| 와플블록으로 만들어 보는 드론 착륙장

| 다양한 크기의 드론 착륙장을 만드는 모습

## 색종이로 표현한 나만의 드론

**IB학습자상** 탐구하는 사람, 사고하는 사람

**다중지능** 공간적 지능

**IB단계** 5단계: 우리를 도와줘요

**문해력 요소** 질문하기: 어떤 방법으로 색종이로 표현할지 질문하기
말하기와 듣기: 내가 만든 드론은 어디에 쓰이는 드론인지 소개하기

**디지털 확장** AR전시 Zappar 앱으로 작품을 스캔

**목 표** 드론에 대한 이해를 바탕으로 창의적으로 재구성하며, 자신의 생각과 상상을 시각적으로 자유롭게 표현하는 능력을 기른다.

**활동 예시**

➲ 어떤 드론을 색종이로 만들어보고 싶나요?
- 드론이 어떤 일을 할 수 있었으면 좋겠나요?
- 내가 상상한 드론은 어디에 사용되나요?
- 어떤 모양이나 색일까요?
- 특별한 기능이 있다면 어떤 것인가요?

➲ 어떻게 나만의 드론을 표현해 볼까요?
- 색종이로 어떻게 입체감 있게 만들 수 있을까요?
- 꾸미기 재료 중 어떤 걸 사용해보고 싶나요?
- 내가 만든 드론을 친구들에게 어떻게 소개하면 좋을까요?

| 색종이를 사용하여 나만의 드론 만드는 모습

| 유아들이 완성한 나만의 드론 환경판

## 6 성찰과 실천, 확장하기

### 내가 드론이라면? (발표)

**IB학습자상** 성찰하는 사람, 소통하는 사람

**다중지능** 개인 이해적 지능, 언어적 지능

**IB단계** 6단계: 드론으로 놀아요!

**문해력 요소** 생각 그리기: 내가 드론이 된다면 어떤 드론이 될지 그림으로 표현하기
말하기: 친구들 앞에서 자신이 그린 드론을 소개하고 발표하기

**디지털 확장** 드론 사진 또는 영상 자료를 참고하여 구체화하기

**목 표** 내가 드론이 된다면 어떤 드론이 될지 그림으로 표현한 뒤 친구들에게 말로 발표하며 자신의 생각을 공유하고 타인을 존중하는 태도를 기른다.

**활동 예시**

➲ 내가 드론이 된다면 어떤 드론이 될지 떠올려본다.
- 나는 무슨 드론이 되고 싶나요?
- 왜 그렇게 생각했나요?

➲ 종이에 자신이 되고 싶은 드론을 그리고 친구들에게 발표한다.
- 내가 되고 싶은 드론을 그림으로 표현해 보아요.
- 친구들의 발표를 듣고 서로 응원해 주어요.

| 나의 꿈을 그리는 모습

| 친구들에게 나의 꿈을 발표하는 모습

## 내가 하늘 높이 나는 꿈을 꾼다면?

**IB학습자상** 도전하는 사람, 소통하는 사람

**다중지능** 자연탐구적 지능

**IB단계** 6단계: 드론으로 놀아요!

**문해력 요소** 생각 나누기: 하늘을 나는 상상을 말로 표현하기

쓰기·그리기: 내가 하늘 높이 나는 드론의 모습과 가고 싶은 장소를 그림 또는 간단한 글로 표현하기

말하기: 드론을 소개하며 친구들과 꿈을 공유하기

**디지털 확장** 드론 영상·사진 자료를 참고하여 상상을 구체화하기

**목 표** 배운 내용을 바탕으로 내가 하늘 높이 나는 꿈을 꾼다는 상상으로 연결한다.

**활동 예시**

➲ 하늘을 나는 꿈을 꾼다면 어떤 곳을 날고 싶은지 함께 토의한다.

- 드론처럼 내가 하늘을 날 수 있다면 기분이 어떨까요?
- 하늘을 날아 어떤 곳을 가고 싶나요?
- 드론과 함께 난다면 사람들에게 어떤 도움을 주고 싶나요?

➲ 디지털 도구를 사용하여 하늘을 나는 드론을 완성시켜본다.

- 꿈 속에서 함께 나는 드론은 어떤 모습일까요?
- 파이보츠로 어떤 드론을 만들어볼 수 있을까요?
- 꿈 속에서 나는 드론에 날개는 몇 개일까요?
- 내가 만든 꿈 드론은 어떤 친구와 함께 날고 싶은가요?

| 파이보츠로 드론 만들기

| 폰과 페어링하여 조종하는 모습

## 재활용품으로 내가 만든 드론 캠페인

**IB학습자상** 열린 마음을 지닌 사람, 성찰하는 사람

**다중지능** 실존 지능, 논리-수학적 지능

**IB단계** 6단계: 드론으로 놀아요!

**문해력 요소** 읽기: 사진 자료 관찰하기

말하기: 비교하기

쓰기: 그림이나 글로 표현하기

**디지털 확장** 드론 비행 영상 촬영 및 편집

**목 표** 배운 내용을 바탕으로 자신과 주변, 사회에 대해 생각해 보고 캠페인으로 연결한다.

**활동 예시**

➲ 드론이 우리의 생활 속 환경에 어떤 도움을 주는지 토의한다.

- 드론을 모두가 사용하면 우리 생활 속에 어떤 문제가 생길 수 있을까요?
- 드론이 우리 생활 속에 도와주는 방법에는 어떤 것이 있을까요?
- 드론 캠페인을 한다면 어떤 내용을 넣으면 좋을까요?

➲ 재활용품을 사용하여 드론 캠페인을 완성시켜 본다.

- 재활용품을 사용하여 어떤 드론을 만들면 좋을까요?
- 드론이 우리에게 주는 고마운 것을 재활용품에 어떻게 표현하면 좋을까요?
- 어떤 재활용품을 사용하여 드론을 만들까요?
- 드론을 어디서 날리면 좋을까요?

| 재활용품으로 만드는 나만의 드론

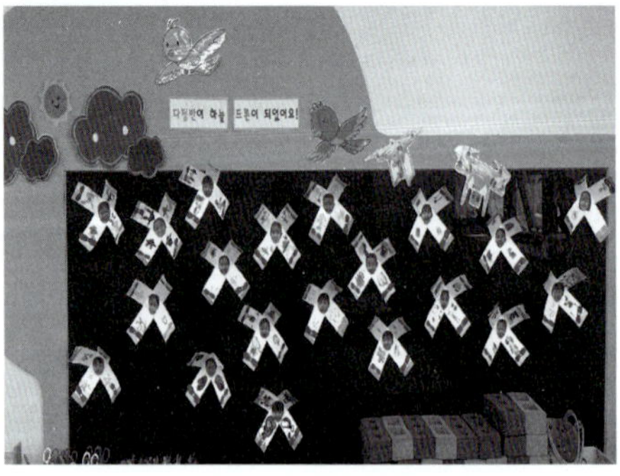

| 완성한 드론 캠페인 전시하기

## 드론으로 내가 가고 싶은 곳은?

**IB학습자상** 소통하는 사람, 도전하는 사람

**다중지능** 언어적 지능, 개인 이해적 기능

**IB단계** 6단계: 배운 내용 바탕 주변 사회에 대해 실제 행동 연결

**문해력 요소** 질문하기: 상대에게 질문하기

추론하기: 의미 생각하기

**디지털 확장** 드론으로 가고 싶은 장소 Chat GPT로 만들기

**목 표** 드론으로 가고 싶은 장소를 상상하며, 자신의 생각을 구체화하고 친구들과 나누는 경험을 통해 공감 능력과 상상 표현력을 기른다.

**활동 예시**

➲ 드론을 타고 어디로 가고 싶나요?

- 드론으로 내가 가고 싶은 곳은 어디인가요?
- 왜 그곳에 가고 싶은가요?
- 그곳의 모습은 어떤 모습일까요?
- 드론을 타고 가면 어떤 기분이 들까요?

➲ 어떤 방법으로 표현해볼 수 있을까요?

- 드론이 그곳에 도착했을 때 나는 무엇을 할까요?
- 가고 싶은 곳의 냄새, 소리, 기분도 함께 담을 수 있을까요?
- 친구들과 함께 드론 여행지 지도를 만들어볼까요?

| 드론으로 가고 싶은 곳을 그림으로 표현함

| 그림을 친구들 앞에서 소개하는 모습

## 드론으로 할 수 있는 것이 있어요

**IB학습자상** 성찰하는 사람, 소통하는 사람

**다중지능** 언어적 지능, 개인 이해적 지능

**IB단계** 6단계: 드론으로 놀아요!

**문해력 요소** 말하기: 나의 감정에 대해 이야기하기
듣기: 듣고 의도 파악하기

**디지털 확장** 드론이 우리에게 주는 편리함 Chat GPT에게 물어보기

**목 표** 드론이 우리 생활에 주는 편리함과 즐거움을 떠올리고, 감정을 자유롭게 표현하며 친구들과 공감하는 경험을 나눈다.

**활동 예시**

➲ 드론은 우리 생활에 편리함, 기쁨을 줄 수 있나요?
- 드론이 우리를 도와줄 수 있는 것에는 어떤 부분이 있을까요?
- 드론을 보면 어떤 기분이 들어요?
- 드론이 있어서 우리의 생활에 도움을 주는 것에는 무엇이 있을까요?
- 내가 드론이 있다면 어디에 쓰고 싶나요?

➲ 드론을 떠올리면 어떤 감정을 느끼나요?
- 드론을 보면 나는 왜 기분이 좋아질까요?
- 드론을 보면 나의 마음이 어떤 색 같을까요?

| 우리 생활 속 드론이 필요할 때 토의하는 모습

| 드론을 떠올리면 감정의 색을 고르는 모습

## 7 배움의 결론 맺기

### 드론에 대해 배웠던 점을 노래로 표현해요

**IB학습자상** 소통하는 사람, 열린 마음을 지닌 사람

**다중지능** 언어적 지능, 음악적 지능

**IB단계** 7단계: 드론으로 할 수 있어요

**문해력 요소** 말하기: 개사한 노래 가사 발표하기
듣기: 노래를 듣고 가사 내용 이해하기

**디지털 확장** Chat GPT로 가사판 이미지 만들기

**목 표** 드론을 작동하며 배운 내용을 떠올리고, 익숙한 노래에 가사를 개사해보며 자연스럽게 복습하고 표현하는 능력을 기른다.

**활동 예시**

➲ 드론을 작동할 때 어떤 순서로 해야 하나요?
- 드론 전원은 어떻게 켜나요?
- 드론 조종기는 어떻게 페어링 하나요?
- 조종기 스틱은 어떤 방향으로 움직이나요?
- 드론과 조종기가 연결되었을 때 어떻게 알 수 있나요?

➲ 배운 내용을 노래로 표현해 볼까요?
- 어떤 노래에 맞춰 개사를 해볼까요?
- 드론 전원을 켜는 부분은 어떤 가사로 바꿀 수 있을까요?
- 조종기 연결은 어떻게 표현하면 좋을까요?
- 함께 개사한 노래를 불러보면 어떤 느낌이 드나요?

ㅣ드론 가사판을 보며 페어링 연습하는 모습

ㅣ페어링 성공한 드론을 날려보는 모습

## 내가 기자가 되었어요

**IB학습자상** 탐구하는 사람, 도전하는 사람

**다중지능** 개인 이해적 지능

**IB단계** 7단계: 드론으로 할 수 있어요

**문해력 요소** 생각 그리기: 내가 드론이 된다면 어떤 드론이 될지 그림으로 표현하기
말하기: 친구들 앞에서 자신이 그린 드론을 소개하고 발표하기

**디지털 확장** 드론 사진이나 영상 자료를 참고해 구체화하기

**목 표** 드론을 통해 배우고 느낀 점을 정리하고, 기자가 되어 친구들에게 공유한다.

**활동 예시**

➲ 드론을 통해 배우고 느낀 점을 이야기한다.
- 드론을 통해 배운 것은 무엇이 있나요?
- 그 중 다른 사람에게 알려주고 싶은 것은 무엇이 있나요?
- 새로운 소식을 알려주는 기자가 되면 어떨까요?

➲ 드론에 대해 탐색한 내용을 친구들에게 발표한다.
- 기자는 어떤 직업일까요?
- 내가 기자가 된다면 어떤 것을 소개하고 싶나요?
- 무엇을 어떻게 소개하면 좋을까요?
- 새소식 기자를 통해 알게 된 점은 무엇인가요.

| 가져온 자료를 소개하는 모습

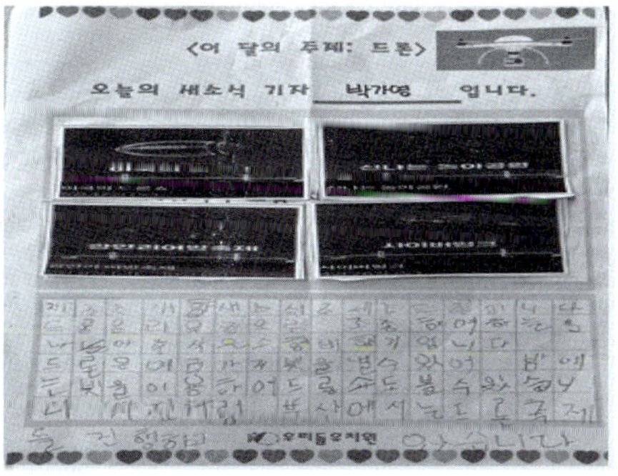

| 새소식 기자 자료

## 디지털 패드 드론 전시회

**IB학습자상** 성찰하는 사람, 소통하는 사람

**다중지능** 공간적 지능, 언어적 지능, 개인 이해적 지능

**IB단계** 7단계: 드론으로 할 수 있어요

**문해력 요소** 정리하기: 배운 내용을 떠올리며 말이나 그림으로 정리하기
공유하기: 디지털 패드에 만든 결과물을 친구들과 이야기 나누기

**디지털 확장** 디지털 패드 또는 태블릿에 자신의 드론 그림, 사진, 설명을 담아 전시 형태로 구성

**목 표** 드론에 대해 탐구하며 배운 내용을 정리하고 자신이 만든 드론을 디지털 자료로 전시하며 친구들과 공유한다.

**활동 예시**

➲ 드론에 대해 회상하고 이야기 나눈다.

- 우리는 드론에 대해 어떤 것을 배웠나요?
- 드론은 어디에 쓰였나요? 어떻게 생겼나요?
- 무엇이 재미있었고, 어떤 점이 신기했나요?

➲ 디지털 패드에 나만의 드론을 정리하고 전시한다.

- 내가 만들었던 드론 그림을 패드에 넣어볼까요?
- 친구들과 함께 전시된 드론을 돌아다니며 구경하고 이야기 나누어요.

| 디지털 패드 전시된 드론을 보는 모습

| 친구들과 함께 회상하며 보는 모습

# Chapter 10

# IB로 접근한 생성형 로봇 프로젝트 교수방법

1. 예비단계
2. 탐구를 여는 질문
3. 질문만들기
4. 탐색하고 실험하기
5. 창의적 표현과 통합 활동
6. 성찰과 실천, 확장하기
7. 배움의 결론 맺기

## 1 예비단계(1단계)

예비단계에서 연구자와 교사들은 전문가와 협력해 '로봇' 프로젝트의 예비 주제망을 구성하였다. 유아는 탐구 과정에서 질문을 만들고 문제를 해결하며 로봇 등 디지털 도구를 통해 새로운 탐구 경험을 얻는다. 탐구 기반 학습은 질문·탐색·성찰을 포함하며, IB 역시 학습자 주도성을 강조한다. 로봇 주제는 기술 이해와 책임 의식을 기르는 데 적합하고, 로봇·코딩·AI 활동은 논리적 사고력과 창의성 발달에 도움이 된다.

본 프로젝트를 본격적으로 설계하기 위해 연구자와 교사들은 프로젝트 주제에 대한 전반적인 연구를 체계적으로 진행하였다. 이를 위해 유아의 발달 수준에 적합한 유아 자료, 로봇 관련 동화책 및 그림책, 주제와 관련된 학술 연구자료, 2022 개정 누리과정 문서 등을 폭넓게 수집하여 교육적 타당성을 검토하였다. 더불어 본 프로젝트가 기반하고 있는 책에서 제시한 7단계 접근 방식에 따라 각 단계에서 요구되는 탐구 요소, 문해 활동, 창의적 표현 활동을 자연스럽게 통합할 수 있는 방안도 함께 연구하였다.

예비 주제망에는 문해력·창의력·IB 교육 철학·디지털 자료 활용 등의 요소가 모두 포함되었다. 문해력은 탐구 질문을 생성하고 기록하는 활동을 중심으로 구성하였으며, 창의력은 로봇의 새로운 기능을 상상하거나 문제 상황을 해결하는 과정에서 드러날 수 있도록 설계하였다. IB 교육의 배경은 탐구 중심 수업과 학습자 주도성 강화에 초점을 두고 반영하였다. 또한 디지털 자료, 사진, 영상 등 다양한 매체를 활용하여 유아들이 보다 실제감 있는 탐구 경험을 할 수 있도록 하였다.

프로젝트의 실행 가능성과 적절성을 높이기 위해 교사들은 매주 정기적인 협의 시간을 운영하고 있다. 협의에서는 수집된 자료의 교육적 가치 분석, 활동 난이도 조절, 유아의 흥미 반영 방식, 주제망의 보완 사항 등을 논의하며, 실제 수업 흐름에서 발생할 수 있는 문제점을 사전에 점검하는 데 중점을 두었다. 이러한 교사 간 협력은 프로젝트의 질을 높이는 데 핵심적인 역할을 하고 있다.

아울러 프로젝트의 심화 학습을 위해 매달 주제에 적합한 현장 견학 계획을 수립하였다. 로봇을 실제로 관찰하거나 체험할 수 있는 기관, 로봇을 활용하는 산업 현장 등을 조사하여 직접 보고 듣고 체험하는 기회를 마련하였다. 또한 매달 운영되는 숲 체험 활동과도 연계하여 "자연 속에서 로봇이 할 수 있는 일은 무엇일까?"와 같은 주제를 탐구할 수 있도록 구성하였으며, 푸드 아트, 창작 활동 등 다양한 교과 간 융합 활동도 함께 포함하였다.

이와 같은 다각적인 준비, 체계적인 연구, 현장 중심의 협력은 로봇 프로젝트가 단순한 흥미 위주의 활동이 아니라 유아의 탐구력·문해력·창의력·디지털 리터러시·세계시민적 시각을 통합적으로 발달시키는 교육적으로 의미 있는 프로젝트로 자리 잡게 하는 데 중요한 기반이 되고 있다.

## 로봇 통합 예상 주제망(만 5세)

**로봇**

**로봇이 궁금해요 (탐구·지식·성찰)**

- 로봇하면 무엇이 생각나나요?
- 나는 로봇을 어디에서 보았나요?

**로봇에게 질문해요 (열린·지식)**

- 내가 알고 싶은 로봇 수 그래프는?
- 로봇에게 궁금한 점을 질문한다면?
- 로봇 주제망 구성하기
- 나는 로봇이 궁금해요
- 내가 로봇이 된다면?
- 로봇의 친구가 있어요
- 로봇이 할 수 있는 것은?

**우리의 로봇을 소개해요 (사고·균형)**

- 내가 원하는 미래의 로봇은?
- Chat GPT와 네컷 만화로 로봇 표현하기

**로봇을 탐색해 보아요 (배려·사고)**

- 움직이는 관절 로봇(움직임)
- 즐겁게 행동하는 댄스 로봇 (전지·후진·회전 명령실행)
- 로봇 강아지는 내 친구
- 사람과 로봇의 같은 점과 다른 점(관찰 비교)

**나만의 로봇이 있어요 (열린·지식)**

- 로봇이 나에게 주는 도움은?
- 다양한 종류의 로봇 토론 나누기
- 내가 로봇 발명가라면?
- 내 그림을 AI가 흉내 냈어요
- 내가 원하는 로봇을 AI가 그려 준다면?
- 로봇이 있어 편리한 점은?

**창의적으로 표현해요 (사고·균형)**

- 수중 탐사 로봇으로 수로 탐사하기
- 동시짓기-나만의 로봇을 만들어요
- 로봇이 사는 미래의 도시 꾸미기 (상상)
- 로봇을 구성해 본다면?
- 재활용품으로 만든 수중 탐사 로봇은?
- 우리들의 로봇 연 만들기

* 본 예상 주제망은 유아의 흥미에 따라 다음 진행 예정 주제와 융합되어 구성될 수 있습니다.

## 2 탐구를 여는 질문

### 로봇하면 무엇이 생각나나요?

**IB학습자상** 사고하는 사람

**다중지능** 논리-수학적 지능, 공간적 지능

**IB단계** 2단계: 로봇이 궁금해요

**문해력 요소** 읽기: 로봇에 대한 질문 듣기

**디지털 확장** Chat GPT에게 로봇하면 무엇이 생각나는지 질문 후 내 생각과 비교해보기

**목 표** 로봇하면 생각나는 것을 말하고 다양한 방법으로 표현해 본다.

**활동 예시**

➲ 로봇하면 무엇이 생각나나요?
- 로봇은 무엇으로 움직일까요?
- 터틀봇
- 충전기
- 로봇청소기

➲ 로봇하면 생각나는 것들을 글자로 적어본다.
- 생각나는 것을 어디에 적으면 좋을까요?
- 적은 글자를 어떻게 붙이면 좋을까요?

➲ 글자로 적은 것들을 친구들 앞에서 발표해 본다.
- 친구들에게 내가 적은 글자를 발표할 수 있나요?

| 친구들의 로봇에 대한 것을 함께 읽는 모습

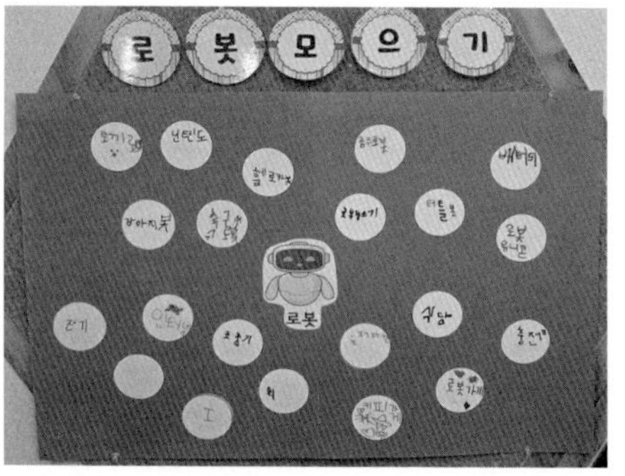


| 생각을 모아 놓은 모습

## 나는 로봇을 어디에서 보았나요?

**IB학습자상** 탐구하는 사람

**다중지능** 논리-수학적 지능

**IB단계** 2단계: 로봇이 궁금해요

**문해력 요소** 읽기: 내가 본 장소 글자 읽기

말하기: 발표하기

쓰기: 장소 글자 적기

**디지털 확장** Chat GPT를 활용하여 로봇을 볼 수 있는 장소 검색 해보기

**목 표** 아이들이 로봇이라는 질문을 통해 탐구의 문을 열도록 한다.

**활동 예시**

➲ 로봇을 어디에서 본 적이 있나요?

- 언제 보았나요?
- 누구와 함께 보았나요?
- 로봇은 직종에 따라서 다르게 활용돼요.

➲ 로봇을 보았던 장소를 그림으로 그려 표현해 본다.

- 로봇을 보았던 장소는 어디였나요?
- 로봇이 무슨 일을 하고 있었는지 그림으로 그려 볼까요?

➲ 그림을 보며 친구와 토론하며 이야기 나눈다.

- 어떤 그림인지 친구들에게 발표해 볼까요?
- 어떤 장소들이 있었나요?

| 댄스 로봇을 관람하는 모습

| 춤 추는 로봇의 모습

## 3 질문만들기

### 내가 알고 싶은 로봇 수 그래프는?

**IB학습자상** 지식이 풍부한 사람

**다중지능** 언어적 지능, 논리-수학적 지능

**IB단계** 3단계: 로봇에게 질문해요

**문해력 요소** 읽기: 로봇 종류 읽기

쓰기: 로봇 이름 쓰기

**디지털 확장** Chat GPT를 활용해 다양한 로봇 종류 찾아보기

**목 표** 친구들이 알고 싶은 로봇에 대해 조사하고, 수 그래프로 시각화해 본다.

**활동 예시**

➲ 내가 알고 싶은 로봇은 어떤 것인가요?

- 어떤 일을 하는 로봇이 더 알고 싶나요?
- 그 로봇은 어떤 장소에서 사용될까요?

➲ 알고 싶은 로봇의 수를 정한다.

- 내가 가장 알고 싶은 로봇의 종류를 한 가지 선택해 볼까요?
- 이름을 종이에 따라 쓰고 발표해 볼까요?

➲ 수 그래프 만들고 발표해 본다.

- 선택된 로봇의 종류를 표로 정리하고 어떤 친구가 어떤 로봇을 선택했는지 세어 볼까요?
- 우리 반에서 가장 인기 있는 로봇의 종류는 어떤 것이었나요?

| 수 그래프 이름을 적는 모습

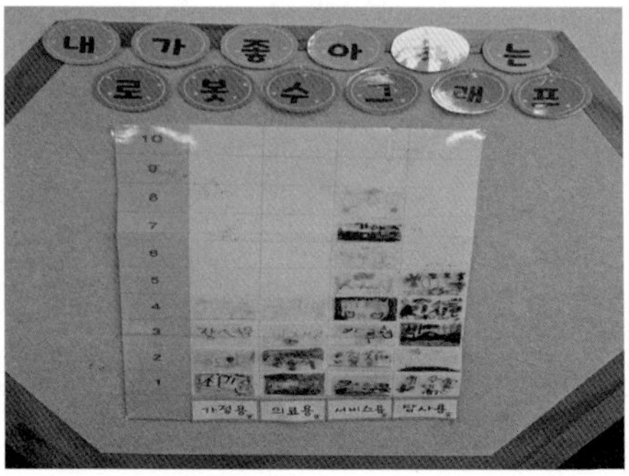


| 완성된 수 그래프 모습

## 로봇에게 궁금한 점을 질문한다면?

**IB학습자상** 탐구하는 사람

**다중지능** 자연탐구적 지능, 논리-수학적 지능

**IB단계** 3단계: 로봇에게 질문해요

**문해력 요소** 읽기: 질문 예시 읽기

말하기: 질문 말하기

쓰기: 문장으로 써 보기

**디지털 확장** '지니' 에게 질문하고 답을 받기

**목 표** 로봇에게 궁금한 점을 생각해 보고 질문 형태로 표현해 본다.

**활동 예시**

➲ 로봇에게 물어볼 질문을 생각해본다.
- 내가 알아보고 싶은 질문은 어떤 것인가요?
- 로봇은 어떻게 움직이나요?

➲ 질문을 글로 써본다.
- 로봇에게 가장 궁금한 점을 글로 써 볼까요?
- 로봇은 잠을 자나요?
- 로봇은 왜 사람을 도와주나요?

➲ 로봇에게 질문한 내용을 친구들에게 발표해 본다.
- 로봇에게 어떤 질문을 물어보았는지 친구들에게 발표해 볼까요?
- 질문을 했을 때 로봇이 어떻게 대답하였나요?

| 궁금한 것을 질문하는 모습

## 로봇 주제망 구성하기

**IB학습자상** 소통하는 사람

**다중지능** 언어적 지능, 논리-수학적 지능

**IB단계** 3단계: 로봇에게 질문해요

**문해력 요소** 읽기: 쓴 낱말 읽어보기
말하기: 생각한 낱말 말하기
쓰기: 낱말을 써 보기

**디지털 확장** Chat GPT에게 로봇에 대한 궁금한 점을 질문해보기

**목 표** 로봇과 관련된 다양한 생각을 나누고, 시각적으로 주제망을 구성해 본다.

**활동 예시**

➲ 로봇 단어 수집해 본다.
- 로봇 하면 떠오르는 단어는 어떤 것이 있나요?
- 떠오르는 단어를 글자로 적어볼까요?

➲ 주제망을 구성해 본다.
- 로봇에 관련된 단어들을 모아봐요.
- 로봇에 대한 것을 6단계로 나누어서 선으로 연결하면 어떨까요?
- 로봇 주제망을 함께 만들어 볼까요?

➲ 내 주제망 발표해 본다.
- 내가 적은 단어는 어디에 속하는지 알아볼까요?

| 주제망을 손으로 이어보는 모습

| 완성된 주제망 모습

## 나는 로봇이 궁금해요

**IB학습자상** 사고하는 사람

**다중지능** 논리-수학적 지능, 공간적 지능

**IB단계** 3단계: 로봇에게 질문해요

**문해력 요소** 읽기: 질문 읽고 공감하기

말하기: 발표하기

쓰기: 질문 적기

**디지털 확장** Chat GPT를 활용하여 질문 목록에 적고 질문하고 대답듣기

**목 표** 로봇에 대한 신기함을 느끼고 다양한 방식으로 표현해 본다.

**활동 예시**

➲ 로봇의 어떤 점이 궁금한가요?

- 로봇은 무엇을 할 수 있나요?
- 로봇은 왜 밥을 먹지 못하나요?
- 로봇은 어떤 일을 할 수 있나요?
- 로봇은 잠을 어떻게 자나요?

➲ 로봇에 대해 궁금한 점을 질문 목록에 적어 본다.

- 어떤 방법으로 질문 목록을 만들어 볼 수 있을까요?
- 누구의 질문인지 알아보기 위해서는 어떤 방법이 있을까요?

➲ 함께 만든 질문 목록을 보며 토론하며 이야기 나눈다.

- 질문을 들으니 어떤 생각과 대답이 떠오르나요?

| 로봇에게 궁금한 점을 적어 읽어보는 모습

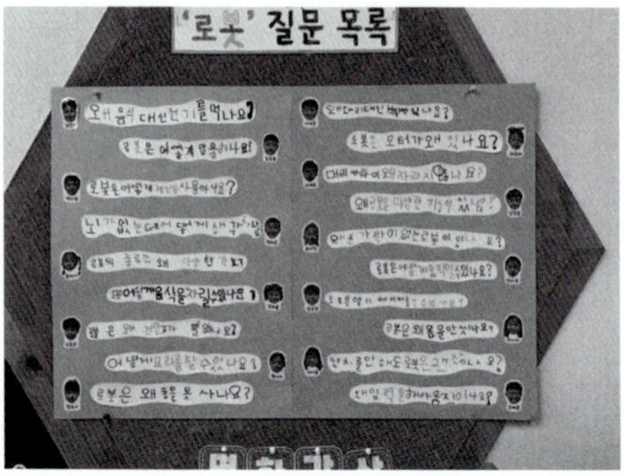


| 로봇 질문 목록을 교실에 배치해 놓은 모습

## 내가 로봇이 된다면?

**IB학습자상** 소통하는 사람

**다중지능** 언어적 지능, 대인관계적 지능

**IB단계** 3단계: 로봇에게 질문해요

**문해력 요소** 읽기: 로봇 관련 이야기 읽고 생각 나누기
말하기: 내가 로봇이라면 하고 싶은 일 발표하기
쓰기: 로봇이라면 무엇을 할지 문장이나 단어로 적기

**디지털 확장** Chat GPT에게 '내가 로봇이 되면 어떤 능력이 생길까요?' 질문해보기

**목 표** 로봇의 특징을 이해하고, '나'와 연결하여 상상하며 다양한 질문을 만들고 표현한다.

**활동 예시**

➲ 내가 로봇이 된다면 어떤 모습일까요?

- 내가 로봇이라면 어떤 일을 할 수 있을까요?
- 내 몸은 어떤 재료로 만들어졌을까요?
- 나는 어떤 소리를 내고, 어떻게 말을 할까요?
- 사람들이 나를 보면 어떤 기분이 들까요?

➲ 나는 어떤 로봇이 될까요?

- 어떤 일을 가장 잘할 수 있을까요?
- 어떤 감정을 느낄 수 있을까요?
- 누구와 가장 친해지고 싶을까요?
- 사람들이 나를 어떤 로봇으로 기억했으면 좋겠나요?

➲ 나는 어떤 로봇이 될지에 대한 궁금한 점을 적어본다.

| 나는 어떤 로봇이 될지 적어보는 모습

| 친구들과 궁금한 점을 적어보는 모습

## 로봇의 친구가 있어요

**IB학습자상** 사고하는 사람

**다중지능** 논리-수학적 지능, 공간적 지능

**IB단계** 3단계: 로봇에게 질문해요

**문해력 요소** 읽기: 질문 읽고 생각 나누기
말하기: 의견 말하기
쓰기: 질문 적기

**디지털 확장** 구체적 질문을 AI에게 물어보고 대답듣기
로봇 사진이나 영상 보기

**목 표** 로봇을 역할에 대해 호기심을 가지며 질문을 통해 사고를 확장하고 표현해 본다.

**활동 예시**

➲ 로봇의 친구는 누가 있을까요?

- 병원이나 학교에서는 어떤 로봇 친구들이 일하고 있을까요?
- 동물처럼 생기거나 움직이는 로봇 친구도 있을까요?
- 로봇 친구들은 어떻게 우리와 말을 하거나 대화를 나눌까요?
- 미래에는 어떤 새로운 로봇 친구들이 생길 수 있을까요?

➲ 로봇은 무슨 일을 할까요?

- 로봇은 어떤 도구나 부품을 가지고 있나요?
- 어떤 일을 하기 위한 걸까요?
- 사람을 도와줄 수 있는 일은 무엇이 있을까요?
- 비슷한 일을 하는 다른 로봇이 있을까요?

➲ 다양한 로봇 친구들에 대한 궁금한 점을 적어본다.

| 다양한 로봇에 대해 궁금한 점 적어보는 모습

| 로봇에게 궁금한 점을 적은 메모장 붙여보는 모습

## 로봇이 할 수 있는 것은?

**IB학습자상** 사고하는 사람

**다중지능** 논리-수학적 지능, 공간적 지능

**IB단계** 3단계: 로봇에게 질문해요

**문해력 요소** 읽기: 로봇의 기능에 대한 자료나 설명 읽고 이해하기
말하기: 로봇이 할 수 있는 일에 대해 발표하기
쓰기: 로봇이 할 수 있는 일에 대한 질문 적기

**디지털 확장** 로봇 관련 영상을 시청한 후, 관찰 내용을 바탕으로 질문 만들기

**목 표** 로봇의 역할과 기능을 알아보고, 스스로 질문을 만들며 사고력과 표현력을 기른다.

**활동 예시**

➲ 로봇은 어떤 일을 할 수 있을까요?
- 로봇은 사람을 어떻게 도와줄 수 있을까요?
- 로봇은 우리 생활에 어떤 영향을 줄 수 있을까요?
- 로봇은 어떤 일을 사람보다 더 잘할까요?
- 로봇은 유치원에서 무슨 일을 할 수 있나요?

➲ 로봇이 무엇을 대신해서 할 수 있을까요?
- 로봇이 사람을 대신해서 할 수 있는 일에는 어떤 것이 있을까요?
- 로봇이 감정을 느끼거나 친구가 될 수 있을까요?
- 우리 집에서는 로봇이 어떤 일을 도와줄 수 있을까요?
- 로봇이 그림 그리기를 대신해서 할 수 있을까요?

➲ 로봇이 할 수 있는 것에 대한 질문을 적어본다.

| 로봇이 할 수 있는 것에 대해 질문 적어보는 모습

| 질문을 모아보는 모습

## 4 탐색하고 실험하기

### 움직이는 관절 로봇(움직임)

**IB학습자상** 탐구하는 사람

**다중지능** 자연탐구적 지능, 논리-수학적 지능

**IB단계** 4단계: 로봇을 관찰해요

**문해력 요소** 읽기: 간단한 그림 설명하기

말하기: 설명하기

쓰기: 말하는 문장 쓰기

**디지털 확장** AI를 이용하여 유아가 만든 로봇을 이미지로 다시 생성해보며 탐색하기

**목 표** 로봇을 직접 만들어 움직여 보며, 몸의 구조와 움직이는 방법을 탐색해 본다.

**활동 예시**

➲ 로봇의 움직임은 어떨까요?

- 로봇의 이 부위는 왜 잘 움직일까요?
- 로봇은 움직이지 않는 이유는 무엇일까요?
- 로봇이 이렇게 움직이면 춤도 출 수 있나요?
- 로봇의 관절을 더 많이 붙이면 더 멋지게 움직일까요?

➲ 움직이는 로봇의 관절을 할핀으로 만들어 본다.

- 이 로봇은 어떻게 만들면 더 잘 움직일까요?

➲ 함께 움직이는 관절 로봇을 관찰하며 간단히 소개해 본다.

- 내가 만든 관절 로봇은 어떤 특징이 있었나요?
- 움직임을 관찰하니 어떤 생각이 들었나요?

ㅣ움직이는 관절 로봇의 도안을 그리는 모습

ㅣ움직이는 관절 로봇을 교실에 배치해 놓은 모습

## 즐겁게 행동하는 댄스 로봇(전진·후진·회전 명령실행)

**IB학습자상** 탐구하는 사람, 균형잡힌 사람

**다중지능** 자연탐구적 지능, 신체-운동적 지능, 음악적 지능

**IB단계** 4단계: 로봇을 실험해요

**문해력 요소** 읽기: 명령어 이해하기
말하기: 명령어 지시
쓰기: 짧은 문장 표현하기

**디지털 확장** 로봇의 명령 동작과 영상을 기록하기

**목 표** 로봇에 명령을 실행하여 움직이게 하고, 전진·후진·회전 등의 동작 원리를 탐색한다.

**활동 예시**

➲ 로봇에게 어떤 말을 하면 움직일까요?
- 로봇이 움직일 때 몸은 어떻게 변하나요?
- 명령을 바꾸면 움직임도 바뀔까요?
- 명령을 여러 개 말하면 순서대로 움직일까요?

➲ 로봇에게 명령을 실험해 본다.
- 춤을 춰! 하면 어떤 동작을 할까요?
- 전진·회전·후진 동작을 조합하면 어떤 댄스를 만들 수 있을까요?

➲ 즐겁게 행동하는 댄스 로봇의 동작을 관찰하며 즐겁게 따라해 본다.
- 명령을 다시 바꾸면 더 멋진 춤을 출 수 있을까요?
- 친구가 만든 로봇 명령과 비교해보니 어떤 점이 달랐나요?

| 댄스 로봇의 특징을 살펴보는 모습

| 댄스 로봇의 춤을 따라 춰보는 모습

## 로봇 강아지는 내 친구

**IB학습자상** 탐구하는 사람, 배려하는 사람

**다중지능** 자연탐구적 지능, 대인관계적 지능

**IB단계** 4단계: 로봇을 관찰해요

**문해력 요소** 읽기: 자료 보기

말하기: 반응 관찰하기

쓰기: 로봇 강아지가 하는 말 적기

**디지털 확장** AI 이미지 생성기로 '내가 꿈꾸는 로봇 강아지 친구' 상상해보기

**목 표** 로봇과 상호작용, 반응, 감정 표현방식 등을 관찰 후 친구가 될 수 있을지 탐색한다.

**활동 예시**

➲ 로봇 강아지는 어떤 모습인가요?

- 말을 걸면 어떤 반응을 하나요?
- 움직일 때 어떤 소리를 내나요?
- 로봇 강아지는 기분이 좋을 때 어떤 행동을 하나요?
- 내가 쓰다듬거나 안아주면 어떻게 반응을 할까요?

➲ 로봇 강아지와 함께 놀며 행동을 관찰하고 친구처럼 대하며 탐색해 본다.

- 로봇 강아지가 좋아하는 행동은 무엇일까요?
- 강아지처럼 산책을 시켜주면 어떤 일이 생길까요?

➲ 로봇 강아지와 놀이를 마친 뒤, 내가 느낀 점을 이야기 나누어 발표해 본다.

- 로봇 강아지와 친구가 되려면 나는 어떻게 해야 할까요?
- 내가 로봇 강아지에게 해주고 싶은 말은 무엇인가요?

| 로봇 강아지를 유치원 산책시켜주는 모습

| 쓰다듬자 소리를 내며 반응하는 모습

## 사람과 로봇의 같은 점과 다른 점(관찰 비교)

**IB학습자상** 탐구하는 사람, 사고하는 사람

**다중지능** 자연탐구적 지능, 논리-수학적 지능

**IB단계** 4단계: 로봇을 관찰해요

**문해력 요소** 읽기: 그림 자료 관찰

말하기: 이야기 나누기

쓰기: 같은 점 다른 점 정리

**디지털 확장** Chat GPT를 활용해 같은 질문을 던져보고, 답을 친구와 함께 비교해보기

**목 표** 사람과 로봇을 관찰, 비교하며 같은 점과 다른 점을 찾고 분류한다.

**활동 예시**

➲ 사람과 로봇은 어떻게 움직이나요?

- 사람과 로봇은 모두 어떤 일을 할 수 있나요?
- 로봇은 감정을 느낄까요? 사람은 왜 감정이 있을까요?
- 로봇이 말을 할 수 있어요. 사람과 어떤 점이 같을까요?
- 손, 눈, 귀처럼 생긴 부위를 비교해보면 무엇이 같고 다를까요?

➲ 사람과 로봇의 모습을 그림과 실물을 관찰하고, 같은 점과 다른 점을 친구와 토의해 본다.

- 우리가 이야기를 나눈 것을 어떻게 정리해 볼까요?

➲ 사람과 로봇의 차이를 관찰하며 차이점에 대한 이야기 나눈다.

- 사람과 로봇이 함께 지낼 수 있는 이유는 무엇일까요?
- 그래도 친구가 될 수 있을까요?

| 같은 점과 다른 점에 대해 이야기 나누기

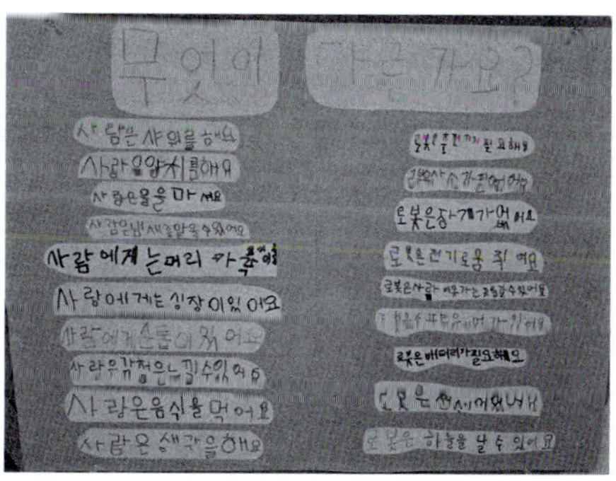

| 로봇과 사람의 같은 점과 다른 점 게시한 모습

## 5 창의적 표현과 통합 활동

### 수중 탐사 로봇으로 수로 탐사하기

**IB학습자상** 탐구하는 사람

**다중지능** 자연탐구적 지능, 논리-수학적 지능

**IB단계** 5단계: 창의적으로 표현해요

**문해력 요소** 읽기: 탐사 로봇에 대한 정보 읽기
말하기: 로봇이 탐사한 내용을 친구들에게 설명하기
쓰기: 탐사 과정 기록하기

**디지털 확장** 수중 탐사 로봇 시뮬레이션 영상 또는 애니메이션 보기

**목 표** 수중 탐사 로봇이 하는 일을 이해하고 물속 환경에 대한 관심과 탐구심을 키운다.

**활동 예시**

➲ 수중 탐사 로봇은 어떻게 물속에서 움직이나요?
- 물속에서 어떤 방식으로 앞으로 나아가나요?
- 방향을 바꾸거나 멈추는 방법은 무엇인가요?
- 사람이 조종하지 않아도 스스로 움직일 수 있을까요?
- 어떤 모양이나 구조를 가지고 있어야 더 잘 움직일 수 있을까요?

➲ 무엇을 찾을 수 있나요?
- 해양 생물들을 어떻게 관찰하고 기록할 수 있을까요?
- 바닷속 쓰레기나 오염물질도 찾을 수 있을까요?
- 물속 지형이나 지도를 만들 수 있을까요?
- 물고기 떼나 산호초를 어떻게 탐지하나요?

➲ 수중 탐사 로봇을 활용하여 수로를 탐사해 본다.

| 직접 만든 수중 탐사 로봇으로 수로를 탐사하는 모습

## 동시짓기-나만의 로봇을 만들어요

**IB학습자상** 소통하는 사람

**다중지능** 언어적 지능, 대인관계적 지능

**IB단계** 5단계: 로봇을 창의적으로 표현해요

**문해력 요소** 읽기: 로봇 표현 방식 이해하기

말하기: 동시 낭송하기

쓰기: 짧은 동시 쓰기

**디지털 확장** 동시 낭송 영상 또는 오디오 녹음하여 친구와 공유

**목 표** 로봇에 대해 탐색한 내용을 창의적 언어로 표현, 로봇을 상상하여 동시로 구성한다.

**활동 예시**

➲ 동시를 감상하며 '로봇'이라는 단어가 몇 번 등장할까요?

- 이 로봇은 언제 생겼을까요? 미래에서 왔을까요?
- 로봇이 화나면 어떤 소리를 낼까요?
- 로봇은 어떻게 잘까요? 꿈도 꿀까요?

➲ 나만의 로봇을 상상하며 그려본 후, 짧은 문장을 말로 표현해 본다.

- 손은 몇 개 일까요? 왜 이렇게 만들었을까요?
- 지금 기분이 안 좋아 보여요. 왜 그럴까요?

➲ 동시 낭송 후 친구 로봇과 비교해 본다.

- 내 로봇이 진짜 있다면 어디에서 살고 있을까요?
- 이 로봇이 우리 반에 온다면 누구랑 친해져 무슨 놀이를 할까요?

| 동시를 들어보며 이야기를 나누는 모습

| 동시를 다시 재구성해 보는 모습

## 로봇이 사는 미래의 도시 꾸미기(상상)

**IB학습자상** 소통하는 사람, 사고하는 사람

**다중지능** 언어적 지능, 대인관계적 지능, 공간적 지능

**IB단계** 5단계: 로봇을 창의적으로 표현해요

**문해력 요소** 읽기: 사진, 그림 자료 보기
말하기: 도시 소개하기
쓰기: 로봇의 말 적기

**디지털 확장** AI 도구로 '로봇 도시' 이미지 생성해 상상 자극하기

**목 표** 로봇이 살아가는 미래의 도시를 상상하며, 공간구성하고 역할과 구조를 표현한다.

**활동 예시**

➲ 로봇은 어디에서 살고 있을까요?
- 이 도시에 로봇 병원이 있다면, 무슨 일을 할까요?
- 로봇이 좋아하는 놀이터는 어떤 모습일까요?
- 우리 도시에는 무슨 냄새가 날까요?

➲ 여러 재료를 탐색 후, 미래 로봇 도시 구성해 본다.
- 하늘을 나는 로봇은 어디에 착륙해야 할까요?
- 도시 속 로봇들이 서로 도와줄 수 있는 곳은 어딜까요?

➲ 각자의 도시 공간을 소개하며 이야기 나눈다.
- 이 건물은 어떤 일을 할까요?
- 내가 만든 공간에 무슨 일이 일어날까요?

| 미래의 로봇을 상상하며 그리는 모습

| 로봇이 사는 미래의 도시 게시 모습

## 로봇을 구성해 본다면?

**IB학습자상** 사고하는 사람

**다중지능** 논리-수학적 지능, 공간적 지능

**IB단계** 5단계: 로봇을 창의적으로 표현해요

**문해력 요소** 읽기: 구성 요소 읽기

말하기: 만든 로봇 설명하기

쓰기: 로봇 이름 적기

**디지털 확장** Chat GPT에 내가 구성한 로봇 설명하고 그림으로 나타내기

**목 표** 로봇을 어떻게 구성할 수 있을지 상상하고 창의적으로 재구성하여 표현한다.

**활동 예시**

➲ 로봇 구성요소를 생각하고 이야기 나눈다.

- 로봇에 필요한 구성요소는 어떤 것이 있을까요?
- 로봇을 살펴 보며 어떤 기능이 있는지 말해보아요.

➲ 로봇 구성해 본다.

- 로봇에게 필요한 구성요소를 따라서 적어볼까요?
- 사람과 로봇을 비교하여 어떤 역할을 하는지 알아보아요.

➲ 나의 로봇 소개해 본다.

- 내가 만든 로봇의 이름은 어떤 것인가요?
- 어떤 일을 하는 로봇인가요?

| 로봇을 그림으로 표현하는 모습

| 로봇의 구성요소와 역할을 적는 모습

## 재활용품으로 만든 수중 탐사 로봇은?

**IB학습자상** 균형잡힌 사람

**다중지능** 신체-운동적 지능, 개인 이해적 지능

**IB단계** 5단계: 창의적으로 표현해요

**문해력 요소** 읽기: 관련 낱말 읽기

말하기: 수중 로봇 역할 설명하기

쓰기: 이름 적기

**디지털 확장** Chat GPT에게 수중 로봇은 어디에서 사용되는지 물어보기

**목 표** 재활용품을 활용해 수중 탐사 로봇을 만들고, 환경 보호에 대해 생각해 본다.

**활동 예시**

➲ 수중 탐사 로봇을 만들 재료를 탐색해 본다.

- 수중 탐사 로봇을 만들기 위해 필요한 재료는 무엇인가요?
- 이 재료는 로봇의 어떤 부분을 구성해 볼까요?

➲ 수중 탐사 로봇을 만들어 본다.

- 어떤 방법으로 만들면 좋을까요?
- 어떤 로봇을 만들고 싶나요?

➲ 내 로봇 친구들에게 발표해 본다.

- 내가 만든 로봇의 이름은 무엇인가요?
- 어떤 일을 하는 로봇인가요?

| 재활용품을 이용하여 로봇을 만드는 모습

| 완성된 탐사 로봇 모습

## 우리들의 로봇 연 만들기

**IB학습자상** 사고하는 사람

**다중지능** 논리-수학적 지능, 공간적 지능

**IB단계** 5난세: 창의적으로 표현해요

**문해력 요소** 읽기: 다양한 연의 모습이나 로봇 이야기 그림책 보기

말하기: 내가 만든 로봇 연에 대해 소개하기

쓰기: 로봇 연에 이름 붙이고 간단한 설명 적기

**디지털 확장** Chat GPT 또는 이미지 생성 AI를 활용해 상상 그림 생성해보기

**목 표** 상상력을 발휘하여 하늘을 나는 로봇 친구를 구상하고, 연 위에 창의적으로 표현해보며 즐거움과 성취감을 느낀다.

**활동 예시**

➲ 로봇이 하늘을 난다면 어떤 모습일까요?

- 로봇이 하늘을 날기 위해 어떤 장치나 날개가 필요할까요?
- 로봇이 하늘을 날면 어떤 일을 할 수 있을까요?
- 사람이 타는 비행기와 하늘을 나는 로봇은 어떤 점이 다를까요?
- 하늘을 나는 로봇이 하늘에서 만날 수 있는 것들은 무엇일까요?

➲ 하늘을 나는 로봇을 만드는 방법에는 무엇이 있을까요?

- 하늘을 나는 로봇은 어떤 모양이어야 할까요?
- 하늘을 나는 로봇이 어떤 일을 할 수 있으면 좋을까요?
- 하늘을 나는 로봇이 사람들에게 어떤 도움을 줄 수 있을까요?

➲ 하늘을 날 수 있는 연을 활용하여 로봇 연을 만들어본다.

| 친구들과 함께 로봇 연을 그리는 모습

| 우리가 만든 로봇 연을 전시한 모습

## 6 성찰과 실천, 확장하기

### 로봇이 나에게 주는 도움은?

**IB학습자상** 배려하는 사람

**다중지능** 대인관계적 지능, 개인 이해적 지능

**IB단계** 6단계: 나만의 로봇이 있어요

**문해력 요소** 읽기: 로봇 이름 읽기
말하기: 나에게 주는 도움 발표하기
쓰기: 기능 적기

**디지털 확장** Chat GPT에 '로봇은 어떤 도움을 줄 수 있나요?' 질문해 보기

**목 표** 일상생활에서 로봇이 어떤 도움을 주는지 생각해 보고, 자신만의 시각으로 표현해 본다.

**활동 예시**

➲ 로봇이 하는 일은 어떤 것이 있나요?
- 이 로봇은 어떤 일을 하는 로봇인가요?
- 이 로봇을 어디에서 보았나요?

➲ 나에게 필요한 로봇은 어떤 로봇이 있을까요?
- 나는 로봇의 어떤 도움이 필요한가요?
- 미래에는 어떤 로봇이 있다면 편리할까요?
- 만약 로봇이 없다면 어떻게 될까요?

➲ 로봇이 나에게 주는 도움 발표해 본다.
- 나에게 도움을 주는 로봇은 어떤 로봇들이 있나요?
- 이 로봇은 어떤 일을 할 때 도움을 주나요?

로봇이 하는 일 이야기 나누는 모습

로봇이 나에게 주는 도움 발표하는 모습

## 다양한 종류의 로봇 토론 나누기

**IB학습자상** 소통하는 사람, 탐구하는 사람

**다중지능** 언어적 지능, 대인관계적 지능, 자연탐구적 지능, 논리-수학적 지능

**IB단계** 6단계: 로봇에 대해 알아보며 확장해요

**문해력 요소** 읽기: 정보 읽기

말하기: 내용 공유 및 생각 발표하기

쓰기: 기록하기

**디지털 확장** 질문지를 Chat GPT에 입력하여 정답을 탐색하기

**목 표** 다양한 로봇에 대한 정보를 찾아보고, 토론하며 서로의 생각을 함께 모색한다.

**활동 예시**

➲ 다양한 로봇의 종류에는 무엇이 있을까요?

- 로봇은 어떤 사람을 도와줄까요?
- 로봇이 없다면 사회는 어떻게 될까요?
- 로봇 때문에 사람이 할 일이 없어질 수도 있을까요?

➲ 모둠별로 로봇 질문 뽑기 & Chat GPT 활용해 본다.

- 군사용 로봇이 꼭 필요한가요?
- 로봇이 아이들과 함께 놀 수 있을까요?

➲ 토론 나눈 후 결과 발표 및 정리해 본다.

- 우리가 로봇에게 배울 수 있는 점은 무엇일까요?
- 로봇처럼 도울 수 있는 일이 있다면 오늘부터 내가 실천할 수 있는 일은 무엇일까요?

| 다양한 로봇의 특징을 Chat GPT로 검색하는 모습

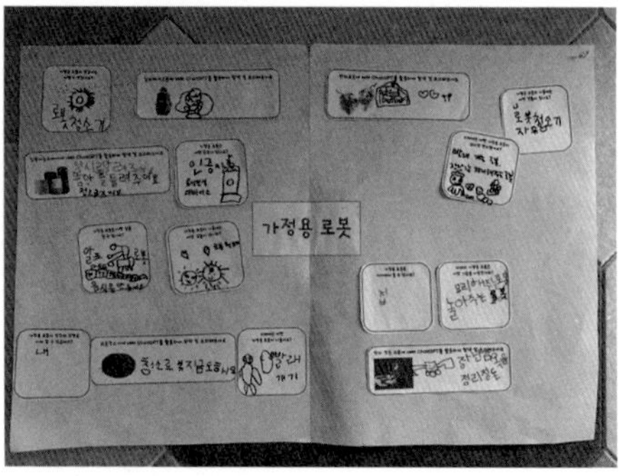


| 다양한 로봇 토론 정리 후 게시한 모습

## 내가 로봇 발명가라면?

**IB학습자상** 사고하는 사람, 원칙을 지키는 사람

**다중지능** 공간적 지능, 개인 이해적 지능

**IB단계** 6단계: 로봇에 대해 알아보며 확장해요

**문해력 요소** 읽기: 필요성 읽기

말하기: 나의 로봇 설명 발표하기

쓰기: 글로 표현하기

**디지털 확장** Chat GPT에 미래에 꼭 필요한 로봇은 무엇인지 물어보고 비교해보기

**목 표** 사회를 더 좋게 만드는 로봇을 상상하여 그리고 필요성과 기능을 생각하고 표현한다.

**활동 예시**

➲ 내가 발명가라면 어떤 로봇을 만들고 싶나요?
- 누구를 도와주기 위한 로봇인가요?
- 이 로봇은 어떤 특별한 능력을 가지고 있나요?
- 로봇에게 꼭 필요한 기능은 무엇일까요?

➲ 발명가가 되어 로봇을 상상하여 그려본 후 발표 및 공유해 본다.
- 이 로봇은 순간 이동하는 기능을 가지고 있을까요?
- 이 로봇은 밤에 혼자 길을 다닐 때 어떻게 사용할까요?

➲ 내가 직접 실천하고 연결할 수 있는게 있을까요?
- 로봇이 해주는 일을 내가 직접 실천해볼 수 있을까요?
- 세상을 더 좋게 만들기 위해 나는 어떤 노력을 할 수 있을까요?

| 내가 로봇 발명가라면? 이야기 나누는 모습

| 여러 기능을 가진 로봇을 그린 모습

## 내 그림을 AI가 흉내 냈어요

**IB학습자상** 성찰하는 사람

**다중지능** 개인 이해적 지능, 언어적 지능

**IB단계** 6단계: 나만의 로봇이 있어요

**문해력 요소** 읽기: AI가 생성한 그림과 나의 그림을 비교하며 관찰하고 특징 읽기
말하기: 자신의 그림과 AI 그림의 차이점과 느낌을 말로 표현하기
쓰기: 비교한 점이나 느낀 점, 변화된 생각을 글로 표현하기

**디지털 확장** 생성형 AI(Chat GPT, DALL·E 등)를 활용해 내 그림과 비슷한 그림을 생성, AI가 만든 그림과 내 그림을 비교하고 토론

**목 표** AI와 나의 차이를 이해하며 성찰하고, 느낀 점을 다양한 방식으로 표현할 수 있다.

**활동 예시**

➲ AI는 그림을 어떻게 그릴까요?
- AI는 어떤 방식으로 그림을 그리나요?
- AI가 그림을 그릴 때 사람의 그림과 어떤 점이 다를까요?
- AI는 어떤 자료를 보고 그림을 배우나요?
- AI 그림을 어디에 활용할 수 있을까요?

➲ 나의 로봇 그림과 AI의 그림은 어떤 점이 다른가요?
- 내가 그린 그림과 비교했을 때 차이가 느껴지나요?
- 색깔의 선택과 배치는 어떻게 다르게 나타났나요?
- 어떤 부분을 중점적으로 따라 그린 것 같나요?

➲ 내가 그린 로봇 그림을 생성형 AI를 활용하여 그린 뒤 비교해 본다.

| 나만의 로봇을 그려보는 모습

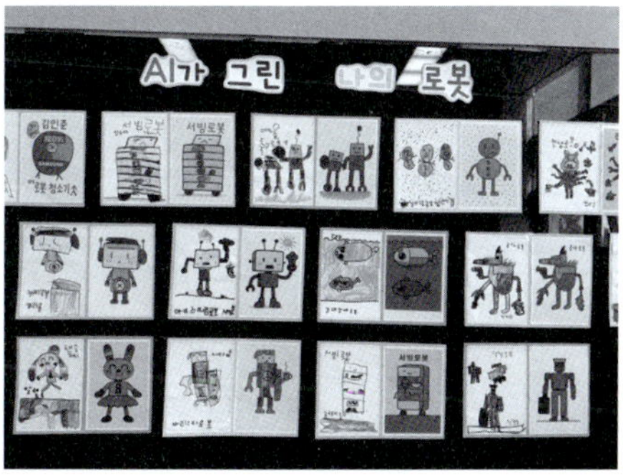


| 우리들의 작품을 전시한 모습

## 내가 원하는 로봇을 AI가 그려준다면?

**IB학습자상** 사고하는 사람

**다중지능** 논리-수학적 지능, 공간적 지능

**IB단계** 6단계: 나만의 로봇이 있어요

**문해력 요소** 읽기: 내가 만든 로봇의 특징과 역할을 설명한 글을 읽고 이해하기
말하기: 내 로봇을 친구들에게 소개하며 역할과 기능 말하기
쓰기: 나만의 로봇에 대한 설명 쓰기

**디지털 확장** 생성형 AI(Chat GPT, DALL·E 등)를 활용해 로봇을 이미지로 시각화

**목 표** 상상 속 로봇을 구체화하며 창의적으로 표현하고, 디지털 도구를 통해 나의 생각이 시각화되는 경험을 하며 성찰과 실천으로 확장해 본다.

**활동 예시**

➲ 세상에 하나뿐인 나만의 로봇이 있다면 어떤 모습일까요?
- 내 로봇은 어떤 일을 도와주면 좋을까요?
- 내 로봇은 어떤 감정을 가지고 있을까요?
- 내 로봇은 어떻게 생겼을까요?
- 내 로봇은 나와 어떤 특별한 관계를 맺고 있을까요?

➲ 나만의 로봇이 진짜 있다면 어떤 도움이 될까요?
- 하루 일과 중 어떤 일을 도와주면 좋을까요?
- 로봇은 어떤 특별한 능력을 가졌으면 좋겠나요?
- 나뿐만 아니라 다른 사람들에게도 도움이 될 수 있을까요?

➲ 내가 원하는 로봇을 생성형 AI를 활용하여 만들어 본다.

| 내가 원하는 로봇의 모습을 글로 적어보기

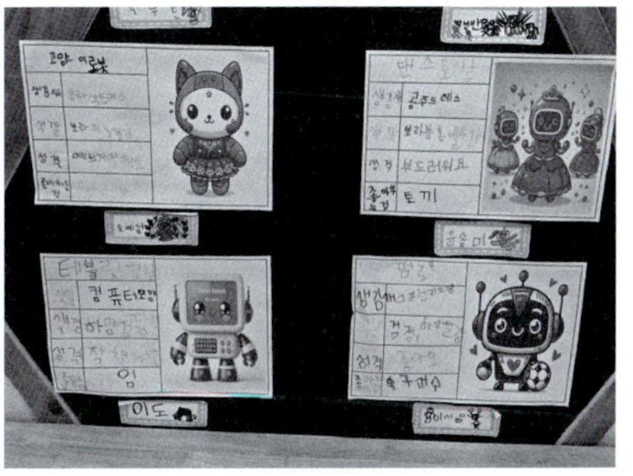

| 글을 참고해 AI가 그려준 내 로봇 전시하기

## 로봇이 있어 편리한 점은?

**IB학습자상** 성찰하는 사람

**다중지능** 개인 이해적 지능, 언어적 지능

**IB단계** 6단계: 나만의 로봇이 있어요

**문해력 요소** 읽기: 다양한 자료에서 로봇의 역할과 편리함 읽기
말하기: 자신의 생각과 경험 발표하기
쓰기: 편리한 점에 대해 글로 정리하기

**디지털 확장** Chat GPT를 활용해 로봇이 제공하는 편리함 조사하기

**목 표** 로봇이 우리 생활에 주는 편리함을 성찰하고 자신의 생각을 나눌 수 있다.

**활동 예시**

➲ 로봇이 있어서 편리했던 경험이 있나요?

- 로봇이 도움을 줘서 가장 기억에 남는 순간은 언제인가요?
- 일상생활에서 로봇 덕분에 시간을 절약한 적이 있나요?
- 로봇이 없었으면 어려웠을 일을 로봇이 어떻게 해결해 줬나요?
- 로봇이 있어서 편리했던 기능이나 역할은 무엇인가요?

➲ 로봇이 우리를 도울 수 있는 방법에는 어떤것이 있나요?

- 로봇은 어떤 작업들을 대신해 줄 수 있을까요?
- 노약자나 장애인을 도울 수 있는 방법은 무엇일까요?
- 로봇이 사람들의 안전을 어떻게 지킬 수 있을까요?

➲ 로봇이 있어 편리한 점을 글로 표현해 본다.

| 로봇이 있으면 편리한 점을 그려보는 모습

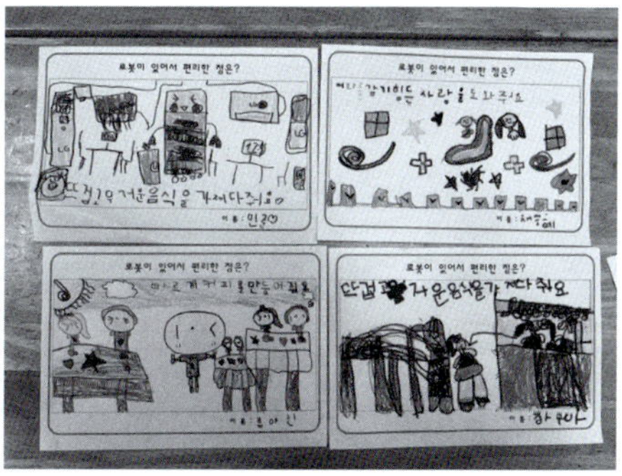

| 완성한 그림을 전시한 모습

## 7 배움의 결론 맺기

### 내가 원하는 미래의 로봇은?

**IB학습자상** 소통하는 사람

**다중지능** 언어적 지능, 대인관계적 지능

**IB단계** 7단계: 우리의 로봇을 소개해요

**문해력 요소** 읽기: 이전 활동 자료 읽기

말하기: 미래의 로봇 소개하기

쓰기: 역할 적기

**디지털 확장** Chat GPT에 '내가 생각한 미래 로봇' 질문하기

**목 표** 지금까지 탐구한 로봇에 대한 경험을 바탕으로, 자신이 바라는 미래 로봇을 상상해 본다.

**활동 예시**

➲ 로봇 주제를 되돌아 본다.

- 지금까지 로봇을 주제로 어떤 활동을 해보았나요?
- 어떤 활동이 가장 재미있었나요?

➲ 내가 원하는 미래의 로봇을 그려 본다.

- 나는 미래에 어떤 로봇이 있었으면 좋겠나요?
- 미래의 로봇은 어떤 장소에서 어떤 사람을 도와줄까요?

➲ 친구들에게 내가 만든 로봇 소개해 본다.

- 친구들에게 내가 만든 미래의 로봇은 어떤 것인지 발표해 볼까요?
- 내가 만든 로봇은 어디에서 어떤 일을 하는 로봇인가요?

| 미래 로봇을 상상하며 그리는 모습

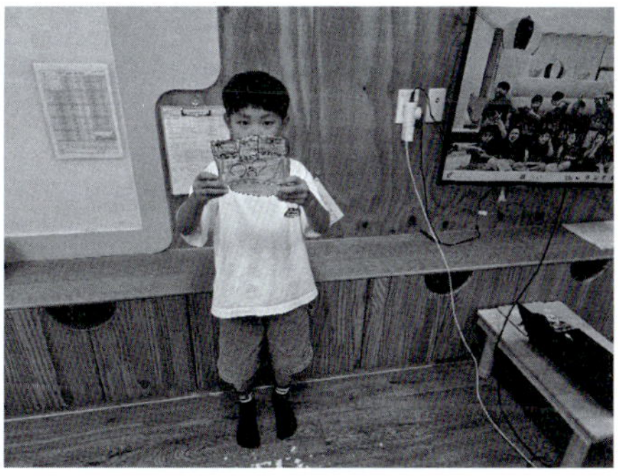

| 내가 만든 로봇을 소개하는 모습

## Chat GPT와 네컷 만화로 로봇 표현하기

**IB학습자상** 성찰하는 사람, 소통하는 사람

**다중지능** 개인 이해적 지능, 언어적 지능, 대인관계적 지능

**IB단계** 7단계: 로봇의 배운 내용을 정리해요

**문해력 요소** 읽기: 다시 읽고 정리하기
말하기: 설명하기
쓰기: 특징, 느낀점 적기

**디지털 확장** Chat GPT와 함께 만든 네컷 만화를 다시 보고 확장된 이야기 구성하기

**목 표** 로봇 탐구 활동을 되돌아보며, 생각을 시각적으로 정리하고 창의적으로 표현한다.

**활동 예시**

➲ 왜 마지막 칸이 비어 있을까요?
- 어떤 일이 일어날 수 있을까요?
- 이 장면에서 로봇은 어떤 기분일까요?
- 다음 장면에서 로봇이 실수하면 어떤 일이 벌어질까요?

➲ 나만의 네컷 만화 상상하며 완성해 보아요.
- 말풍선을 넣는다면 로봇은 무슨 말을 할까요?

➲ 성찰 후 표현하고 이야기 나눈다.
- 친구의 이야기와 내 이야기를 비교해보니 어땠나요?
- 다양한 상상이 모이니 어떤 점이 재미있었나요?

Chat GPT 네컷 만화 마지막 장면을 그리는 모습

Chat GPT 네컷 만화 게시한 모습

# 참 고 문 헌


경상남도교육청(2023). **유치원「수업혁신 전문 학습공동체」운영 계획.**

교육부(2015). 2015 **개정 교육과정 총론**. 교육부 고시 제2015-74호.

교육부(2022). 2022 **개정 교육과정 총론 주요사항.**

교육인적자원부(2007). **유치원 교육과정 해설**. 고시 제2007-153호.

국립유아교육원(2019). **유아과학교육지도서.**

권용환(2015). 다중지능 이론을 활용한 개별화 수업이 대안학교 컴퓨터 수업에 미치는 영향. 공주대학교 교육대학원 석사학위논문.

김대현·이영만(1995). **(열린 교육을 위한) 학교중심의 통합교육과정 개발**. 양서원.

김명희·김영자·김향자·신화식·윤옥균·이현옥·정태희·황윤한(2009). **다중지능 이론과 교육의 실제.** 서울: 학지사.

김미연(2008). 프로젝트 접근법을 이용한 교육적 개입이 유아의 다중지능에 미치는 효과. 대구가톨릭대학교 대학원 석사학위논문.

김인숙(2020). 초등학교 통합교과 기반의 문제중심학습 모형과 운영방안 연구. **교육공동체연구와 실천**, 2(2), 71-91.

김임순·김성훈(2015). 교육학: 가드너의 다중지능 이론이 교육에 주는 함의. **인문학연구**, 49, 395-422.

김진숙(2016). **제4차 산업혁명과 교육의 역할**. 월간교육 7월호. 104-113

김현정·박은혜(2016). 유아 탐구 기반 수업에서 교사의 스캐폴딩 전략 분석. **유아교육학논집,** 20(3), 45-68.

김혜지(2012). 명화감상 프로젝트 접근법이 유아의 창의성 발달에 미치는 효과. 한국국제대학교 대학원 석사학위논문.

문용린(2009). **문용린의 사녀 교육 이야기-내 아이의 숨겨진 보물, 다중지능**. EBS 미디어.

박효정(1999). 다중지능 이론과 교육에의 적용 가능성 탐색. **한국교육연구**, 26(1), 66-100.

배수현·이영규(2010). 다중지능 이론에 기초한 자기주도 학습. 서울초등다중지능교육연구회.

서울다중지능교육연구회(2010). 2010년 겨울직무연수: 나를 디자인하라, 다중지능과 자기관리. 서울교육.

서울초등다중지능교육연구회(2008). 2008년 여름직무연수 자료: 마음, 두뇌 그리고 교육.

신남희·배수현(2008). 두뇌 이론에 기반한 다중지능 학습 전략. 서울초등다중지능교육연구회 여름직무연수 자료.

신정은(2001). 멀티미디어를 활용한 동화학습활동이 유아의 언어능력에 미치는 영향. 인천대학교 교육대학원 석사학위논문.
윤옥인(2008). **아이의 다중지능**. 서울: 지식너머.
윤옥인(2014). **아이의 다중지능**. 서울: 지식너머.
윤은경(2012). 다중지능 이론에 기초한 유아과학교육 프로그램 개발 및 효과. 전남대학교 대학원 박사학위 청구논문.
이민화(2017). **제4차 산업혁명의 선진국 사례와 한국의 대응전략**. 선진화 정책 시리즈, 14-107.
이신동·김경희(2006). 통합교육의 최근 이슈와 동향. **통합교육연구**, 1(1), 63-81.
이영만(1996). Gardner의 다중지능 이론과 교육적 시사점. **진주교육대학교 논문집**, 40(1), 147-174.
전북특별자치도교육청(2024). **2024 국제 바칼로레아(IB) 프로그램 운영 계획**.
조호제·임경희·박희영·백수진·안은정(2025). 2022 개정 교육과정에 기반한 개념 기반 탐구학습의 설계 및 적용. **교원교육**, 41(5), 547-569.
지미정·오한나·노명호·권의선·김영수·이진원·장희영·소민영·조보현(2024). **(2022 개정 교육과정) 평가, AI로 날개를 달다**: 개념기반 교육과정. 앤써북
최혜현(2015). 프로젝트 접근법을 적용한 미술 활동이 유아의 창의적 표현에 미치는 효과. 이화여자대학교 대학원 석사학위논문.
하순련(2012). **다중지능 프로젝트의 이론과 실제**. 서울: 파란마음.
한국교육과정평가원(2022). **2022 개정 누리과정 해설서**: 유아의 경험 중심 개념학습. 한국교육과정평가원.
한상훈(2007). 성인학습자의 학습동기와 자기주도학습의 관계. **학습자중심교과교육연구**, 7(2), 355-374.

Armstrong, T. (1994). *Multiple intelligences in the classroom*. Alexandria, VA: Association for Supervision and Curriculum Development. 전윤식·강영심 역(1997). **다중지능과 교육**. 서울: 적성출판사.
Armstrong, T. (2000). *Multiple intelligences in the classroom*(2nd ed.). Alexandria, VA: Association for Supervision and Curriculum Development.
Armstrong, T. (2009). *Multiple intelligences in the classroom*. Alexandria, VA: Association for Supervision and Curriculum Development. 김동일 역(2014). **다중지능과 교육**. 서울: 학지사.
Buzan, T., & Buzan, B. (1996). *The mind map book: How to use radiant thinking to maximize your brain's untapped potential*. New York: Dutton.
Buzan, T. (1996). *Use your head. London*: BBC Books.
Campbell, L., Campbell, B., & Dickinson, D. (1996). *Teaching & learning through multiple intelligences*(3rd ed.). Boston: Allyn and Bacon. 이신동·정종진·이화진·이

정규·김태은 역(2006). **다중지능과 교수-학습**. 서울: 시그마프레스.

Chapman, C. (1993). *If the shoe fits… How to develop multiple intelligences in the classroom.* Arlington Heights, IL: IRI/ Skylight and Publishing, Inc.

Erickson, H. L., Lanning, L. A., & French, R. (2017). *Concept-based curriculum and instruction for the thinking classroom*(2nd ed.). Corwin Teaching Essentials.

Gardner, H. (1983). *Frames of mind: The theory of multiple intelligences.* Harvard Education Review, 57(2), 187-193; 김명희·이경희 역(1998). **다중지능의 이론과 실제**. 서울: 양서원

Gardner, H. (1983). *Frames of Mind.* 이경희 역(1993). **마음의 틀**. 서울: 문음사.

Gardner, H. (1991). *The unschooled mind: how children think and how schools should teach* . NY: Basic Book.

Gardner, H. (1993). *Multiple intelligence: The theory in practice.* 김명희·이경희 역(1998). **다중지능의 이론과 실제**. 서울: 양서원.

Gardner, H. (1999). *Intelligence reframed: Multiple intelligences for the 21st century* . NY: Basic Books; 문용린 역(2001). **다중지능: 인간지능의 새로운 이해**. 서울: 김영사.

Jacobs, H. H. (1989). *Interdisciplinary curriculum: Design and implementation*(Ed.). ASCD. Alexandria, VA.

Perkins D. N., Jay, E., E., & Tishman, S. (1987). *Teaching thinking: Issues and approaches* (p.280). [Publishers unknown].

Katz, L. G., & Chard, S. C. (1989). *Engaging children's minds.* US: ERIC

Katz, L. G., & Chard, S. C. (1996). *Engaging children's minds: the project approach* . CT: blex Publishing; 이윤경·석춘희 역(2000). **유아들의 마음 사로잡기: 프로젝트 접근법**. 서울: 이화여자대학교 출판부.

Katz, L. G., & Chard, S. C. (2000). *Engaging children's minds: The project approach*(2nd ed.). Norwood, NJ: Ablex Publishing.

Lazear, D. (1996). *Multiple intelligence assessment. Solving the Assessment Conundrum.* Tucson: Zephyr Press.

Nicholson-Nelson, K. (1998). *Developing students multiple intelligences.* NY: Scholastic. Inc.

Chat GPT(https://chat.openai.com)

**하 순 련**

동아대학교 대학원 교육학과(유아교육)
계명대학교 대학원 박사 수료(유아교육)
경성대학교 대학원 박사(유아교육)
전) 배재대학교, 한국방송통신대학교 강사
현) 우리들유치원 원장
저서 및 논문) 프로젝트 접근법을 활용한 다중지능 기반 유아 창의성 증진 프로그램 개발 및 적용(경성대학교 박사학위논문, 2016)
프로젝트 접근방법의 이론과 실제(양서원, 2001)
다중지능 이론에 접근한 유아놀이 지도(태영출판사, 2006)
다중지능 이론에 접근한 프로젝트 접근방법의 이론과 실제(양서원, 2008)
다중지능 향상을 위한 유아놀이지도(양서원, 2010)
다중지능 프로젝트의 이론과 실제(파란마음, 2012)
창의적 유아독서교육의 이해(파란마음, 2013)
4차 교육혁명 시대에 적합한 다중지능 프로젝트 접근방법의 이론과 실제(파란 마음, 2018)
AI 인공지능과 함께하는 다중지능 프로젝트의 이론과 실제(파란마음, 2024)

**김 효 진**

서울대학교 대학원 졸업(협동과정 유아교육 전공)
저서 및 논문) 유아의 정서조망수용, 친사회적 거짓말, 사회적 기술, 또래놀이 상호작용의 관계: 교사와 어머니의 지각 차이를 중심으로(서울대학교, 2018)
교사의 행복감과 유아의 사회적 효능감의 관계: 교사 효능감과 교사 유아 상호 작용의 완전 매개효과를 중심으로(한국아동학회, 2018)
4차 교육혁명 시대에 적합한 다중지능 프로젝트 접근방법의 이론과 실제(파란 마음, 2018)
AI 인공지능과 함께하는 다중지능 프로젝트의 이론과 실제(파란마음, 2024)



**IB로 접근하는 개념 기반 프로젝트의 이론과 실제**

초판 1쇄 인쇄 2025년 11월 23일
초판 1쇄 발행 2025년 11월 29일

지은이_ 하순련 · 김효진
펴낸이_ 황호철
펴낸곳_ 파란마음

수소_ 10097 경기도 김포시 김포대로920번길 88-27, [illegible]7동 1401호
전화_ (031) 992-7679 | 팩스_ 0508-900-2212
홈페이지_ http://paranmaum.co.kr/

등　록_ 2006년 4월 24일 · 제409-3020000251002006000024호



ⓒ 하순련 외, 2025
* 이 책 내용의 전부 또는 일부를 재사용하려면
반드시 저작권자와 파란마음 양측의 동의를 받아야 합니다.
* 저자와 협의하여 인지는 생략합니다.



ISBN 979-11-90935-59-3 93370
값 25,000원